中国人
怎样干成了
小康社会

How Chinese
Have Achieved Xiaokang

A Moderately
Prosperous Society

韩保江◎主编

陕西新华出版传媒集团
陕 西 人 民 出 版 社

图书在版编目（CIP）数据

中国人怎样干成了小康社会 / 韩保江主编 . —西安:
陕西人民出版社，2021.5
ISBN 978-7-224-14034-7

Ⅰ. ①中… Ⅱ. ①韩… Ⅲ. ① 小康建设 — 研究 — 中国
Ⅳ. ①F124.7

中国版本图书馆CIP数据核字（2021）第046211号

出 品 人 赵小峰
总 策 划 宋亚萍 李晓锋
策划编辑 朱小平 王金林
责任编辑 朱小平 王金林
白艳妮 曾 苗
许晓光
整体设计 白明娟

中国人怎样干成了小康社会

主　　编 韩保江
出版发行 陕西新华出版传媒集团 陕西人民出版社
（西安北大街147号 邮编：710003）
印　　刷 陕西隆昌印刷有限公司
开　　本 787毫米 × 1092毫米 1/16
印　　张 21
字　　数 264 千字
版　　次 2021年7月第1版
印　　次 2021年7月第1次印刷
书　　号 ISBN 978-7-224-14034-7
定　　价 62 .00元

目录

总论
中国小康社会建设40年

“小康”是中国人自古以来的梦想，也是中国共产党带领中华民族走向复兴的阶段性目标。当前，小康社会建设到了最后冲刺和收官阶段。抚今追昔，回顾40多年小康社会建设的理论演进和实践历程，总结成功经验，对于我们取得全面建成小康社会最终胜利并开启全面建设社会主义现代化国家新征程具有重要意义。

一、中国小康社会建设的四次历史性飞跃

“小康”一词最早出现在《诗经·大雅·民劳》中，即“民亦劳止，汔可小康”，意思是老百姓生活非常辛苦，应予民休息安乐。《礼记·礼运》对“小康”一词讲得更详细，是指古代自然经济条件下一种介于温饱和富裕之间的生活状态，是作为理想社会最高形态的大同社会的初级形式。因此，以“小康”一词来定位一段时间内中国现代化建设的战略目标，是把现代社会价值观与传统社会理想结合起来的睿智创造。小康社会目标并非一成不变。在过去40年，小康社会目标经历了四次历史性的飞跃。

（一）“中国式现代化”目标的提出

新中国作为现代化的后来者，国情和文化不同于西方国家，通往现代化之路必然是一条独具特色的“长征之路”，不仅会经历不同的发展阶段，而且会面临许多复杂多样的风险和挑战。纵观新中国成立以来的70年，党的几代领导人虽然对现代化的实现路径有着自己的理解和认识，也提出了不尽相同的实施方案，但目标几乎都是快速追赶发达国家，摆脱贫穷落后的面貌，成为社会主义现代化强国。毛泽东在《读苏联〈政治经济学教科书〉的谈话》中指出：“建设社会主义，原来要求是工业现代化、农业现代化、科学文化现代化，现在要加上国防现代化。”[①] 因此，这“四化”也就成了新中国成立初期全国人民为之奋斗的现代化建设目标。到改革开放前夕，中国虽然通过国家工业化的积累初步建成了一套相对完整的工业体系，但是由于长期坚持僵化封闭的计划经济体制，尤其是长达十年之久“文化大革命”及其极左的思想路线，极大地阻碍了社会生产力的发展，使人民的生活水平长期无法提高，经济社会发展远远落后于世界发达国家。所以，到20世纪末实现“四个现代化”的设想很难如愿以偿。

基于对新中国成立到改革开放前近30年社会主义建设的成就、经验和教训的深刻认识，邓小平从中国“人口多、耕地少、底子薄”的基本国情出发，十分务实地修改和调整了“四个现代化”的目标，并称之为“我们开了大口”。进而他又创新性地提出要建设“中国式现代化”，这就是“小康社会”的奋斗目标。1979年12月，在会见来访的日本首相大平正芳时，邓小平第一次提出“小康之家”，并将其界定为“中国式现代化”的“内涵”。

---

① 转引自王强：《中国特色社会主义现代化道路的探索与发展》，《陕西日报》2018年2月23日。

具体来说，就是到20世纪末，要达到第三世界中比较富裕一点国家的水平，比如国民生产总值人均1000美元。在“小康”这一“中国式现代化”战略目标的指引下，党的十二大正式提出了建设并进入“小康”的时间表，即到2000年的时候，在经济上要实现工农业总产值相对于1980的水平翻两番。对于小康目标的实现方式，中央提出物质文明和精神文明要协调发展，强调“两手抓、两手都要硬”，“小康”建设事业的总体布局初步形成。

“小康”这个“中国式现代化”目标的提出，是小康社会建设进程中的第一次历史性飞跃。它使中国的发展跳出了以“先生产、后生活”为特征的“赶超型”战略窠臼，走上了经济与社会发展相协调的“渐进式”现代化道路。在新中国成立后20多年的“赶超型”发展战略下，中国按照“重工业优先发展”的战略需要，建立了扭曲的宏观政策环境、高度集中的资源计划配置制度和僵化的微观经营机制，农轻重工结构比例严重失调，人民生活水平很低。正是在“小康”目标提出之后，提高人民生活水平成为经济工作的指导方针，经济建设逐步调整了偏军偏重的结构，实施了出口导向的经济战略，改革了封闭僵化的计划经济体制，使中国迎来了改革开放的春天。应该说，“小康”目标的提出不仅是经济社会发展进程中的一次历史性的飞跃，更是20世纪新中国国运的重要转折。

（二）从“温饱”到“小康”

1987年党的十三大召开时，基于对我国“绝大多数实现温饱、部分地区开始向小康生活迈进”基本现实的判断，党中央提出了“三步走”的社会主义现代化建设战略部署：第一步是到1990年，解决人民的温饱问题，在经济增长指标上，要实现国民生产总值比1980年翻一番；第二步是到20世纪末，使人民群众的生活达到小康水平，在经济增长指标上，要实现国内生产总值再翻一番；第三步是到21世纪中叶，基本实现现代化，并且人均国内生产总值对标国际水平，要进入中等发达国家的行列。在这个宏伟的战略安排下，小康目标在“三步走”中被列为第二步，由此成为我国现代化进程中的一个重要的里程碑。党的十三大还提出了包括经济体制改革、政治体制改革和精神文明建设在内的社会主义现代化建设的三位一体总体布局，为后来逐步形成的五位一体的总体布局打下了基础。在全党全国人民近20年的不懈努力下，“三步走”发展战略的前两步战略目标如期实现：到2000年的时候，中国的国内生产总值突破10万亿元，比1978年扩大了27倍；人均国内生产总值接近8000元，约合945美元，比1978年提高了约4倍。“翻两番”的目标圆满完成，人民的生活水平，实现了从温饱向小康的跨越。

从温饱到小康水平，是小康社会建设进程中的第二次历史性飞跃。邓小平同志曾明确指出：“讲社会主义，首先就要使生产力发展，这是主要的。只有这样，才能表明社会主义的优越性。社会主义经济政策对不对，归根到底要看生产力是否发展，人民收入是否增加。这是压倒一切的标准。空讲社会主义不行，人民不相信。”[①] 在改革开放的春风下，中国沿着小康生活的目标开启了快速发展的时期：农村的贫困发生率大幅下降，沿海经济特区建设如火如荼，劳动、资金等生产要素开始充分流动起来，城乡居民人均收入水平不断迈上新的台阶。中国用社会生产力的大发展有力地诠释着社会主义的本质。在20世纪80年代末90年代初风云变幻的国际形势下，正是十年小康社会建设的初步成果，为人们对社会主义制度的信念打下了强心针，战胜了社会主义运动面临的空前挑战，并开创了中国特色社会主义事业的新局面。不仅如此，小康中国开始以更加自信的面貌参与到国际事务中，开始更加深

---

① 《邓小平年谱（1975—1997）》上，中央文献出版社2004年版，第629页。

入地融入世界政治经济体系。邓小平同志曾说："当中国在世纪末实现小康后，将为第三世界国家提供更多的帮助，与世界建立更为紧密的贸易联系。"① 诚如邓小平同志所言，在2000年之后，中国完成了从温饱到小康的历史性飞跃，与世界的经济联系越发密切，展现给世界的面貌也日新月异，中国的国际地位和影响力蒸蒸日上。

（三）从"总体小康"到"全面小康"

进入21世纪，完成了"三步走"战略前两步的社会主义现代化建设开始向第三步迈进。由于"三步走"战略是基于20世纪80年代初的现实条件，根据"远粗近细"的原则设定的，因而对于时间跨度达半个世纪的第三步战略目标，如何进一步细分，以及选择什么样的途径去实现，是摆在中国共产党面前的重要问题。根据新时期我国经济建设的实际，在党的十五大上，江泽民同志代表党中央将"三步走"战略中的第三步细分为三个阶段性目标，形成了一个新的"三步走"战略，即第一步，在21世纪的前十年实现国内生产总值比2000年翻一番；第二步，再过十年到建党一百周年时，使国民经济更加发展，各项制度更加完善；第三步，到21世纪中叶新中国成立一百年时，基本实现现代化。十五届五中全会进一步提出，我国将从新世纪开始，进入全面建设小康社会的新发展阶段。这标志着我国社会主义现代化进程的阶段性目标由总体小康转向了全面小康。在党的十六大上，中央明确了全面建设小康社会的新目标，即到2020年实现国内生产总值比2000年翻两番，基本实现工业化。从2002年到2007年，中国紧紧抓住战略机遇期，实现了快速发展，综合国力大幅提升，人民生活显著改善，朝着全面小康社会的目

① 《邓小平文选》第二卷，人民出版社1994年版，第237页。

标迈出了坚实步伐。在党的十七大上，胡锦涛同志代表党中央再次强调了2020年人均国内生产总值翻两番的目标，并将2020年定为实现全面建成小康社会的历史节点。党的十七大进一步发展了小康社会的内涵，在经济、政治、文化“三位一体”总布局的基础上，把中国特色社会主义社会建设纳入全面建设小康社会的范畴，形成了“四位一体”总布局。

从总体小康到全面小康，是小康社会建设进程中的第三次历史性飞跃。“小康”有水平高低之分，而在世纪之交时中国人所达到的小康生活水平，是“低水平、不全面、发展很不平衡”的小康。首先，人均收入水平仍然较低。约1000美元的人均收入水平，在当时的世界范围内还远低于平均水平，仍然处于低收入国家行列。其次，发展很不全面。在改革开放前20多年的发展中，我们急于摆脱落后的经济发展水平，把更多的精力放在了推动物质财富的积累上，片面注重经济的增长，而在社会保障、环境保护、区域协调、城乡共享方面留下了很多欠账，尤其是对广大农民和城市下岗职工等社会弱势群体的保护不够。人民群众的收入水平和消费能力虽然比过去有所提升，但对社会公平正义、环境健康舒适、生活安定有保障等方面的满意度普遍较低。再次，发展很不平衡。从全国范围看，很多农村地区的温饱问题仍然未得到彻底解决，在新的扶贫标准下贫困发生率还比较高，城市中很多下岗职工仍然生活在最低生活保障线之下，城乡、区域、行业之间的差距出现拉大的趋势。因此，总体小康水平必须更进一步，向建设一个更高水平的小康社会迈进。正如党的十六大报告所提出的，要全面建设一个惠及十几亿人口的更高水平的小康社会。从总体小康到全面小康，不仅强调经济的发展和人均GDP水平的提高，更强调公民基本权利的保障、精神文明建设的发展、社会民生福祉的提高和生态环境保护力度的加强。它是认识的深化、理论的发展、目标的提升和追求的升级。

（四）从“全面建设小康社会”到“全面建成小康社会”

党的十八大之后，小康社会建设进入了全面建成的决胜阶段。党的十八大对全面建成小康社会的目标提出了新要求，在经济指标上，要实现到2020年国内生产总值和城乡居民人均收入比2010年翻一番。十八大进一步丰富了小康社会的内涵，形成了包括经济、政治、文化、社会和生态文明建设在内的“五位一体”的总布局。十八届三中、四中、六中全会分别提出了全面深化改革、全面推进依法治国、全面从严治党的目标，十八届五中全会进一步提出了创新、协调、绿色、开放、共享的五大新发展理念。在党的十九大上，基于新“三步走”的第二步已接近完成的实际，习近平总书记对未来30多年的社会主义现代化建设再次进行了阶段划分，即到2035年，在全面建成小康社会的基础上，基本实现社会主义现代化；从2035年到21世纪中叶，在基本实现现代化的基础上，建成一个富强民主文明和谐美丽的社会主义现代化强国。

从全面建设小康社会到全面建成小康社会，是小康社会建设进程中的第四次历史性飞跃。从“建设”到“建成”，虽然只有一字之变，但意义重大。一方面，它展现出了中国共产党基于30多年小康社会建设所取得的成绩而形成的对如期兑现全面建成小康社会承诺的信心。这个信心来源于持续高速增长所带来的综合国力的大幅度增强，来源于社会事业全面发展所带来的人民群众的坚定拥护，来源于党的建设的决定性进展所带来的执政能力的显著提升，来源于依法治国全面推进所带来的社会主义法治国家建设的巨大成就，来源于社会主义核心价值体系建设深入开展所带来的社会文明程度的显著提高，来源于生态文明建设被提到前所未有的高度所带来的绿色发展理念的深入人心，等等。另一方面，它也展现出中国共产党对中国特色社会主义进入新时代之后能够继续带领全国人民成功建成现代化强国的决心。向全世界宣布“建成”全面小康社会，意味着前40年的任务告一段落，未来将开启一段全新的未知航程。在建设社会主义现代化国家的新征程上，绝不会一帆风顺，同样会遇到各种各样的艰难险阻，只有有勇气、有能力的执政党才敢于掀起新的历史篇章。从“建设”到“建成”这一字之差，充分体现了中国共产党敢于担当的时代精神和日益成熟的执政能力。

二、40年小康社会建设的成功经验

40年的小康社会建设经历了从总体到全面、从低水平到高水平、从量的积累到质的飞跃的发展过程。回首小康社会建设走过的道路，有很多成功的经验值得梳理和总结，这对我们全面建设社会主义现代化国家有重要意义。

（一）始终坚持党的集中统一领导

办好中国的事情，关键在党。改革开放尤其是小康社会目标提出40年来，中国的工业化、城镇化、信息化、农业现代化进程快速推进，经济保持高速发展，经济总量跃升至世界第二，制造业规模跃居世界第一，人均GDP超过1万美元，成功步入世界中高收入国家行列，小康社会建设取得决定性胜利，创造了世界经济发展史上罕见的经济快速发展的奇迹，关键在于中国共产党的正确领导。正如习近平总书记所指出的：“我国经济社会发展之所以能够取得世界罕见的巨大成就，我国人民生活水平之所以能够大幅度提升，都同我们坚定不移坚持党的领导、充分发挥党组织和全体党员作用是分不开的。”①

党对小康社会建设的领导，主要表现在三个方面：一是方向指引。从1979年邓小平同志提出我们要建设“小康之家”的中国式现代化的战略目标以来，党的历届全国代表大会，都把加快实现社会主义现代化及小康社会建设作为奋斗目标和最重要的工作部署。党的十三大明确将“人民生活进入小康”作为“三步走”战略的第二步；党的十四大则把“人民生活由温饱进入小康”确立为“九十年代改革和建设的主要任务”；党的十五大进一步提出“在经济发展的基础上，使全国人民过上小康生活，并向更高水平前进”的经济改革和发展任务和目标；党的十六大提出要“在20世纪头二十年全面建设惠及十几亿人口的更高水平的小康社会”；党的十七大则以“为夺取全面建设小康社会新胜利而奋斗”为政治报告标题，对全面建设小康社会进行了全面部署；党的十八大进一步提出“要在十六大、十七大确立的全面建设小康社会目标的基础上，为全面建成小康社会而奋斗”；党的十九大更是鲜明地提出“从现在到2020年，是全面建成小康社会决胜期”。正是由于我们党提出并率领全国人民始终沿着“建设并全面建成小康社会”方向努力奋斗，才取得了今天如此辉煌的发展成就。

二是理论武装。科学理论既是成功实践的先导，又是成功实践的保障。我国建设并全面建成小康社会的进程，始终是在我们党不断推进马克思主义中国化，与时俱进地用新的理论武装头脑，及不断丰富和发展的中国特色社会主义理论体系的指导下进行的。对于马克思主义政党来说，用科学的理论武装指引各项事业的建设尤为重要。曾经的超级大国苏联，其执政党苏共就因为长期忽视了党的理论建设，最终导致政权的丢失：从斯大林时期开始，

① 习近平：《在十八届中央政治局第十五次集体学习时的讲话》（2014年5月26日），《人民日报》2014年5月28日。

党的理论学习就在主观上被弱化，在客观上一元化、教条化、封闭化；到了赫鲁晓夫和勃列日涅夫时期，僵化而脱离实际的理论建设更是展现得淋漓尽致，不仅没有纠正斯大林时期“超越阶段”的理论指导思想，反而一再提出要在较短时间内“基本实现共产主义”，并且在经济发展战略上机械地将“重工业优先发展”当作马克思主义的一条金科玉律；到了戈尔巴乔夫时期，党的理论建设更是无视 20 世纪 80 年代苏联国内社会发展的实际和国际政治经济环境，盲目推动“新思维”，将前期理论建设的混乱和困顿最终转变为彻底的失控与崩溃。从某种意义上讲，中国共产党的理论建设之所以能在改革开放后取得长足进步，在历史洪流中牢牢地把握时代大局，在关键节点上稳稳地举旗定向，一定程度上正是从苏共的失败中吸取了教训。中国共产党在坚持马克思主义意识形态为主导地位的前提下，注重开拓创新、开放交流、与时俱进，使党的理论能够成为引导我们做好各项工作的科学指南。无论是邓小平理论、“三个代表”重要思想、科学发展观，还是习近平新时代中国特色社会主义思想，都旗帜鲜明地高举中国特色社会主义伟大旗帜，始终把“为人民谋幸福”并实现“小康社会”和“现代化”作为自己的“初心”和“使命”，形成了一系列促进“建设并全面建成小康社会”的基本路线、基本制度、基本理论和基本策略，从而确保小康社会和现代化建设始终沿着正确的方向前进。

三是组织保证。邓小平同志指出：“社会主义国家有个最大的优越性，就是干一件事情，一下决心，一做出决议，就立即执行，不受牵扯。”① 这里的“优越性”指的就是“党的坚强而有力的领导”，就是中国共产党领导下的社会主义可以“全国一盘棋，集中力量办大事”的举国体制。这一点在对

① 《邓小平文选》第三卷，人民出版社 1993 年版，第 240 页。

农村贫困问题的治理中体现得最为明显。1984 年，中共中央、国务院发布《关于帮助贫困地区尽快改变面貌的通知》，在全国范围内划定了 18 个贫困片区进行重点扶持，并开展了“以工代赈”贫困地区基础设施建设。1986 年，国务院贫困地区经济开发领导小组正式成立，各级地方政府也相应地成立了负责本地扶贫开发工作的机构。同年开始实施的贫困县制度，使我国的扶贫思路从“人口瞄准”即政府对贫困人口的直接救济转向“区域瞄准”。1994 年，国务院部署实施的《国家八七扶贫攻坚计划》提出力争用 7 年左右时间基本解决全国农村 8000 万贫困人口的温饱问题。2001 年《中国农村扶贫开发纲要（2001—2010 年）》的出台，使我国扶贫工作开始由县域贫困瞄准转入村级瞄准的新阶段，同时把贫困人口集中的老、少、边、穷地区作为扶贫开发的重点。2011 年出台的《中国农村扶贫开发纲要（2011—2020 年）》进一步在全国划出了 14 个集中连片特困地区，将其作为新时期扶贫开发的主战场。2013 年习近平总书记提出“精准扶贫”，党中央率领全国人民打响了精准扶贫、精准脱贫攻坚战，明确强调：“党中央、国务院主要负责统筹制定脱贫攻坚大政方针；省级党委和政府对辖区内脱贫工作负总责；市（地、州、盟）党委和政府要做好上下衔接、域内协调、监督检查工作；县级党委和政府承担脱贫攻坚的主体责任。”① 同时，每个贫困村有驻村工作队，每个贫困户有帮扶责任人，形成了五级书记抓扶贫，包括专项扶贫、行业扶贫、社会扶贫、对口扶贫在内的多位一体的大扶贫格局。这些，无不体现着“党的集中统一领导”和“全国一盘棋，集中力量办大事”的举国体制的显著优势。也正是由于社会主义制度这个优势，才使得我们在短短 40 年里创造了累计减贫 5 亿多人口，贫困发生率降低到 1% 左右，从而确保 2020 年

① 《习近平关于社会主义经济建设论述摘编》，中央文献出版社 2017 年版，第 217—218 页。

贫困人口全部脱贫的人类发展奇迹。

（二）始终坚持以人民为中心的发展思想

马克思、恩格斯在《共产党宣言》中指出："过去的一切运动都是少数人的或者为少数人谋利益的运动。无产阶级的运动是绝大多数人的、为绝大多数人谋利益的运动。"[①] 作为马克思主义政党，坚持以人民为中心是中国共产党与生俱来的显著特征和优秀品格，也是小康社会建设取得巨大成就的重要经验。对此，习近平总书记在总结改革开放 40 年积累的宝贵经验时指出："必须坚持以人民为中心，不断实现人民对美好生活的向往。"[②]

坚持发展为了人民，是 40 年小康社会建设能够始终找准时代方位的根本保证。长期以来，我国社会的主要矛盾是人民日益增长的物质文化需求同落后的社会生产之间的矛盾。这一矛盾运动的形式也在随时间发生着不断的变化。在改革开放之初，解决温饱问题、迅速摆脱贫困是广大人民群众最为迫切的需求。为适应这一需求，国家允许农村开展家庭联产承包责任制改革，大幅度提高粮食收购价格，给予乡镇企业宽松的发展环境，适时启动了八七扶贫攻坚计划，在很短的时间内解决了温饱问题。20 世纪 90 年代之后，人民对美好生活的需求开始超越单纯的物质层面，精神文化层面的需要越发强烈。为适应这一需求，国家赋予了小康社会建设更为丰富的内涵，形成了经济、政治、文化三位一体的总体布局，将政治权利和精神文明建设放在更突出的位置。进入 21 世纪后，鉴于人民生活水平只是在总体上达到小康，人均收入水平较低、各领域发展不全面、区域和城乡之间发展不平衡等现象十分普遍，国家出台了一系列社会民生保障、区域协调发展、城乡反哺农村的重

① 《马克思恩格斯选集》第二卷，人民出版社 2012 年版，第 262 页。
② 《习近平谈治国理政》第三卷，外文出版社 2020 年版，第 182 页。

大战略部署，将社会和谐进一步纳入小康社会建设的目标，形成了经济、政治、文化、社会四位一体的总体布局。党的十八大之后，鉴于环境污染问题日益严重，人民对良好生态环境的诉求越发强烈，国家进一步将生态文明建设纳入小康社会建设目标，形成了经济、政治、文化、社会、生态文明五位一体的总体布局。党的十九大之后，随着我国社会的不断发展，社会主要矛盾已转化为人民日益增长的美好生活需要和不平衡不充分的发展之间的矛盾。人民的美好生活需要不仅涉及更高水平的物质文化生活，更是在民主、法治、公平、正义、健康、安全和生活环境等方面有了更全面的要求。近年来，国家在义务教育、医疗卫生、社会保障、住房市场、公共交通、食品安全、社会治安等领域出台了一系列民生工程和惠民举措，着力解决发展不平衡不充分问题，全方位满足人民日益增长的美好生活需要，真正做到了民之所望，施政所向。

坚持发展依靠人民，是40年小康社会建设能够始终获得不竭动力的重要源泉。任何时候，发展的主体都是人民。40年小康社会建设之所以取得成功，最大限度地激发出了人民群众在发展过程中的能动性、创造性是重要原因。20世纪80年代初，安徽省凤阳县小岗村的村民自发实行大包干，从根本上焕发了农民的劳动积极性，唤醒了农村沉睡的巨大生产力，家庭联产承包责任制随后也迅速地在全国推广开来，由此拉开了改革开放的序幕。随着农业剩余劳动力从土地上解放出来，农民开始在本乡本土发展非农产业，乡镇企业如雨后春笋般生长起来，并推动了中国经济结构的变迁。进入90年代之后，随着对外开放的扩大，民营经济和民营企业家开始登上时代的舞台。他们在创造财富、贡献税收、吸纳就业方面作出了重要贡献，也倒逼着上层建筑和意识形态发生了与时俱进的转变，使中国和中国共产党以一个崭新的姿态进入新世纪。近年来，随着市场经济体制日益完善，“大众创业、万众创新”的热情被进一步发掘出来，各类“创客”利用自己的聪明才智改变着人们的生活，激发着经济的活力。在信息时代，互联网经济的飞速发展正在重构着人们的生活，也在改变着世界的格局。互联网经济以其开源化的技术、草根化的平台，吸纳了全社会各个阶层的聪明智慧，充分发挥出了人民群众的首创精神，让创造财富的源泉充分涌流，并使中国在这一领域走在了世界前列。同时，作为一种以规模报酬递增为特点的经济形态，互联网经济的发展对市场规模有着显著的依赖，而拥有14亿消费者的中国在这方面有着独一无二的优势。凭借规模优势，中国更是在共享经济领域引领着世界潮流，不断创造着互联网经济的中国奇迹。

（三）始终坚持以经济建设为中心

马克思在1859年出版的《政治经济学批判》序言中论述了经济基础决定上层建筑的基本原理。他指出：“人们在自己生活的社会生产中发生一定的、必然的、不以他们的意志为转移的关系，即同他们的物质生产力的一定发展阶段相适合的生产关系。这些生产关系的总和构成社会的经济结构，即有法律的和政治的上层建筑竖立其上并有一定的社会意识形式与之相适应的现实基础。”① 从40年小康社会建设的进程来看，全面建成小康社会的目标把握住了马克思主义的基本原理，与改革开放后“以经济建设为中心”这个党的基本路线始终保持一致。习近平总书记多次强调：“以经济建设为中心是兴国之要，发展仍是解决我国所有问题的关键。只有推动经济持续健康发展，才能筑牢国家繁荣富强、人民幸福安康、社会和谐稳定的物质基础。”② 在40年小康社会建设历程中，正是由于我们很好地把握住了将经济发展始终

① 《马克思恩格斯选集》第二卷，人民出版社2012年版，第2页。
② 《习近平关于社会主义经济建设论述摘编》，中央文献出版社2017年版，第3页。

放在各项事业的首要位置这一重要原则，才使得小康社会建设能够沿着正确的方向前进，并使其他方面的发展获得动力源泉。

经济建设在全面建成小康社会五位一体的总布局中处于核心地位。五位一体的总布局是在40年小康社会建设过程中逐渐形成的，而在这一过程中，以经济建设为中心的方针从来都没有动摇过。邓小平同志1979年第一次论述小康社会时，提出的发展指标就是到20世纪末人均国民生产总值达到1000美元，工农业总产值比1980年翻两番。在当时，这一经济发展指标的设定是对标当年日本的人口和人均收入提出来的，即若能在20世纪末达到人均1000美元，基于10倍于日本的人口，则在总量上就能与人均10000美元收入水平的日本相匹敌了。自此以后，每一次党的全国代表大会报告对小康社会阶段性目标的设定，都以经济发展指标为基础，而每一次回顾总结小康社会建设的阶段性成果时，也都以经济发展指标的实现与否为最主要判定依据。经过过去40年两个“三步走”前两步的完成，中国在经济总量上已稳居世界第二，人均收入水平已经跨越中等收入门槛。总之，始终坚持经济发展在全面建成小康社会总体布局中的基础地位，以经济发展作为衡量小康社会水平的根本指标，并坚决完成设定的经济发展目标，是我们宣告40年小康社会建设取得决定性成功的重要来源。

坚持经济建设的中心地位不动摇，是我国在40年小康社会建设过程中，能够不断克服艰难险阻，应对各种挑战，跨越发展陷阱的重要法宝。20世纪80年代末，面对体制转轨带来的种种社会问题以及对外开放过程中意识形态领域形成的混乱，我们坚定地把握住了经济建设这个中心，通过坚持深化经济体制改革，坚持扩大对外开放，使改革开放进程得以继续推进，并迎来了中国特色社会主义道路的柳暗花明。世纪之交，面对错综复杂的国际环境和日益积累的国内社会矛盾，我们坚持推进体制改革和经济发展，建立了中国特色社会主义市场经济体制，迎来了新一轮经济高速增长，为解决更深层次社会矛盾和问题赢得了空间，也实现了从总体小康向全面小康建设的转型升级。党的十八大以后，我国GDP增速持续下行，各种隐性风险日益凸显，使得全面建成小康社会在决胜阶段面临重大挑战。关键时刻，以习近平同志为核心的党中央牢牢把握住经济建设这个中心，作出了我国进入“经济新常态”的正确判断，大力推进供给侧结构性改革，大刀阔斧地实施“三去一降一补”，并将经济发展的目标从追求高速增长调整为追求高质量发展，提出了五大新发展理念。经过几年的砥砺奋进，我国供给侧结构性改革已初现成效，系统性风险实现了总体可控，发展新理念日益深入人心，全面建成小康社会的目标近在眼前。

（四）始终坚持循序渐进的目标导向

40年小康社会建设取得成功的另一个重要经验就是始终坚持循序渐进的目标导向。从最初作为“中国式现代化”的“小康”目标的设立，到后来从总体小康到全面小康的目标调整，再到对小康社会和社会主义现代化国家阶段性目标的设定和调整，处处体现了我国在建设小康社会进程中遵循发展规律、尊重历史经验、坚持一切从实际出发的正确工作方式。正如习近平总书记所指出的：“稳中求进是当前和今后一个时期党和国家工作总基调。我们做工作就要以稳求进、以进固稳，经济发展是这样，社会发展也是这样。我国40年改革开放是全面的也是渐进的，摸着石头过河，坚持试点先行，取得经验后再在面上推开。这就是稳中求进的历史经验。”[①] 与改革开放几乎同步的小康社会建设也正是因为始终坚持循序渐进、摸着石头过河的目标导向和

① 央视网，2019－01－29。

工作方式，才能在漫长的发展过程中行稳致远，走向成功。

将“四化”目标调整为“小康”目标，为小康社会建设奠定了现实基础。小康社会实际上并非我国设定的第一个国家发展战略目标，新中国成立之后的第一个国家战略目标是建设“四个现代化”，即工业、农业、科学技术和国防的现代化。周恩来总理在三届人大一次会议上，将“四个现代化”分成“两步走”，即第一步从第三个五年计划开始，15年时间，建成独立、完整的工业体系；第二步，在20世纪内，全面实现四个现代化。显然，当时间来到20世纪70年代末时，按照这个“两步走”战略，要在20世纪末实现第二步的“四化”目标，已经不切实际。鉴于此，邓小平同志对这个目标进行了实事求是的调整，不再提“四个现代化”，而以“中国式现代化”取而代之，同时，将中国古代对理想社会初级形式描述的“小康”运用到当代中国的国家发展战略目标设定上来，用介于温饱和富裕之间的状态来描述这个中国式的现代化，为全党和全国人民描绘了一个美好而又相对易于实现的前景。小康社会建设的序幕正是在这种一切从实际出发、循序渐进的目标导向下拉开的。

1982年党的十二大召开，小康社会目标第一次在党的全国代表大会报告中出现。当时中央为建设小康社会设定的目标是要在20世纪末，实现工农业总产值比1980年翻两番。由于当时中国经济总量的基数较低，到1997年党的十五大召开时，这个“翻两番”和人均收入1000美元的目标就已经基本实现了。到2002年党的十六大召开时，中央设定了新的翻两番目标，即GDP到2020年力争比2000年翻两番，基本实现工业化。显然，在更大的经济总量基数下，这个翻两番的目标比改革开放初期的翻两番更有挑战性。但同时，它也是在充分考虑国内条件和国际环境的基础上作出的，是有足够的现实依据和实现可能的。应该说，这个“翻两番”目标的设定，为全面建成小康社会的最终实现，提供了重要的物质保障。到2012年党的十八大召开时，基于我国综合国力大幅提升，全面建设小康社会已具备攻坚期的条件，中央再次提出了一个经济增长翻番的目标，即到2020年，在发展平衡性、协调性、可持续性明显增强的基础上，实现经济总量和人均收入比2010年再“翻一番”。应该说，这个“翻一番”目标的难度绝不亚于前一个“翻两番”。因为从经济增长实绩来看，2010年的GDP已经比2000年翻了1.56倍。[①] 因此，要在2020年比2010年再“翻一番”，实际的翻番要求要比2000年“翻两番”难度更大、要求更高。尽管要求更高，但这个目标是在综合考虑初始战略目标、资源禀赋限制、社会发展阶段和国内外环境的基础上提出的。事实也证明，这个“翻一番”目标的设定完全符合实际，并成为确保如期全面建成小康社会的关键战略安排。

（五）始终坚持改革开放的根本途径

始于1978年年底的改革开放几乎与小康社会建设同步。应该说，正是改革开放推动小康社会建设持续发展，而全面小康社会的建成也正是改革开放的最重要成果。正如习近平总书记所说：“改革开放是决定当代中国命运的关键抉择，是党和人民事业大踏步赶上时代的重要法宝，是坚持和发展中国特色社会主义的必由之路。”[②] 没有改革开放，就没有全面小康社会建设的成功；始终坚持改革开放，正是40年小康社会建设不竭动力的来源。

在20世纪80年代的小康社会建设的起始阶段，对于到20世纪末实现工农业总产值翻两番的目标，很多人当时是持怀疑态度的，因为这需要连续20年保持经济增速在7%以上。对于人口庞大、幅员辽阔的中国来说，要想实

---

① 数据根据《2011年中国统计年鉴》测算得到。

② 习近平：《论坚持全面深化改革》，中央文献出版社2018年版，第1页。

现“经济起飞”并保持高速增长，谈何容易！然而，正是因为改革开放的春风推动了中国经济的风帆——农村改革的一声惊雷开启了经济体制改革的大幕，农民的劳动积极性和农业的生产效率得到了极大提高；乡镇企业的异军突起解放了束缚在土地上的剩余劳动力，掀起了改变中国城乡和产业结构的民工潮；经济特区的横空出世打开了对外开放的窗口，借助出口导向的发展战略将中国经济送上了快车道——中国很快解决了温饱问题，并向着总体小康社会的目标大步前进。

改革是涉险滩、啃硬骨头。开放在带来新鲜空气的同时，也放进了苍蝇蚊子。20世纪80年代末到90年代初，体制转轨带来的市场乱象以及资产阶级自由化的意识形态流毒对社会主义建设带来了巨大挑战，也对小康社会建设造成了冲击。短短几年时间里，中国经济经历了严重的通货膨胀和经济停滞。伴随着经济社会危机的是一部分人对改革开放道路的质疑和对建设小康社会信心的动摇。在这个重要的历史关头，改革开放的总设计师邓小平同志力挽狂澜，他在1992年的南方谈话给改革开放带来了又一个春天。从20世纪90年代开始，分税制改革、金融体制改革、国有企业改革、农村税费改革、社会事业改革、加入世贸组织等一系列领域的改革和开放举措纷纷出台，新一轮改革开放拉开了大幕，小康社会建设水平也在持续改革开放的过程中不断提高。

党的十八大以来，面对艰巨复杂的改革任务和全面建成小康社会决胜期的各方面挑战，以习近平同志为核心的党中央以巨大的政治勇气和智慧继续推进改革开放。特别是十八届三中全会以来，全面深化改革多点突破、蹄疾步稳、纵深推进，推动全面建成小康社会达到新高度。全面深化改革以国家治理体系和治理能力现代化为目标，以经济体制改革为重点，在重构市场和政府之间的关系、供给侧结构性改革、农村土地“三权分置”改革、户籍制度改革、财税体制改革、国有企业混合所有制改革、建立对外开放新体制等许多重要领域和关键环节改革都取得了突破性进展，提出了一系列新理念新思想新战略，为全面建成小康社会目标能够如期完成提供了决定性保证。

三、从全面建成小康社会到全面建成社会主义现代化国家

全面建成小康社会是现代化道路上的重要里程碑，是新“三步走”战略的第二步和建设社会主义现代化国家“两阶段”战略安排中第一阶段战略安排的起点。40 年小康社会建设为我们积累了丰富的历史经验，也为我们下一步推进社会主义现代化国家建设奠定了重要的基础，坚定了成功的信心。

（一）用“发展”提供现代化建设的不竭动力

习近平总书记指出：“发展是硬道理，把经济建设搞上去，是实现‘两个一百年’奋斗目标的重要基础，也是国家繁荣、社会稳定、人民幸福的重要基础。”① 40 年小康社会建设能够攻坚克难，取得成功，主要依靠的就是经济持续快速发展。当前，中国经济进入新常态，经济发展增速放缓，对于未来推进社会主义现代化建设的过程中还要不要强调 GDP 增长率的问题，理论界和政策界开始有了争论。诚然，在经济基数已经较大的情况下，再追求较高的经济增速的确有很大难度。但是，按照“三步走”战略目标以及“两阶段”的战略安排，到21 世纪中叶要完成第二个百年目标，如期建成社会主义现代化国家并进入中等发达国家行列，没有一定的经济增速是无法实现的。作为中等发达国家的典型代表，日本的人均国内生产总值为 4 万美元，而当前中国的人均国内生产总值刚过 1 万美元。也就是说，在未来 30 年我们要想

---

① 习近平：《更好认识和遵循经济发展规律》，共产党员网，2014 - 07 - 08。

赶上中等发达国家的经济发展水平，即使这些发达国家的人均国内生产总值保持不变，至少还需要中国实现人均国内生产总值“翻两番”。这相当于要以7%的年GDP增速持续增长20年。因此，为了如期完成建设现代化国家的目标，我们必须保证经济发展速度在合理区间，决不能放弃GDP指标，依然要继续紧紧抓住经济发展这个“牛鼻子”，为社会主义现代化国家建设提供不竭的动力。

继续保持经济持续较快增长，不仅是必要的，也是可行的。当前，尽管经济增速面临持续下行的压力，但中国经济的基本面仍然向好，经济增长的潜力仍在，许多方面都存在继续实现平稳较快增长的潜力。首先，作为一个发展中国家，中国与发达国家在新能源、新材料、生物医药、高端制造业、现代服务业等战略性新兴产业发展方面还存在较大差距，这些高端产业领域的供给不足也为这一领域的投资提供了巨大的空间；其次，作为一个正在经历体制转轨的国家，各领域体制机制的改革方兴未艾，制度改革红利的释放也将为经济发展提供全要素生产率的贡献；再次，作为一个正在经历结构变迁的国家，常住人口的城镇化率刚刚达到60%，户籍人口城镇化率不到45%，在城乡基础设施建设和基本公共服务均等化方面仍然有很多短板有待弥补；最后，作为一个绿色发展理念刚刚被人们所接受的国家，生态环保方面的需求日益提升，环保产业也必将成为未来吸引投资者的热土。如果能有效地抓住发展机遇，克服困难挑战，再实现10年到20年的中高速度的经济发展，为建设现代化国家打下更为坚实的物质基础是完全可以做到的。

（二）用“改革”破除现代化进程中的艰难险阻

40年小康社会建设能够克服一系列艰难险阻，持续推进、始终坚持改革开放是重要的法宝。在建设社会主义现代化国家进程中，要应对前进道路上的各种困难和挑战，仍然要不断深化改革。然而，现阶段中国的全面深化改革与20世纪80年代初的改革已经有了很大的不同。彼时的改革在逻辑上是拨乱反正，在行动上是将党的工作重心从“以阶级斗争为纲”转变为“以经济建设为中心”。在经历了十年动乱、国民经济面临崩溃边缘的时候，破旧立新是广大干部和群众共同的心声，改革自然也是一呼百应。而当前的全面深化改革则与40年前截然不同。习近平总书记曾指出：“改革是由问题倒逼而产生，又在不断解决问题中而深化。”① 当前的全面深化改革正是由转轨过程中长期存在的矛盾和问题的积累所倒逼的，而在持续推进改革的过程中又不断遇到新的问题和挑战。

改革要讲方法论。习近平总书记指出：“必须从纷繁复杂的事物表象中把准改革脉搏，把握全面深化改革的内在规律，特别是要把握全面深化改革的重大关系，处理好解放思想和实事求是的关系、整体推进和重点突破的关系、顶层设计和摸着石头过河的关系、胆子要大和步子要稳的关系、改革发展稳定的关系。”② 因此，在全面深化改革的进程中，我们要将“摸着石头过河”与加强“顶层设计”相结合，把改革力度、发展速度和社会可承受度相结合，加强各项改革之间的协调配套，处理好中央和地方的关系，协调好尊重客观规律和发挥主观能动性的关系，坚持问题导向和调查研究，确保重大改革于法有据，在改革方案制定中寻找最大公约数，使更多的人支持改革，合力推动改革。

（三）用“全面”引领现代化道路的前进方向

全面建成小康社会最突出的特点就是“全面”二字。“全面”首先体现

---

① 习近平：《全面深化改革是一项复杂的系统工程》，新华网，2013－11－13。

② 习近平：《坚定不移全面深化改革开放 脚踏实地推动经济社会发展》，新华网，2013－07－23。

在覆盖领域的全面。它是包括经济、政治、文化、社会、生态文明在内的五位一体的全面发展。习近平总书记曾生动地描绘全面小康社会的图景。他强调："全面建成小康社会，强调的不仅是'小康'，而且更重要的也是更难做到的是'全面'。'小康'讲的是发展水平，'全面'讲的是发展的平衡性、协调性、可持续性。如果到2020年我们在总量和速度上完成了目标，但发展不平衡、不协调、不可持续问题更加严重，短板更加突出，就算不上真正实现了目标，即使最后宣布实现了，也无法得到人民群众和国际社会认可。"因此，"全面小康，覆盖的领域要全面，是五位一体的全面进步"。"全面小康，覆盖的人口要全面，是惠及全体人民的小康"，"全面小康，覆盖的地区要全面，是城乡区域共同的小康"。[①] 他尤其强调："全面建成小康社会最艰巨最繁重的任务在贫困地区，特别是在深度贫困地区，无论这块硬骨头有多硬都必须啃下，无论这场攻坚战有多难打都必须打赢，全面小康路上不能忘记每一个民族、每一个家庭。"[②] 正是由于将小康社会建设的成果惠及全体人民，小康社会才成色十足。

在建设社会主义现代化国家的道路上，同样唯有坚持用"全面"指导发展方向，才能继续攻坚克难，获取新的更大胜利。用"全面"指导社会主义现代化建设，核心还是要坚持覆盖领域的全面和覆盖人群的全面。一方面，随着人民收入水平的进一步提高，对美好生活向往的维度越来越多元，这也赋予了社会主义现代化更加多元的内涵。在未来几十年中，现代化当然要包含经济持续健康发展、人民民主不断扩大、文化软实力显著增强、社会公平正义和人民生活水平全面提高、生态环境得到显著改善在内的五位一体的内

---

① 《习近平谈治国理政》第二卷，外文出版社2017年版，第78、79、81页。

② 习近平：《全面小康路上不能忘记每一个民族、每一个家庭》，新华社新媒体，2018-02-14。

容，但人民对美好生活更高和更多元的诉求也会进一步丰富五位一体总布局的外延和内涵，使得社会主义现代化的全面程度进一步超越全面小康社会，达到更高的水平。这更需要我们与时代同步，随时根据人民的诉求，调整完善现代化建设的目标。另一方面，作为一个人口大国，即使实现了全面小康，各地区各部门的自然、历史、社会条件依然差距很大；即使消灭了绝对贫困，相对贫困落后的现象也会长期存在。在未来建设社会主义现代化国家的道路上，我们必须时刻关注社会收入分配的平等、基本公共服务的均等、城乡区域发展的协调等问题，使现代化真正成为覆盖全体人民的现代化和得到最广大人民群众拥护的现代化。

（四）用“质量”设定现代化水平的更高目标

当前，我国人均国民收入已经超过 1 万美元，并跨越中等收入阶段，距离进入高收入国家行列仅有一步之遥，而能否顺利超越这一发展水平并持续稳定地发展，决定着我国能否成功跨越“中等收入陷阱”，真正全面建成小康社会。从国际经验来看，20 世纪中叶以来，陷入中等收入陷阱的发展中国家并不在少数，甚至有一些国家在已经跨越了高收入门槛后，又重新退回到中等收入阶段。第二次世界大战以来的全球经济发展实践表明，凡是在完成了高速发展赶超阶段后能够顺利跨越中等收入阶段并稳定在高收入国家行列的经济体，都是能够在发展质量上迈上新台阶，从而使本国在国际产业分工中处于优势地位，使国内经济的协调性不断增强、居民收入差距持续缩小、社会和环境问题得到有效治理的国家。与之相反，凡是在保持了一段时间的快速追赶后，未能持续稳定地迈入高收入国家行列的，都是发展质量不能明显提升的经济体。甚至可以说，发展质量不高和陷入“中等收入陷阱”是一枚硬币的两面。由于发展的质量不高，这些经济体在到达中等收入阶段之后，普遍面临传统的增长动力丧失、新的动力缺乏的问题，而伴随着经济增长的停滞，长期累积的社会矛盾开始爆发，并使国家陷入频繁的政权更迭和持续的政治动荡之中。

对中国来说，在40年的小康社会建设中，我们利用技术上的后发优势、生产要素成本上的比较优势实现了经济赶超，综合国力得到显著提升，经济总量稳居世界第二。同时，我们建立起了比较完整的产业结构和相对完善的国民经济体系，人口预期寿命、成人识字率、婴儿死亡率等指标大大优化，人类发展水平达到了发展中国家的较高水平。但不可否认的是，中国经济在取得举世瞩目的“高增长奇迹”的同时，质量上存在的短板也相当突出，产业结构上的缺陷、技术瓶颈上的制约、城乡发展上的不平衡、区域发展上的不协调以及收入分配差距过大等方面的问题和矛盾，已经日益成为经济持续稳定发展的严重阻碍。实事求是地说，40年小康社会建设虽然取得了巨大成就，但小康社会建设的目标总体上仍然是在“量”上的要求，质量要求还体现得不明显，在规划中对经济发展目标的设定和在实践中检验阶段性目标是否达成的标准，都以国内生产总值翻番为主，而对经济结构优化指标的设定并不突出。

鉴于此，巩固全面建成小康社会的成果，实现全面建设社会主义现代化国家的目标，唯有重视质量问题，实现高质量发展。因此，党的十九大提出，要实现经济发展从高速增长向高质量发展转变，这一转变是历史发展规律的必然要求。高质量发展的核心是创新，关键是要通过营造一个有利于促进创新的生态系统，建成一个能够承载并推动高质量发展的创新型国家。建设创新型国家，首要的是加大对科技创新的投入力度。习近平总书记指出：“谁牵住了科技创新这个‘牛鼻子’，谁走好了科技创新这步先手棋，谁就能占领先机、赢得优势。”① 实施创新驱动发展战略，要紧紧抓住科技创新这个关键。只有牢牢抓住科技创新这个“牛鼻子”，摆脱核心关键技术受制于人的窘境，我国才能真正成为世界科技强国和经济强国。为此，我们要加大基础研究领域的支持力度，鼓励有实力的企业开展或投资于基础研究；要重视与基础研究相关的学科建设，完善科研人才的成长环境和培养机制；要破除体制机制障碍，完善国家创新体系，整合各类创新资源，优化创新协同机制。此外，要建设创新型国家还要倡导创新文化，营造创新环境。可以说，创新是一种文化现象。创新文化是一切创新的精神源泉，是创新驱动发展的根基。没有创新文化，整个社会的创新就会受到压抑和阻碍。当前我国需要着力培育创新文化，弘扬科学家精神、企业家精神、工匠精神和担当精神；健全容错纠错机制，宽容失败，营造有利于创新的文化氛围和制度环境，激发创新潜能；转变政府职能，深化“放管服”改革，营造创新创业生态，激发创新活力。

（五）用“美丽”扮靓现代化中国的国际形象

作为欠发达的发展中国家该走什么样的现代化道路，一直是困扰发展中国家的难题。我们在建设小康社会和推进现代化的进程中，虽然有意识地避免重复西方发达国家走过的“先污染、后治理”的老路，但由于生产力发展水平、思想观念等主客观原因，还是在经济快速发展的过程中出现了较为严重的资源破坏和环境污染问题，由此也付出了沉重代价。因此，党的十九大把“美丽”与“富强、民主、文明、和谐”一起列为全面建设社会主义现代化强国的奋斗目标。这是一种民族自觉，更是一种大国责任。中华民族历来

① 习近平：《走好科技创新先手棋 就能占领先机赢得优势》，新华网，2014－05－24。

信奉和遵从"道法自然、天人合一"的生存理念，从而铸就了中华文明五千年的辉煌。正所谓"生态兴则文明兴、生态衰则文明衰"。当前，我国正日益走近世界舞台的中央，应该在事关人类发展与安全的重大问题上发挥更大作用，要花大力气解决已经出现的突出的环境问题，勇于承担国际责任和义务，与世界各国共同应对全球气候和环境挑战，增强我国在全球环境治理体系中的话语权和影响力，成为全球生态文明建设的重要参与者、贡献者、引领者，让良好生态环境成为展现我国良好形象的发力点。因此，习近平总书记指出："保护环境就是保护生产力，改善环境就是发展生产力。在生态环境保护上，一定要树立大局观、长远观、整体观，不能因小失大、顾此失彼、寅吃卯粮、急功近利。我们要坚持节约资源和保护环境的基本国策，像保护眼睛一样保护生态环境，像对待生命一样对待环境，推动形成绿色发展方式和生活方式，协同推进人民富裕、国家强盛、中国美丽。"①

建设美丽中国，首先，要从人民群众最关心的环境问题入手，全力打赢大气污染防治、水污染防治、土壤污染管制和修复"三大战役"，彻底擦去祖国母亲"脸上的污垢"。其次，要积极推进绿色发展，这是建设美丽中国的根本。要积极建立绿色生产和消费的法律制度和政策导向，建立健全绿色低碳循环发展的经济体系，进而从源头上推动经济实现绿色转型，减少资源消耗、减少污染排放、减少生态破坏。要积极构建市场导向的绿色技术创新体系，面向市场需求促进绿色技术的研发、转化、推广，用绿色技术改造形成绿色经济。要积极发展绿色信贷、绿色债券、绿色基金等绿色金融，推进金融更好服务实体经济的绿色转型。要积极推进生产和消费革命，紧跟世界能源技术进步和产业变革新趋势，构建清洁低碳、安全高效的能源体系。要

① 《习近平关于社会主义经济建设论述摘编》，中央文献出版社2017年版，第37—38页。

积极建设资源节约型和环境友好型社会，落实节约能源的基本国策，推进资源全面节约和循环利用的生产方式，倡导简约适度、绿色低碳的生活方式，进而让每一家企业、每一个家庭、每一位公民都能够自觉为美丽中国建设作贡献。最后，要谋划建设美丽中国的长远大计，加大生态系统保护力度。要尽快完成生态保护红线、永久基本农田、城镇开发边界三条控制线划定工作，用最严格的法律、最严格的制度保护生态环境。要完善主体功能区配套政策，围绕主体功能区规划完善相关的财政、投资、产业、土地、人口、环境等政策，保障主体功能区制度落到实处。要坚决制止和惩戒破坏生态环境行为，让破坏环境者付出代价，进而加快形成不敢破坏环境的高压态势和社会氛围。

第一章

“一张蓝图”绘到底

邓小平同志指出：“社会主义国家有个最大的优越性，就是干一件事情，一下决心，一作出决议，就立即执行，不受牵扯。”① 中国人民之所以能够干成全面小康社会，一个最重要的经验就是，在我们党确立了建设小康社会这个战略目标后，一代一代党中央领导集体带领人民始终围绕这个奋斗目标，通过一个接一个五年计划或规划的组织实施，直至把这张“蓝图”绘制得更加绚丽多彩、美丽动人。因此，习近平总书记指出：“用中长期规划指导经济社会发展，是我们党治国理政的一种重要方式。从1953年开始，我国已经编制实施了13个五年规划（计划），其中改革开放以来编制实施8个，有力推动了经济社会发展、综合国力提升、人民生活改善，创造了世所罕见的经济快速发展奇迹和社会长期稳定奇迹。”②

① 《邓小平文选》第三卷，人民出版社1993年版，第240页。
② 习近平：《在经济社会领域专家座谈会上的讲话》，新华网，2020－08－24。

第一节 “小康社会”的构想

党的十一届三中全会把党的工作重点转移到社会主义现代化建设上来以后，现代化怎么搞？是继续沿着改革开放前提出的到20世纪末实现“四个现代化”的既定路线，还是从实际出发，对实现“四个现代化”的战略安排进行科学调整，使之更具有操作性，以邓小平同志为代表的中国共产党人进行了实事求是的思考。建设“小康社会”的构想就是在这个思考过程中提出来的。

1979年3月，邓小平同志在党的理论工作务虚会上的讲话中指出：“我们当前以及今后相当长一个历史时期的主要任务是什么？一句话，就是搞现代化建设。能否实现四个现代化，决定着我们国家的命运、民族的命运。”“过去搞民主革命，要适合中国情况，走毛泽东同志开辟的农村包围城市的道路。现在搞建设，也要适合中国情况，走出一条中国式的现代化道路。”邓小平同志认为，要使中国实现四个现代化，至少有两个重要特点是必须看到的：一是底子薄；二是人口多，耕地少。所以“中国式现代化，必须从中国的特点出发”。①。

那么，什么是中国式现代化呢？邓小平同志解释说：“我们开了大口，本世纪末实现四个现代化。后来改了个口，叫中国式现代化，就是把标准放低一点。”“现在我们的国民生产总值人均大概不到三百美元，要提高两三倍不容易。我们还是要艰苦奋斗。就是要降低原来的设想，完成低的目标，也得很好地抓紧工作，要全力以赴，抓得很细，很具体，很有效。四个现代化

① 《邓小平文选》第二卷，人民出版社1994年版，第162、163、164页。

这个目标，讲空话是达不到的。”① 因此，他强调：“现在要横下心来，除了爆发大规模战争外，就要始终如一地、贯彻始终地搞这件事，不受任何干扰。就是爆发大规模战争，打仗以后也要继续干，或者重新干。我们全党全民要把这个雄心壮志牢固树立起来，扭着不放，‘顽固’一点，毫不动摇。”② “我们党在现阶段的政治路线，概括地说，就是一心一意地搞四个现代化。这件事情，任何时候都不要受干扰，必须坚定不移地、一心一意地干下去。”③

1979 年 12 月 6 日，邓小平同志在北京会见日本首相大平正芳时，对什么是“中国式现代化”作了解释。他说：“我们的四个现代化的概念，不是像你们那样的现代化的概念，而是‘小康之家’。到本世纪末，中国的四个现代化即使达到了某种目标，我们的国民生产总值人均水平也还是很低的。要达到第三世界中比较富裕一点的国家的水平，比如国民生产总值人均一千美元，也还得付出很大的努力。就算达到那样的水平，同西方来比，也还是落后的。所以，我只能说，中国到那时也还是一个小康的状态。”④ “小康社会”从此成为激发中华民族奋斗精神和冲天干劲的“号角”。

根据邓小平同志的“中国式现代化”构想，1981 年 6 月召开的党的十一届六中全会提出，社会主义建设必须从我国国情出发，量力而行，积极奋斗，有步骤分阶段地实现现代化的目标。1982 年 8 月 21 日，邓小平同志在会见时任联合国秘书长德奎利亚尔时进一步指出：“我们摆在第一位的任务是在本世纪末实现现代化的一个初步目标，这就是达到小康的水平。如果能实现这个目标，我们的情况就比较好了。更重要的是我们取得了一个新起点，再

---

① 《邓小平文选》第二卷，人民出版社 1994 年版，第 194、195 页。
② 《邓小平文选》第二卷，人民出版社 1994 年版，第 249 页。
③ 《邓小平文选》第二卷，人民出版社 1994 年版，第 276 页。
④ 《邓小平文选》第二卷，人民出版社 1994 年版，第 237 页。

花三十年到五十年时间，接近发达国家的水平。我们不是说赶上，更不是说超过，而是接近。”① 这说明，邓小平同志已经把实现现代化的进程延长到下一个世纪的30年到50年了。此后，邓小平同志又多次谈到本世纪末翻两番和下个世纪再用30年到50年时间，接近发达国家或达到中等发达国家水平的设想。这也成为我国现代化建设著名的“三步走”战略构想。

1982年9月1日，党的第十二次全国代表大会召开。在大会的开幕词中，邓小平同志指出：“我们的现代化建设必须从中国的实际出发。无论是革命还是建设，都要注意学习和借鉴外国经验。但是，照抄照搬别国经验、别国模式，从来不能得到成功。这方面我们有过不少教训。把马克思主义的普遍真理同我国的具体实际结合起来，走自己的道路，建设有中国特色的社会主义，这就是我们总结长期历史经验得出的基本结论。”② 这是邓小平同志第一次提出建设有中国特色的社会主义的概念，它已经超出“中国式现代化道路”的范围，成为整个新的历史时期改革开放和现代化建设的指导思想。根据邓小平同志“三步走”的发展战略构想和建设有中国特色的社会主义的重要论断，党的十二大明确提出：“从1981年到本世纪末的20年，我国经济建设的总的奋斗目标是，在不断提高经济效益的前提下，力争使全国工农业总产值翻两番，即由1980年的7100亿元增加到2000年的28000亿元左右。”③

1985年9月23日，邓小平同志在中国共产党全国代表会议上的讲话中进一步解释其“三步走”战略构想。他指出：“现在人们说中国发生了明显的变化。我对一些外宾说，这只是小变化。翻两番，达到小康水平，可以说

① 《邓小平文选》第二卷，人民出版社1994年版，第416—417页。
② 《邓小平文选》第三卷，人民出版社1993年版，第2—3页。
③ 《改革开放三十年重要文献选编》上，中央文献出版社2008年版，第266页。

是中变化。到下个世纪中叶，能够接近世界发达国家的水平，那才是大变化。到那时，社会主义中国的分量和作用就不同了，我们就可以对人类有较大的贡献。”① 这里讲的小变化、中变化、大变化，鲜明地表达了中国式现代化的“三个阶段”。1987 年 4 月 30 日，邓小平同志在会见西班牙政府副首相格拉时的谈话更明确表述了分三步走基本实现现代化的战略部署。他说：“我们原定的目标是，第一步在八十年代翻一番。以一九八〇年为基数，当时国民生产总值人均只有二百五十美元，翻一番，达到五百美元。第二步是到本世纪末，再翻一番，人均达到一千美元。实现这个目标意味着我们进入小康社会，把贫困的中国变成小康的中国。那时国民生产总值超过一万亿美元，虽然人均还很低，但是国家的力量有很大增加。我们制定的目标更重要的还是第三步，在下世纪用三十年到五十年再翻两番，大体上达到人均四千美元。做到这一步，中国就达到中等发达的水平。这是我们的雄心壮志。”②

根据邓小平同志的现代化建设“三步走”战略构想，1987 年 10 月，党的第十三次全国代表大会正式通过了社会主义现代化建设“三步走”的经济发展战略。大会报告明确指出：“党的十一届三中全会以后，我国经济建设的战略部署大体分三步走。第一步，实现国民生产总值比一九八〇年翻一番，解决人民的温饱问题。这个任务已经基本实现。第二步，到本世纪末，使国民生产总值再增长一倍，人民生活达到小康水平。第三步，到下个世纪中叶，人均国民生产总值达到中等发达国家水平，人民生活比较富裕，基本实现现代化。然后，在这个基础上继续前进。”③ 为了确保实现这一战略构想，党的十三大还提出了包括经济体制改革、政治体制改革和精神文明建设在内的社

---

① 《邓小平文选》第三卷，人民出版社 1993 年版，第 143 页。
② 《邓小平文选》第三卷，人民出版社 1993 年版，第 226 页。
③ 《十三大以来重要文献选编》上，人民出版社 1991 年版，第 16 页。

会主义现代化建设的三位一体总体布局。

从此，现代化建设“三步走”战略蓝图初步绘就，建设小康社会的奋斗目标得以明确。这不仅为建设有中国特色的社会主义伟大事业指明了方向，而且为全国各族人民的美好生活需要提供了宏伟愿景，从而成为凝聚全国人民合力投身改革开放伟大征程的重要动力。

第二节　总体达到小康水平

一分部署，九分落实。为了稳步实施“三步走”战略构想，确保20世纪末实现“使国民生产总值再增长一倍，人民生活达到小康水平”的总体目标，从1981年实施“六五”计划开始，经过“七五”“八五”“九五”，到2000年“九五”计划完成，通过20多年的艰苦奋斗，我国实现了国民生产总值“翻两番”和人民生活总体达到小康水平的初级目标。

一、“六五”计划为小康社会建设开了个好头

1980年2月，国务院决定重新制定中长期计划，酝酿编制“六五”计划。1982年12月全国人大五届五次会议正式批准“六五”计划。

“六五”计划期间，党中央立足社会主义初级阶段的基本国情，首次提出要建设有中国特色的社会主义的重大论断，并推动改革在各个领域逐渐展开。在农业领域，继续扩大家庭联产承包责任制的改革范围，以连续五个农业“一号文件”的形式推进农业改革，农业实现空前发展。在对外开放领域，通过开放经济特区与沿海开放城市等举措，逐步建立有层次的对外开放体系，放松对外经济交流上的限制。同时在科学、教育、文化、卫生领域进行改革，社会发展开始纳入国家发展战略。从经济运行体制看，商品经济的

作用重新得到重视。提出社会主义经济是“有计划的商品经济”的重要论断。个体、私营等多种经济成分重新出现。市场开始在局部发挥作用，开始打破僵化计划体制全面控制经济运行的局面，为下一阶段改革的加速推进提供了条件。这一时期国民经济持续、快速、稳定增长，经济增速高达10.7%，各项经济指标完成情况接近原计划的3倍。社会总产值增长率为11%，完成275%；工业总产值增长率为10.8%，完成270%；农业总产值增长率为11.7%，完成293%；国民收入增长率为9.7%，完成243%。对外贸易实现跨越式的增长。1985年，我国进出口贸易额达2067亿元，完成计划的242%；出口额809亿元，完成201%；进口额1257.8亿元，完成278%；外汇储备新增39.4亿美元。同时，社会事业迎来新的发展。高等院校在校生数增加55.9万人，完成计划的358%。尤其是人民得到较多实惠和生活改善。城乡消费水平指数增长8.8%，完成计划的215%；农民纯收入年增长14.1%，完成235%；职工工资年增长12.3%，完成251%。“六五”计划作为小康社会建设的第一个五年计划，它的高水平完成为小康社会建设开了一个好头。

二、小康社会建设在“七五”计划时期曲折前进

1983年，国务院着手组织“七五”计划的起草工作。1985年上半年拟订了《中共中央关于制定国民经济和社会发展第七个五年计划的建议》，1986年3月，《中华人民共和国国民经济和社会发展第七个五年计划》经六届全国人大四次会议审议批准。

“七五”计划时期，是我国经济体制进一步由旧模式向新模式转换的关键时期，明确提出了“国家调节市场，市场引导企业”的经济体制改革方向。“七五”计划规定的主要指标是：在不断提高经济效益的前提下，五年

内全国工农业总产值增长38%，国民生产总值增长44%。按1980年不变价格计算，1990年工农业总产值达到16770亿元，比1980年增长1.3倍；国民生产总值达到11170亿元，比1980年增长1.6倍。全民所有制单位的固定资产投资总额五年为8960亿元，比“六五”期间增长近70%。逐步推行九年制义务教育，同时通过普通高等学校和成人高等教育五年共培养近500万高级专门人才，比“六五”期间增长一倍。进出口贸易总额1990年比1985年增长40%，并相应地扩大利用外资和引进先进技术的规模。城乡居民的实际消费水平五年增长27%左右，进一步改善人民的生活质量和生活环境。同时，“七五”计划还具体对深化经济体制改革作了部署：一是进一步增强企业特别是全民所有制大中型企业的活力，使它们真正成为相对独立的经济实体，成为自主经营、自负盈亏的社会主义商品生产者和经营者；二是进一步发展社会主义的商品市场，逐步完善市场体系；三是国家对企业的管理逐步由直接控制为主转向间接控制为主，建立新的社会主义宏观经济管理制度；逐步完善各种经济手段和法律手段，辅之以必要的行政手段，来控制和调节经济运行。围绕这三个方面，配套地作好计划体制、价格体系、财政体制、金融体制和劳动工资制度等方面的改革，形成一整套把计划和市场、微观搞活和宏观控制有机结合起来的机制和手段。争取在今后五年或者更长一些时间内，基本上奠定具有中国特色的、充满生机和活力的社会主义经济体制的基础。但是，由于改革的步伐过大，尤其是价格“双轨制”改革导致“七五”计划后期出现严重的通货膨胀，造成经济与社会秩序一度出现混乱，加上后期政治风波的干扰，1989年至1990年不得不对国民经济结构失衡与改革过程中出现的问题进行治理整顿，使“七五”计划的完成情况不尽理想，仅完成计划目标的71%。其中，城乡消费水平增长率为3.3%，完成计划的66%；职工实际平均工资增长率为2.8%，完成计划的70%；农民纯收入增长率完成计划的39%。

三、“八五”计划时期提前五年完成“翻两番”战略目标

1990年12月中国共产党第十三届中央委员会第七次会议审议并通过了《中共中央关于制定国民经济和社会发展十年规划和“八五”计划的建议》，提出了今后十年我国国民经济和社会发展的基本任务和方针政策。1991年3月第七届全国人大第四次会议审议通过国务院《关于国民经济和社会发展十年规划和第八个五年计划纲要的报告》。以1992年邓小平同志南方重要谈话和党的十四大为标志，“八五”时期的中国改革开放和现代化建设进入新阶段。

“八五”期间取得的最大成就是提前五年完成了到2000年实现国民生产总值比1980年“翻两番”的战略目标。1995年中国的国民生产总值达到57600亿元，扣除物价因素，是1980年的4.3倍，使社会生产力、综合国力和人民生活水平上了一个新台阶，进而成为小康社会建设进程中一个重要的里程碑。在这五年，国民生产总值年均增长12%，其中，第一产业年均增长4.1%，第二产业年均增长17.3%，第三产业年均增长9.5%，是新中国成立以来增长速度最快、波动最小的五年。尤其是经济体制改革取得突破性进展，不仅提出并确立了建立社会主义市场经济体制的目标和基本框架，推进了财税、金融、外汇、外贸、投资、价格和流通体制改革，在价格形成机制、税收制度、汇率并轨等方面取得重大突破，而且国有企业、农村、科技、教育以及各项社会事业的改革也取得新的进展。同时，对外开放由沿海扩展到沿边、沿江、沿主要铁路线和内陆省会城市，经济特区继续发挥对外开放窗口的重要作用，浦东开放开发取得很大进展；对外开放的领域由一般加工业扩展到基础工业和基础设施；外商直接投资由中小企业扩展到大企业，多方位、

多层次、多形式的对外开放格局基本形成。特别是这一时期，国家不仅加强了支持中西部发展的力度，在扶持民族地区、贫困地区发展和基础设施建设等方面取得成效，而且增大了扶贫攻坚的强度。1994 年 3 月，国务院制定和发布了关于全国扶贫开发工作的纲领，又称“八七扶贫攻坚计划”。提出对当时全国农村 8000 万贫困人口的温饱问题，力争用 7 年左右的时间（从 1994 年到 2000 年）基本解决，从而实现了从救济式扶贫向开发式扶贫的转变，减贫工作取得巨大成就。“八五”计划期间，城镇居民人均收入实际年均增长 7.7%，农民人均纯收入实际年均增长 4.5%。社会消费品零售总额实际年均增长 10.6%。人民生活水平在 80 年代基本解决温饱的基础上继续提高，绝对贫困人口由 80 年代末的 8500 万人减少到 1995 年的 6500 万人。城乡居住条件进一步改善，城镇人均居住面积由 6.7 平方米提高到 7.9 平方米。电话普及率由 1.1% 提高到 4.6%。

四、“九五”计划时期人民生活水平总体达到小康

1995 年 9 月 28 日，中共十四届五中全会通过了《关于国民经济和社会发展“九五”计划和 2010 年远景目标建议》。1996 年 3 月，第八届全国人民代表大会第四次会议审议通过了《国民经济和社会发展第九个五年计划纲要》。“九五”计划的主要任务是：全面完成现代化建设的第二步战略部署，基本消除贫困现象，人民生活达到小康水平；加快现代企业制度建设，初步建立社会主义市场经济体制。为了确保如期完成这些任务，在体制改革方面，不仅进一步深化市场化改革，努力增强市场在资源配置中的基础性作用，而且不断完善社会主义初级阶段的基本经济制度，大力推进国有经济结构调整和战略性重组，加快推进国有企业的现代企业制度改革，不断促进非公有制经济发展壮大。在宏观调控政策上，适时根据经济形势的变化，调整宏观经

济政策取向和力度，并注意把扩大内需和调整经济结构紧密结合起来，加强宏观调控的预测性和指导性，有效应对了1998年亚洲金融危机的影响和冲击，始终确保经济较快平稳发展。同时，进一步扩大对外开放，加快实施“引进来”与“走出去”并重的外向型经济发展战略。这一时期经济保持较快增长，主要经济增长指标基本完成。国民生产总值增长率为8.4%，完成105%；第一产业增长率为3.5%，完成100%。第二产业增长率为9.8%，完成98%。第三产业增长率为8.2%，完成91%。转变经济增长方式取得重大进展，经济增长的同时能源消费实现零增长，经济效益提高，主要污染物排放下降。人民生活水平提高较快，农民纯收入增长率为4.7%，完成118%；城镇居民人均生活费增长率为5.7%，2000年城镇社会保障覆盖面77%，完成96%。如期完成“八七扶贫攻坚计划”的预定目标，实现了农村尚未解决温饱问题的贫困人口由1978年的2.5亿人减少到2000年的3000万人，农村贫困发生率从30.7%下降到3%左右。贫困地区通电、通路、通邮、通电话的行政村分别达到95.5%、89%、69%和67.7%。到“九五”计划结束，“二十多年的改革开放和发展，使我国的生产力水平迈上了一个大台阶，商品短缺状况基本结束，市场供求关系发生了重大变化；社会主义市场经济体制初步建立，市场机制在配置资源中日益明显地发挥基础性作用，经济发展的体制环境发生了重大变化；全方位对外开放格局基本形成，开放型经济迅速发展，对外经济关系发生了重大变化。我们已经实现了现代化建设的前两步战略目标，经济和社会全面发展，人民生活总体上达到了小康水平，开始实施第三步战略部署。这是中华民族发展史上一个新的里程碑”①。

① 《中共中央关于制定国民经济和社会发展第十个五年计划的建议》，《改革开放三十年重要文献选编》下，中央文献出版社2008年版，第1109页。

第三节 全面建设小康社会

进入“十五”计划时期，小康社会建设在人民生活总体达到小康水平的基础上，开始了全面建设小康社会的新时期。这一时期的小康社会建设任务，除了继续坚持以经济建设为中心，重点抓好发展这个第一要务外，更加注重统筹城乡发展、统筹区域发展、统筹经济社会发展、统筹人与自然和谐发展、统筹国内发展和对外开放，推动以人为本、全面协调可持续发展，进而把小康社会建设提高到一个新水平。

一、“十五”计划开启全面建设小康社会新阶段

2000年10月11日，党的十五届五中全会通过《中共中央关于制定国民经济和社会发展第十个五年计划的建议》。《建议》开宗明义地指出，“从新世纪开始，我国将进入全面建设小康社会，加快推进社会主义现代化的新的发展阶段”。同时还强调，“十五”计划是我国进入新世纪的第一个五年计划，是开始实施现代化建设第三步战略部署的第一个五年计划，也是社会主义市场经济体制初步建立后的第一个五年计划。制定“十五”计划，要把发展作为主题，把结构调整作为主线，把改革开放和科技进步作为动力，把提高人民生活水平作为根本出发点。2001年3月，全国人大九届四次会议通过《国民经济和社会发展第十个五年计划纲要》。为了实现国民经济持续快速健康发展，全面建设小康社会，《纲要》明确提出，必须以提高经济效益为中心，对经济结构进行战略性调整。认为经济结构存在的问题，主要是产业结构不合理，地区发展不协调，城镇化水平低，这是当前我国经济发展中的突出矛盾。把经济结构问题解决好，才能扩大国内需求，增加有效供给，也才

能切实提高国民经济的整体素质，在日趋激烈的国际竞争中赢得主动。经济结构战略性调整的主要任务是：优化产业结构，全面提高农业、工业、服务业的水平和效益；合理调整生产力布局，促进地区经济协调发展；逐步推进城镇化，努力实现城乡经济良性互动；着力改善基础设施和生态环境，实现可持续发展。继续完成工业化是我国现代化进程中的艰巨的历史性任务。大力推进国民经济和社会信息化，是覆盖现代化建设全局的战略举措。以信息化带动工业化，发挥后发优势，实现社会生产力的跨越式发展。

2002 年 11 月党的十六大进一步明确了全面建设小康社会的奋斗目标。关于全面建设小康社会的奋斗目标，党的十六大指出，“二十一世纪头二十年，对我国来说，是一个必须紧紧抓住并且可以大有作为的重要战略机遇期。根据十五大提出的到二〇一〇年、建党一百年和新中国成立一百年的发展目标，我们要在本世纪头二十年，集中力量，全面建设惠及十几亿人口的更高水平的小康社会，使经济更加发展、民主更加健全、科教更加进步、文化更加繁荣、社会更加和谐、人民生活更加殷实”①。为此，提出全面建设小康社会的具体目标是：一是在优化结构和提高效益的基础上，国内生产总值到 2020 年力争比 2000 年翻两番，综合国力和国际竞争力明显增强。基本实现工业化，建成完善的社会主义市场经济体制和更具活力、更加开放的经济体系。城镇人口的比重较大幅度提高，工农差别、城乡差别和地区差别扩大的趋势逐步扭转。社会保障体系比较健全，社会就业比较充分，家庭财产普遍增加，人民过上更加富足的生活。二是社会主义民主更加完善，社会主义法制更加完备，依法治国基本方略得到全面落实，人民的政治、经济和文化权益得到切实尊重和保障。基层民主更加健全，社会秩序良好，人民安居乐业。

---

① 《改革开放三十年重要文献选编》下，中央文献出版社 2008 年版，第 1249 页。

三是全民族的思想道德素质、科学文化素质和健康素质明显提高，形成比较完善的现代国民教育体系、科技和文化创新体系、全民健身和医疗卫生体系。人民享有接受良好教育的机会，基本普及高中阶段教育，消除文盲。形成全民学习、终身学习的学习型社会，促进人的全面发展。四是可持续发展能力不断增强，生态环境得到改善，资源利用效率显著提高，促进人与自然的和谐，推动整个社会走上生产发展、生活富裕、生态良好的文明发展道路。

“十五”期间，我国经济总量、综合国力、人民生活和对外开放均又上了一个新台阶，为“十一五”规划的制定和实施奠定了良好的基础，也为21世纪前20年我国全面建设小康社会开了一个好局。“十五”期间，不仅经济增长速度达到9%以上，2005年国内生产总值超过15万亿元，而且经济体制改革不断深化，对外贸易迈上新台阶，国家财政收入大幅度增加，价格总水平保持基本稳定，城乡人民生活进一步改善，民族团结不断巩固，各项社会事业取得新进步，社会主义民主政治和精神文明建设继续加强。尤其是这一时期全面深化农村经济体制改革，全面免除了农业税，农业农村发展进入了“无税时代”，为减轻农民负担、确保农民增收提供了制度保障。同时还开始实施西部大开发战略，加快推进中西部地区发展，进一步推进了西部老少边穷地区的小康社会建设进程。

二、“十一五”规划期间全面小康社会建设成就显著

2005年10月11日，党的十六届五中全会通过了《中共中央关于制定国民经济和社会发展第十一个五年规划的建议》，并从此把“五年计划”改称“五年规划”。《建议》明确提出“十一五”规划的主要任务是全面贯彻落实科学发展观，坚持“六个必须”原则。即必须保持经济平稳较快发展，必须加快转变经济增长方式，必须提高自主创新能力，必须促进城乡区域协调发

展，必须加强和谐社会建设，必须不断深化改革开放。2006 年 3 月，第十届全国人大四次会议审议通过了《国民经济和社会发展第十一个五年规划纲要》。关于在这一时期全面建设小康社会的奋斗目标，胡锦涛总书记在党的十七大政治报告中更加明确指出：“我们必须适应国内外形势的新变化，顺应各族人民过上更好生活的新期待，把握经济社会发展趋势和规律，坚持中国特色社会主义经济建设、政治建设、文化建设、社会建设的基本目标和基本政策构成的基本纲领，在十六大确立的全面建设小康社会目标的基础上对我国发展提出新的更高要求。”① 一是增强发展协调性，努力实现经济又好又快发展。转变发展方式取得重大进展，在优化结构、提高效益、降低消耗、保护环境的基础上，实现人均国内生产总值到 2020 年比 2000 年翻两番。社会主义市场经济体制更加完善。自主创新能力显著提高，科技进步对经济增长的贡献率大幅上升，进入创新型国家行列。居民消费率稳步提高，形成消费、投资、出口协调拉动的增长格局。城乡、区域协调互动发展机制和主体功能区布局基本形成。社会主义新农村建设取得重大进展。城镇人口比重明显增加。二是扩大社会主义民主，更好保障人民权益和社会公平正义。公民政治参与有序扩大。依法治国基本方略深入落实，全社会法治观念进一步增强，法治政府建设取得新成效。基层民主制度更加完善。政府提供基本公共服务能力显著增强。三是加强文化建设，明显提高全民族文明素质。社会主义核心价值体系深入人心，良好思想道德风尚进一步弘扬。覆盖全社会的公共文化服务体系基本建立，文化产业占国民经济比重明显提高、国际竞争力显著增强，适应人民需要的文化产品更加丰富。四是加快发展社会事业，全面改善人民生活。现代国民教育体系更加完善，终身教育体系基本形成，全民受

① 《改革开放三十年重要文献选编》下，中央文献出版社 2008 年版，第 1772 页。

教育程度和创新人才培养水平明显提高。社会就业更加充分。覆盖城乡居民的社会保障体系基本建立，人人享有基本生活保障。合理有序的收入分配格局基本形成，中等收入者占多数，绝对贫困现象基本消除。人人享有基本医疗卫生服务。社会管理体系更加健全。五是建设生态文明，基本形成节约能源资源和保护生态环境的产业结构、增长方式、消费模式。循环经济形成较大规模，可再生能源比重显著上升。主要污染物排放得到有效控制，生态环境质量明显改善。生态文明观念在全社会牢固树立。从此“生态文明建设”开始与“经济建设、政治建设、文化建设和社会建设”一起构成了支撑并推动全面建设小康社会进程的“五位一体”总布局。

从“十一五”规划的完成情况看，经济增长目标提前完成，按 2005 年价格计算，2009 年 GDP 达到 27. 6 万亿元，超过 2010 年规划预期目标的 26. 3 万亿元；2009 年人均 GDP 是 2000 年的 2. 3 倍，提前实现了人均 GDP 翻两番的目标。经济结构不断优化，2009 年城市化率接近规划预期目标 47%，城镇新增人口近 6000 万人，农村总人口减少 3256 万人。公共服务和人民生活明显改善。国民平均受教育年限达到规划目标的 9 年；新型农村合作医疗覆盖率提前实现达到 80% 以上的规划目标，从 2005 年的 23. 5%，到 2009 年达到了 94%。2009 年城镇新增就业累计 4603 万人，提前实现了 4500 万人的 2010 年目标。按不变价格计算，城镇居民人均可支配收入年平均增长率为 10. 2%，实现 2010 年预期目标值的 115. 5%；按不变价格计算，农村居民人均纯收入年平均增长率为 6. 66%，实现 2010 年预期目标值的 108. 1%。

第四节　全面建成小康社会

进入“十二五”规划期间，党的十八大进一步提出“全面建成小康社会”的奋斗目标。为彻底决胜全面建成小康社会的奋斗目标，以习近平同志为核心的党中央始终坚持用新发展理念统领经济社会发展全局，努力推进经济、政治、文化、社会和生态文明建设协同发展，坚决打赢防范化解重大风险、精准脱贫、污染防治“三大攻坚战”，彻底消灭了绝对贫困人口，如期建成了“一个都不落下”的全面小康社会，实现了“第一个百年”梦想。

一、“十二五”规划开启全面建成小康社会新阶段

2010 年 10 月 18 日，党的十七届五中全会通过了《中共中央关于制定国民经济和社会发展第十二个五年规划的建议》。《建议》明确指出，“十二五”时期，是全面建设小康社会的关键时期，是深化改革开放、加快转变经济发展方式的攻坚时期。“以加快转变经济发展方式为主线，是推动科学发展的必由之路，符合我国基本国情和发展阶段新特征。加快转变经济发展方式是我国经济社会领域的一场深刻变革，必须贯穿经济社会发展全过程和各领域，提高发展的全面性、协调性、可持续性，坚持在发展中促转变、在转变中谋发展，实现经济社会又好又快发展。”[①] 在综合考虑未来发展趋势和条件的基础上，《建议》提出了“十二五”时期的经济社会发展的主要目标：一是经济平稳较快发展。价格总水平基本稳定，就业持续增加，国际收支趋向基本平衡，经济增长质量和效益明显提高。二是经济结构战略性调整取得重大进展。居民消费率上升，服务业比重和城镇化水平提高，城乡区域发展的协调性增强。经济增长的科技含量提高，单位国内生产总值能源消耗和二氧化碳排放大幅下降，主要污染物排放总量显著减少，生态环境质量明显改善。三

---

① 《中共中央关于制定国民经济和社会发展第十二个五年规划的建议》，新华网，2010 - 10 - 28。

是城乡居民收入普遍较快增加。努力实现居民收入增长和经济发展同步、劳动报酬增长和劳动生产率提高同步，低收入者收入明显增加，中等收入群体持续扩大，贫困人口显著减少，人民生活质量和水平不断提高。四是社会建设明显加强。覆盖城乡居民的基本公共服务体系逐步完善，全民受教育程度稳步提升，全民族思想道德素质、科学文化素质和健康素质不断提高。社会主义民主法制更加健全，人民权益得到切实保障。文化事业和文化产业加快发展。社会管理制度趋于完善，社会更加和谐稳定。五是改革开放不断深化。财税金融、要素价格、垄断行业等重要领域和关键环节改革取得明显进展，政府职能加快转变，政府公信力和行政效率进一步提高。对外开放广度和深度不断拓展，互利共赢开放格局进一步形成。

2012 年 11 月，党的十八大召开，发出了“为全面建成小康社会而奋斗”的动员令，并把全面建设小康社会的接力棒交接给了以习近平同志为核心的党中央。党的十八大报告明确指出，根据我国经济社会发展实际，要在十六大、十七大确立的全面建设小康社会目标的基础上努力实现新的要求。一是经济持续健康发展。转变经济发展方式取得重大进展，在发展平衡性、协调性、可持续性明显增强的基础上，实现国内生产总值和城乡居民人均收入比 2010 年翻一番。科技进步对经济增长的贡献率大幅上升，进入创新型国家行列。工业化基本实现，信息化水平大幅提升，城镇化质量明显提高，农业现代化和社会主义新农村建设成效显著，区域协调发展机制基本形成。对外开放水平进一步提高，国际竞争力明显增强。二是人民民主不断扩大。民主制度更加完善，民主形式更加丰富，人民积极性、主动性、创造性进一步发挥。依法治国基本方略全面落实，法治政府基本建成，司法公信力不断提高，人权得到切实尊重和保障。三是文化软实力显著增强。社会主义核心价值体系深入人心，公民文明素质和社会文明程度明显提高。文化产品更加丰富，公共文化服务体系基本建成，文化产业成为国民经济支柱性产业，中华文化走出去迈出更大步伐，社会主义文化强国建设基础更加坚实。四是人民生活水平全面提高。基本公共服务均等化总体实现。全民受教育程度和创新人才培养水平明显提高，进入人才强国和人力资源强国行列，教育现代化基本实现。就业更加充分。收入分配差距缩小，中等收入群体持续扩大，扶贫对象大幅减少。社会保障全民覆盖，人人享有基本医疗卫生服务，住房保障体系基本形成，社会和谐稳定。五是资源节约型、环境友好型社会建设取得重大进展。主体功能区布局基本形成，资源循环利用体系初步建立。单位国内生产总值能源消耗和二氧化碳排放大幅下降，主要污染物排放总量显著减少。森林覆盖率提高，生态系统稳定性增强，人居环境明显改善。

“十二五”时期，面对错综复杂的国际环境和艰巨繁重的国内改革发展稳定任务，我们党团结带领全国各族人民顽强拼搏、开拓创新，奋力开创了党和国家事业发展新局面，经济社会发展取得了新的重大成就，我国经济总量从世界第六位跃升到第二位，社会生产力、经济实力、科技实力迈上一个大台阶，人民生活水平、居民收入水平、社会保障水平迈上一个大台阶，综合国力、国际竞争力、国际影响力迈上一个大台阶，国家面貌发生新的历史性变化。一是经济总量稳定增长。2014 年与 2010 年相比，国内生产总值从 40. 2 万亿元增至 63. 6 万亿元；按美元折算，从 6 万亿美元增至 10. 4 万亿美元，稳居世界第二位；占全球经济比重由 9. 2% 上升到 13. 3% 。2011—2014 年我国对世界经济增长的贡献率超过 25% 。据世界银行数据，我国人均国民总收入由 2010 年的 4300 美元提高至 2014 年的 7380 美元，在上中等收入国家中的位次不断提高。对于有 13 亿多人口的大国来讲，这是了不起的成就。二是经济结构出现了一些转折性的可喜变化。消费对经济增长的拉动作用超过投资，2011—2014 年，最终消费对经济增长的年均贡献率为 54. 8% ，高于投资贡献率7.8个百分点。第三产业增加值占国内生产总值比重超过第二产业，从44.2%上升到48.1%，比2010年提高3.9个百分点；第二产业由46.2%下降到42.7%；第三产业就业占比从34.6%上升到40.6%。城镇化率从2010年的49.95%上升到2014年的54.77%。与此同时，农业连续增产增收，粮食产量实现“十一连增”。中西部地区投资和经济的增速超过东部，地区发展差距扩大的势头得到了初步抑制。三是基础设施水平全面跃升。高效、便捷的铁路网、公路网、航空运输网、城际铁路网、航道网逐渐形成。2014年年末，铁路营业里程、公路里程、高速公路里程、定期航班航线里程分别达到11.2万公里、446.4万公里、11.2万公里、463.7万公里，分别比2010年年末增长22.6%、11.4%、51%、67.7%。特别是高速铁路运营里程突破1.6万公里，居世界首位。建设了一批跨流域调水和骨干水源工程。信息化水平全面提高，新一代移动通信网、下一代互联网、数字广播电视网、卫星通信等设施建设加快，逐步形成了超高速、大容量、高智能国家干线传输网络；推动了三网互联互通和业务融合。四是科技创新能力明显增强。载人航天、探月工程、深海潜器、超级计算、北斗导航等战略高技术领域取得重大突破。高铁、4G移动通信、核电、电动汽车、特高压输变电、杂交水稻等重大创新成果加速应用，产生重大效益。科技进步对经济增长贡献率从2010年的50.9%提升到2014年的54%。每万人口发明专利拥有量达到4.9件，比2010年增加2.8件。五是对外开放成绩显著。2014年，我国货物进出口总额达到26.4万亿元，居世界第一位，比2010年增长31%。2011—2014年累计实际使用外商直接投资4649亿美元，其中2014年为1196亿美元，首次跃居全球第一。对外投资增长迅速，2014年非金融类对外投资1072亿美元，比2010年增长78.1%，成为主要对外投资大国。六是生态文明建设取得新进展。2011—2014年，单位国内生产总值能耗和水耗累计分别下降

13.4%和24.3%，资源产出率比2010年提高约9个百分点。能源结构逐步优化，2014年，水电、风电、核电、天然气等清洁能源消费量占能源消费总量的比重达到16.9%，比2010年提高3.5个百分点。风电、太阳能并网装机规模比2010年分别增长2.1倍和33倍。污染减排效果显著，到2014年，化学需氧量、氨氮、二氧化硫、氮氧化物排放总量累计分别下降10.1%、9.8%、12.9%、8.6%。截至2014年年底，城市生活污水处理率达90.2%，垃圾无害化处理率达91.8%，森林覆盖率达到21.63%。七是社会发展成就斐然。“十二五”时期，城镇新增就业数量在经济增速下降的情况下持续增加，2011—2014年累计新增5119万人；城镇登记失业率保持4.1%左右。扣除价格因素，城镇居民、农村居民人均可支配收入年均实际增长分别为7.9%和10.1%。2014年全国居民人均可支配收入达到20167元，比上年增长8%，比经济增速快0.7个百分点。覆盖城乡居民的社会保障体系不断健全。新型农村养老保险和城镇居民养老保险合并为统一的城乡居民基本养老保险制度，实现全覆盖。企业退休人员基本养老金2010年月人均为1362元，2014年已超过2000元。城乡居民最低生活保障标准年均增长10%以上。2011—2014年贫困人口数量累计减少近1亿人。医疗保障制度得到完善，城镇职工、城镇居民基本医保和新型农村合作医疗三项基本医保参保（合）人数达到13.3亿，参保（合）率年均稳定在95%以上。到2015年年底，大病医保覆盖所有城乡居民基本医保参保人群，大病保险支付比例将达50%以上。国民健康水平进一步提高，人均预期寿命提高1岁，已达76岁。八是文化事业、产业繁荣发展。各项重点文化惠民工程提前实现“十二五”目标，图书馆、文化馆、科技馆等公共文化设施向社会免费开放。文化产业快速增长，文化市场繁荣活跃，国际传播能力显著提升，国家文化软实力不断增强。九年义务教育全面普及，巩固率从89.7%增至92.6%。高中阶段教育基本普及，毛入学率从82.5%增至86.5%。现代职业教育体系框架基本形成，新增劳动力大部分受过高中阶段教育。高等教育规模稳步扩大，毛入学率从26.5%提高到37.5%。

二、"十三五"规划决胜全面建成小康社会收官战

2015年10月29日，党的十八届五中全会通过《中共中央关于制定国民经济和社会发展第十三个五年规划的建议》。《建议》开篇就明确指出，到2020年全面建成小康社会，是我们党确定的"两个一百年"奋斗目标的第一个百年奋斗目标。"十三五"时期是全面建成小康社会决胜阶段，"十三五"规划必须紧紧围绕实现这个奋斗目标来制定。这也就明确了"十三五"时期的关键使命和特殊任务，要最终确保小康社会建设圆满收官，实现"第一个百年"奋斗目标。2016年3月，十二届全国人大四次会议通过《关于国民经济和社会发展第十三个五年规划纲要的决议（草案）》，强调要认真实施"十三五"规划纲要，高举中国特色社会主义伟大旗帜，以邓小平理论、"三个代表"重要思想、科学发展观为指导，深入贯彻习近平总书记系列重要讲话精神，坚持全面建成小康社会、全面深化改革、全面依法治国、全面从严治党的战略布局，坚持发展是第一要务，牢固树立和贯彻落实创新、协调、绿色、开放、共享的新发展理念，以提高发展质量和效益为中心，以供给侧结构性改革为主线，扩大有效供给，满足有效需求，加快形成引领经济发展新常态的体制机制和发展方式，保持战略定力，统筹推进经济建设、政治建设、文化建设、社会建设、生态文明建设和党的建设，确保如期全面建成小康社会，为实现第二个百年奋斗目标，实现中华民族伟大复兴的中国梦奠定更加坚实的基础。

"十三五"规划明确了全面建成小康社会收官阶段经济社会发展目标，

提出“今后五年，要在已经确定的全面建成小康社会目标要求的基础上，努力实现以下新的目标要求。一是经济保持中高速增长。在提高发展平衡性、包容性、可持续性的基础上，到二〇二〇年国内生产总值和城乡居民人均收入比二〇一〇年翻一番。主要经济指标平衡协调，发展空间格局得到优化，投资效率和企业效率明显上升，工业化和信息化融合发展水平进一步提高，产业迈向中高端水平，先进制造业加快发展，新产业新业态不断成长，服务业比重进一步上升，消费对经济增长贡献明显加大。户籍人口城镇化率加快提高。农业现代化取得明显进展。迈进创新型国家和人才强国行列。二是人民生活水平和质量普遍提高。就业比较充分，就业、教育、文化、社保、医疗、住房等公共服务体系更加健全，基本公共服务均等化水平稳步提高。教育现代化取得重要进展，劳动年龄人口受教育年限明显增加。收入差距缩小，中等收入人口比重上升。我国现行标准下农村贫困人口实现脱贫，贫困县全部摘帽，解决区域性整体贫困。三是国民素质和社会文明程度显著提高。中国梦和社会主义核心价值观更加深入人心，爱国主义、集体主义、社会主义思想广泛弘扬，向上向善、诚信互助的社会风尚更加浓厚，人民思想道德素质、科学文化素质、健康素质明显提高，全社会法治意识不断增强。公共文化服务体系基本建成，文化产业成为国民经济支柱性产业。中华文化影响持续扩大。四是生态环境质量总体改善。生产方式和生活方式绿色、低碳水平上升。能源资源开发利用效率大幅提高，能源和水资源消耗、建设用地、碳排放总量得到有效控制，主要污染物排放总量大幅减少。主体功能区布局和生态安全屏障基本形成。五是各方面制度更加成熟更加定型。国家治理体系和治理能力现代化取得重大进展，各领域基础性制度体系基本形成。人民民主更加健全，法治政府基本建成，司法公信力明显提高。人权得到切实保障，产权得到有效保护。开放型经济新体制基本形成。中国特色现代军事体系更加完善。党的建设制度化水平显著提高”。

同时，“十三五”规划创造性地提出，“实现‘十三五’时期发展目标，破解发展难题，厚植发展优势，必须牢固树立创新、协调、绿色、开放、共享的发展理念”。强调要用新发展理念统领经济社会发展全局。

2017 年 10 月 18 日召开的党的十九大，又进一步就决胜实现全面建成小康社会奋斗目标作出明确部署，提出“从现在到二〇二〇年，是全面建成小康社会决胜期。要按照十六大、十七大、十八大提出的全面建成小康社会各项要求，紧扣我国社会主要矛盾变化，统筹推进经济建设、政治建设、文化建设、社会建设、生态文明建设，坚定实施科教兴国战略、人才强国战略、创新驱动发展战略、乡村振兴战略、区域协调发展战略、可持续发展战略、军民融合发展战略，突出抓重点、补短板、强弱项，特别是要坚决打好防范化解重大风险、精准脱贫、污染防治的攻坚战，使全面建成小康社会得到人民认可、经得起历史检验”①。

为了真正建成“一个都不落下”的全面小康社会，习近平总书记不仅亲自抓扶贫，提出精准扶贫和“五个一批”即发展生产脱贫一批、易地搬迁脱贫一批、生态补偿脱贫一批、发展教育脱贫一批、社会保障兜底脱贫一批的扶贫战略，而且亲自督导各级地方党委政府和领导干部抓扶贫，形成了“党中央确定的中央统筹、省负总责、市县抓落实的管理体制得到贯彻，四梁八柱性质的顶层设计基本形成，五级书记抓扶贫、全党动员促攻坚”的精准扶贫机制。2015 年以来，习近平总书记就打赢脱贫攻坚战召开了七个专题会议。2015 年在延安召开革命老区脱贫致富座谈会、在贵阳召开部分省区市扶贫攻坚与“十三五”时期经济社会发展座谈会，2016 年在银川召开东西部扶

① 《习近平谈治国理政》第三卷，外文出版社 2020 年版，第 22 页。

贫协作座谈会，2017 年在太原召开深度贫困地区脱贫攻坚座谈会，2018 年在成都召开打好精准脱贫攻坚战座谈会，2019 年在重庆召开解决“两不愁三保障”突出问题座谈会。每次围绕一个主题，同时也提出具体的工作要求。每次座谈会前，他都先到贫困地区调研，实地了解情况，听听基层干部群众意见，根据了解到的情况，召集相关省份负责同志进行工作部署。

2020 年春节，一场突如其来的新冠肺炎疫情迫使我们不得不按下了经济社会发展的“暂停键”，进而也严重影响了全国的脱贫攻坚工作。为此，习近平总书记于 2020 年 3 月 6 日在北京主持召开了“决战决胜脱贫攻坚座谈会”，这也是他第八次主持召开打赢扶贫攻坚战的专题会议，对在疫情冲击下如何确保决胜扶贫攻坚、决胜全面建成小康社会收官战进行部署，强调要克服新冠肺炎疫情影响，凝心聚力打赢脱贫攻坚战，确保如期完成脱贫攻坚目标任务，确保全面建成小康社会。习近平总书记指出：“到 2020 年现行标准下的农村贫困人口全部脱贫，是党中央向全国人民作出的郑重承诺，必须如期实现，没有任何退路和弹性。这是一场硬仗，越到最后越要紧绷这根弦，不能停顿、不能大意、不能放松。各省区市都层层签了军令状，承诺了就要兑现。”①

随着“十三五”规划任务的基本完成，决胜全面建成小康社会取得决定性成就。全面深化改革取得重大突破，全面依法治国取得重大进展，全面从严治党取得重大成果，国家治理体系和治理能力现代化加快推进，中国共产党领导和我国社会主义制度优势进一步彰显；经济实力、科技实力、综合国力跃上新的大台阶，经济运行总体平稳，经济结构持续优化，2020 年国内生产总值突破 100 万亿元；脱贫攻坚成果举世瞩目，5575 万农村贫困人口实现

① 习近平：《在决战决胜脱贫攻坚座谈会上的讲话》，新华网，2020 年 3 月 6 日。

脱贫，历史性地解决了困扰中华民族几千年的贫困问题；粮食年产量连续五年稳定在1.3万亿斤以上；污染防治力度加大，生态环境明显改善；对外开放持续扩大，共建“一带一路”成果丰硕；人民生活水平显著提高，高等教育进入普及化阶段，城镇新增就业超过6000万人，建成世界上规模最大的社会保障体系，基本医疗保险覆盖超过13亿人，基本养老保险覆盖近10亿人，新冠肺炎疫情防控取得重大战略成果；文化事业和文化产业繁荣发展；国防和军队建设水平大幅提升，军队组织形态实现重大变革；国家安全全面加强，社会保持和谐稳定。全面建成小康社会胜利在望，中华民族伟大复兴向前迈出了新的一大步，社会主义中国以更加雄伟的身姿屹立于世界东方。①

① 《中共中央关于制定国民经济和社会发展第十四个五年规划和二〇三五年远景目标的建议》，新华网，2020－11－03。

第二章

以改革激发社会活力

改革开放是一场伟大的、深刻的、广泛的革命性变革，其意义在于解放生产力、发展生产力，调动人民群众的积极性和创造性，激发全社会的活力、动力。改革开放不仅使我国经济发展创造了全球瞩目的“中国速度”，而且对政治建设、社会建设、文化建设、生态建设、党的建设等产生了“耦合效应”，推动中国特色社会主义制度不断完善。

第一节　用好物质利益原则

物质利益是人类为维持生存和谋求发展而对客观物质条件的必然要求。马克思、恩格斯曾经指出：“人们为了能够‘创造历史’，必须能够生活。但是为了生活，首先就需要衣、食、住以及其他东西。因此，第一个历史活动就是生产满足这些需要的资料，即生产物质生活本身。”物质利益是不以人的意志为转移的客观存在，是人类社会赖以生存和发展的客观基础，不能把物质利益原则同“拜金主义”“利益至上”“一切向钱看”相混淆。

1978年12月，在中央工作会议上，邓小平同志作了题为《解放思想，实事求是，团结一致向前看》的讲话。他在讲话中指出：“不讲多劳多得，不重视物质利益，对少数先进分子可以，对广大群众不行，一段时间可以，长期不行。革命精神是非常宝贵的，没有革命精神就没有革命行动。但是，革命是在物质利益的基础上产生的，如果只讲牺牲精神，不讲物质利益，那就是唯心论。”随后召开的党的十一届三中全会决定把党的工作重心转移到社会主义现代化建设上来，并逐渐开始反思之前高度集中的计划经济体制，重视物质利益原则在经济活动中的作用。例如，在农村地区，国家允许社员经营少量自留地和家庭副业，给予人民群众一定的自主权和物质激励，激发生产活力。1981年6月，党的十一届六中全会通过了《关于建国以来党的若干历史问题的决议》，重点批判了一些脱离物质利益原则的思想和做法。《决议》列举了一些把阶级斗争扩大化的观点：“认为社会主义社会在消费资料分配中通行的等量劳动相交换的平等权利，即马克思所说的‘资产阶级权利’应该限制和批判，因而按劳分配原则和物质利益原则就应该限制和批判。”这一观点深刻反映出在计划经济时期，由于国家经济体制过于集中，人民群众所付出的劳动难以与个人实际收益相匹配，形成“干多干少都一样”的风气，普遍缺乏生产积极性，导致生产效率低下，经济社会发展缓慢甚至一度出现倒退。

改革开放之后，国家在经济工作中逐步重建正确的物质利益原则，激发人民群众的生产积极性，使人民群众可以在生产劳动中得到与劳动付出相匹配的物质收益。在农村地区，我国大力推行家庭联产承包责任制，分田到户，向集体组织承包土地等生产资料。1981年12月，中共中央批转《全国农村工作会议纪要》指出：“联产承包制的运用，可以恰当地协调集体利益与个人利益，并使集体统一经营和劳动者自主经营两个积极性同时得到发挥，所以能普遍应用并受到群众的热烈欢迎。”同时，在工商企业中也重视起物质利益原则。1982 年，党的十二大报告指出：“工商业同农业有很大不同，但是实行经济责任制，包括对一部分国营企业实行盈亏责任制，同样有利于贯彻马克思主义的物质利益原则，增强劳动者的主人翁责任感，推动生产的发展。”1983 年政府工作报告指出：“农业改革和城市工商企业的改革，有相同的地方，又有不同的地方。经过改革，使生产经营单位和劳动者的物质利益同自己的劳动成果和整个社会物质生产的发展密切结合起来，从而更好地发挥他们的积极性，这是相同的。”

然而，随着社会主义市场经济的发展，收入分配差距逐渐扩大，物质利益矛盾特别是个体之间的物质利益矛盾激化。因此，我们必须调整经济关系，重视收入分配问题，而不能仅仅是“兼顾公平”。1993 年 3 月，在党的十四届二中全会上，江泽民同志列举了该时期出现的主要利益矛盾：“局部利益与全局利益的矛盾，眼前利益与长远利益的矛盾，经济发展不平衡造成的矛盾，不同地区、不同部门、不同社会成员之间因收入分配方面的差别产生的矛盾，等等。”之后，党的十五大提出了“保护合法收入”“取缔非法收入”“整顿不合理收入”“调节过高收入”“保障最低收入”等调节收入差距的政策，对理顺收入分配关系发挥了积极作用，在一定程度上缓解了收入差距进一步拉大的趋势。

进入新世纪，从宏观层面看，物质利益矛盾进一步激化的问题依然没有得到根本转变。2007 年 10 月，在党的十七大上，胡锦涛同志指出：“劳动就业、社会保障、收入分配、教育卫生、居民住房、安全生产、司法和社会治安等方面关系群众切身利益的问题仍然较多”，同时提到现阶段“统筹兼顾各方面利益难度加大”，特别是城乡差距较大的问题。改革开放以来，中国农村面貌发生了巨大的变化，但城乡二元结构没有根本改变，城乡区域差距不断扩大的趋势没有根本扭转。这一阶段，中共中央大力推进以农村税费改革为主要内容的农村综合改革。2005 年 12 月 29 日，第十届全国人大常委会第十九次会议通过了关于自 2006 年 1 月 1 日起废止《农业税征收条例》的决定。2006 年，涉及农业税、牧业税、农业特产税、屠宰税全部取消，9 亿农民彻底告别了自古以来的“皇粮国税”，农民每年减负达 1335 亿元。取消农业税这一历史性举措，对调动农业生产者积极性、促进农民增收、理顺国家和农民之间关系、转换基层政府职能具有非常重要的作用。

党的十八大以来，中国特色社会主义进入了新时代，以习近平同志为核心的党中央始终坚持以人民为中心的发展思想，高度重视贫困群众的基本生存性、发展性问题，把脱贫攻坚摆在治国理政突出位置，充分发挥党的领导和我国社会主义制度的政治优势，采取了许多具有原创性、独特性的重大举措，组织实施了人类历史上规模最大、力度最强的脱贫攻坚战。经过 8 年持续奋斗，国家如期完成了新时代脱贫攻坚目标任务，现行标准下农村贫困人口全部脱贫，贫困县全部摘帽，消除了绝对贫困和区域性整体贫困，近 1 亿贫困人口实现脱贫，取得了令全世界刮目相看的重大胜利。

实践证明，改革开放以来，物质利益原则的正确运用在我国经济实践中发挥了极其重要的作用。我国仍处于并将长期处于社会主义初级阶段的基本国情没有变，意味着我国生产力水平不高，劳动依然是人们谋生的手段，物质需要依然是大多数人民群众的第一需要。因此，我国必须继续坚持正确的物质利益原则，激发社会主义市场经济活力，充分调动人民群众的生产积极性与创造性，更好地促进经济高质量发展。

第二节 让市场起决定性作用

1978年12月，党的十一届三中全会作出“全党的工作的着重点应该从一九七九年转移到社会主义现代化建设上来”的决策，并发出“改革开放”的动员令。中国经济体制面临着“向何处去”的历史转折，继续走“老路”还是敢于走“新路”这一关键问题摆在了中国人民面前。最终，我国走向了改革开放，党中央提出建设“有计划的商品经济”，全面推进经济体制改革。

一、商品经济是不可逾越的阶段

根据马克思政治经济学基本原理，按一定比例分配社会劳动是一切社会形态共有的“自然规律”，计划是按比例分配社会劳动的直接实现形式，市场是按比例分配社会劳动的间接实现形式。1868年7月11日，马克思写给路·库格曼的信中指出：“这种按一定比例分配社会劳动的必要性，绝不可能被社会生产的一定形式所取消，而可能改变的只是它的表现方式，这是不言而喻的。”凭借“计划”或“直接社会一般劳动”来直接实现按比例分配社会劳动的未来社会不会轻易实现，在其自身物质存在条件成熟之前是不可能出现的。诚如马克思所指出：“只有当社会生活过程即物质生产过程的形态，作为自由联合的人的产物，处于人的有意识有计划的控制之下的时候，它才会把自己的神秘的纱幕揭掉。但是，这需要有一定的社会物质基础或一系列物质生存条件，而这些条件本身又是长期的、痛苦的发展史的自然产物。”尚未经历资本主义充分发展的后发国家要实现社会主义现代化，在无法凭借计划直接实现按比例分配社会劳动的前提下，我们只能通过市场这一间接实现形式，按比例分配社会劳动。

改革开放之前，我国在探索社会主义建设道路上走了一些弯路，在生产力水平尚不发达的时候，急于求成，推动形成了高度集中、僵化教条的社会主义单一公有制。生产关系难以促进生产力的发展，导致了贫穷落后的现状。直至改革开放初期，人们单一地将计划经济与社会主义完全捆绑在一起，认为社会主义必须发展计划经济，而市场经济只适用于资本主义社会，忽略了当时的生产力状况。邓小平同志指出："社会主义阶段的最根本任务就是发展生产力，社会主义的优越性归根到底要体现在它的生产力比资本主义发展得更快一些、更高一些，并且在发展生产力的基础上不断改善人民的物质文化生活。……社会主义要消灭贫穷。贫穷不是社会主义，更不是共产主义。"要消灭贫困，必须要认清生产力状况，根据生产力状况调整生产关系，使之更好地促进生产力的发展，特别是如何利用市场经济、商品经济。1979 年 11 月 26 日，邓小平同志在会见美国不列颠百科全书出版公司编委会副主席弗兰克·吉布尼等时指出："社会主义为什么不可以搞市场经济，这个不能说是资本主义。我们是计划经济为主，也结合市场经济，但这是社会主义的市场经济。"

邓小平同志关于如何利用市场经济、商品经济的一系列思考和论述，在党的重要会议中落地生根，使人们逐渐认识到，作为后发国家，要真正实现社会主义制度，加快发展生产力，商品经济是不可逾越的历史阶段。1982 年 9 月，党的十二大正式确立"计划经济为主，市场调节为辅"的经济建设和改革原则，并指出："我国在公有制基础上实行计划经济。有计划的生产和流通，是我国国民经济的主体。同时，允许对于部分产品的生产和流通不作计划，由市场来调节，也就是说，根据不同时期的具体情况，由国家统一计划划出一定的范围，由价值规律自发地起调节作用。这一部分是有计划生产和流通的补充，是从属的、次要的，但又是必需的、有益的。"1984 年 10

月，党的十二届三中全会通过了《关于经济体制改革的决定》。《决定》明确提出商品经济是社会经济发展的一个必经阶段，并创造性地阐述了“社会主义经济是有计划的商品经济”的重要论断，回答了长期困扰社会主义改革前进的理论问题，为推进经济体制改革、大力发展社会主义商品经济提供了理论和政策依据，为我国的改革指明了方向。在计划经济思想仍然根深蒂固的环境中，《决定》用智慧的表达方式，在经济体制改革中加入了足够分量的市场因素，不仅为当时的市场化改革获取了合法性，更为社会主义市场经济的出台埋下了最重要的伏笔。邓小平同志盛赞其为：“写出了一个政治经济学的初稿，是马克思主义基本原理和中国社会主义实践相结合的政治经济学。”

1987 年 2 月 6 日，党的十三大之前，邓小平同志在同几位中央负责人谈话时提出，“不要再讲计划经济为主了”。因此，党的十三大提出了“社会主义有计划的商品经济体制应该是计划与市场内在统一的体制”；还提出“国家调控市场，市场引导企业”，把国家、市场、企业三者关系的重点放在市场方面。因此，计划与市场的关系，就从党的十二大时以计划经济为主、市场调节为辅，到党的十三大转为计划与市场平起平坐，并且逐渐把重点向市场经济的方面倾斜。1991 年，全国人大七届四次会议重新提出要缩小指令性计划、扩大指导性计划的范围，更多地发挥市场机制的作用。由此，理论界的争论也发生了变化，逐渐地倾向于不再把计划与市场跟社会制度联系起来，而更多地看成是资源配置的不同方式，资本主义、社会主义都可以利用市场经济。

二、建立社会主义市场经济体制目标模式的提出

1992 年年初，邓小平同志在南方谈话中明确指出：“计划多一点还是市

场多一点，不是社会主义与资本主义的本质区别。计划经济不等于社会主义，资本主义也有计划；市场经济不等于资本主义，社会主义也有市场。计划和市场都是经济手段。社会主义的本质，是解放生产力，发展生产力，消灭剥削，消除两极分化，最终达到共同富裕。”从此，人们的认识逐渐统一到从经济手段而不是从社会制度上看待计划和市场，突破了市场经济与社会主义不能相结合的理论瓶颈。

依据邓小平同志的南方谈话精神，1992 年 6 月 9 日，江泽民同志在中央党校“关于在我国建立社会主义市场经济体制”的讲话中，明确提出：“我个人的看法，比较倾向于使用‘社会主义市场经济体制’这个提法。有计划的商品经济，也就是有计划的市场经济。社会主义经济从一开始就是有计划的，这在人们的脑子里和认识上一直是清楚的，不会因为提法中不出现‘有计划’三个字，就发生是不是取消了计划性的疑问。而且，前面已讲到资本主义经济也并不是无计划。所以，我觉得使用‘社会主义市场经济体制’是可以为大多数干部群众所接受的。虽然这是我个人的看法，但也与中央一些同志交换过意见，大家基本上是赞成的。当然，这还不是定论。不管党的十四大报告中最后确定哪一种提法，都需要阐明我国社会主义的新经济体制的主要特征”。江泽民同志提出：“加快经济体制改革的根本任务，就是要尽快建立社会主义的新经济体制。而建立新经济体制的一个关键问题，是要正确认识计划和市场问题及其相互关系，就是要在国家宏观调控下，更加重视和发挥市场在资源配置中的作用。”同年，党的十四大指出：“我们要建立的社会主义市场经济体制，就是要使市场在社会主义国家宏观调控下对资源配置起基础性作用。”

2003 年 10 月，党的十六届三中全会通过的《中共中央关于完善社会主义市场经济体制若干问题的决定》提出，按照五个统筹的要求，“更大程度地发挥市场在资源配置中的基础性作用”，进一步完善社会主义市场经济体制，标志着中国经济体制改革从初步建立社会主义市场经济体制进入完善社会主义市场经济体制的新时期。《决定》初步总结了十余年来我国社会主义市场经济体制改革的经验与教训，开启了以科学发展观为指导来完善社会主义市场经济体制的新思路，是完善社会主义市场经济体制的纲领性文献。此后，我们对“市场在资源配置中的基础性作用”的认识在深化，从党的十七大“从制度上更好发挥市场在资源配置中的基础性作用”，到党的十八大“更大程度更广范围发挥市场在资源配置中的基础性作用”，市场在配置资源中的作用开始突显。同时，我国宏观调控方面出现了诸多问题。正是基于这种情况，党的十七大提出：“发挥国家发展规划、计划、产业政策在宏观调控中的导向作用，综合运用财政、货币政策，提高宏观调控水平。”

三、社会主义市场经济体制日臻完善

党的十八大，尤其是党的十八届三中全会通过《中共中央关于全面深化改革若干重大问题的决定》以来，社会主义市场经济体制的完善进入崭新阶段。习近平总书记指出：“经过二十多年实践，我国社会主义市场经济体制已经初步建立，但仍存在不少问题，主要是市场秩序不规范，以不正当手段谋取经济利益的现象广泛存在；生产要素市场发展滞后，要素闲置和大量有效需求得不到满足并存；市场规则不统一，部门保护主义和地方保护主义大量存在；市场竞争不充分，阻碍优胜劣汰和结构调整，等等。这些问题不解决好，完善的社会主义市场经济体制是难以形成的。”《中共中央关于全面深化改革若干重大问题的决定》提出，“经济体制改革是全面深化改革的重点，核心问题是处理好政府和市场的关系，使市场在资源配置中起决定性作用和更好发挥政府作用”。

自从党的十四大提出使市场在资源配置中起基础性作用以来，党的十五大、十六大、十七大、十八大都沿用了相同的提法。党的十八届三中全会把“基础性”改成“决定性”，这一创新性提法，反映了中国共产党对社会主义市场经济规律的认识进一步深化，是以习近平同志为核心的党中央总结改革开放以来经济社会发展实践和社会主义市场经济体制改革历史经验作出的重大理论创新。市场在资源配置中起决定性作用，进一步确立了未来市场经济体制改革的努力方向和原则要求，意味着要减少政府对微观经济活动的直接干预，把市场机制能有效调节的经济活动交给市场，让市场在所有能够发挥作用的领域都充分发挥作用，推动资源配置，实现效益最大化和效率最优化。

在党的十九大报告中，习近平总书记提出：“加快完善社会主义市场经济体制。经济体制改革必须以完善产权制度和要素市场化配置为重点，实现产权有效激励、要素自由流动、价格反应灵活、竞争公平有序、企业优胜劣汰。”关于完善产权制度，改革开放 40 年来，中国现代产权制度的主体框架初步确立，但是改革的深度和广度依然不够，对自然资源产权、知识产权、债券和股权等特殊资产的产权界定和保护仍存在短板。当前中国经济体制改革进入“深水区”，生产力的进一步发展和社会主义市场经济体制的完善面临众多制度性障碍：一是政府对部分稀缺资源的垄断性配置和行政审批等特权导致资源配置不当，降低了资源配置效率；二是在国有企业建立现代企业制度、国有资产管理体制改革、“三农”问题改革的过程中存在产权不清、资产所有者虚置、责任主体缺位等问题，因而造成政企不分、国有资产大量流失以及“三农”问题得不到彻底解决；三是在分配制度方面，产权界定不清导致劳动力、资本、土地等要素收入分配不公，造成居民收入差距不断增大。关于要素市场化配置，改革开放 40 年来，市场配置资源机制在产品市场上的作用已经得到发挥，截至 2016 年，中国商品价格的市场化程度达到了

97.01%，而资源、劳动力、技术和管理等生产要素市场发展相对滞后，市场化程度较低。

在发挥市场决定性作用的同时，国家要注重发挥好政府作用，坚持党对经济工作的集中统一领导，发挥好制度优势。习近平总书记多次强调："我们是在中国共产党领导和社会主义制度的大前提下发展市场经济，什么时候都不能忘了'社会主义'这个定语。之所以说是社会主义市场经济，就是要坚持我们的制度优越性，有效防范资本主义市场经济的弊端。"在民营企业家座谈会上，习近平总书记指出："我国拥有独特的制度优势，我们有党的坚强领导，有集中力量办大事的政治优势，全面深化改革不断释放发展动力，宏观调控能力不断增强。"习近平总书记在《关于〈中共中央关于制定国民经济和社会发展第十四个五年规划和二〇三五年远景目标的建议〉的说明》中强调："处理好政府和市场的关系，更好发挥我国制度优势。"中国特色社会主义制度的最大优势是中国共产党领导。坚持党的全面领导、加强党中央集中统一领导是实现"十四五"时期经济社会发展目标最重要的保证。因此，正确处理政府与市场的关系，就是要处理好如何发挥社会主义制度优越性与激发市场经济活力之间的关系，社会主义制度优越性是根本动力与基础前提，市场经济能够充分激发社会活力。一方面，我们要注重加强党中央规划的主导性、导向性作用，精准把握战略目标，科学调整经济结构，完善宏观经济治理，充分发挥集中力量办大事的制度优势，推动具有前瞻性、全局性、基础性的重大举措落地生根；另一方面，我们要最大程度地激发市场经济活力，完善社会主义市场经济体制，推进国企改革，优化民营环境，完善公司治理，促进公平竞争，充分调动各生产单位的积极性。

第三节　多种经济成分共同发展

党的十一届三中全会以来，我国不断推动多种经济成分共同发展，促进了经济的快速增长。多种经济成分共同发展大致可分为三个阶段：非公经济是“必要的和有益的补充”（1979—1991 年），非公经济是社会主义市场经济的重要组成部分（1992—2001 年），各种所有制经济平等竞争、相互促进、相互融合（2002 年至今）。

一、非公经济是“必要的和有益的补充”（1979—1991 年）

1978 年 12 月，党的十一届三中全会决定将党和国家的工作重点转移到社会主义现代化建设上来。这次全会提出，“社员自留地、家庭副业和集市贸易是社会主义经济的必要补充部分，任何人不得乱加干涉”，这在某种程度上可以看作是改革开放后多种经济成分共同发展的开端。

党的十一届三中全会以后，党和政府逐步放宽了对非公经济的诸多限制，允许其存在和发展，在所有制问题上初步摆脱了传统观念的束缚。这种突破首先是从恢复和发展个体经济开始的。1979 年 2 月，《人民日报》报道了第一个农民“万元户”的事迹：广东省中山县小榄公社埒西二大队第二生产队社员黄新文一家，1978 年靠参加生产队集体劳动所得和发展以养猪为主的家庭副业，全年总收入达一万零七百多元。同年 6 月，党的十一届四中全会指出，“社员自留地、自留畜、家庭副业和农村集市贸易，是社会主义经济的附属和补充，……应当鼓励和扶持农民经营家庭副业，增加个人收入，活跃农村经济”。家庭副业是农村个体经济的重要表现形式，这在实质上开始恢复农村个体经济。

与此同时，城镇中的个体经济也开始逐步发展起来。1980 年 12 月 11 日，浙江温州的章华妹拿到了全国第一张个体工商户营业执照，这标志着党和政府已经开始正式承认个体经济。同时，著名等离子物理学家陈春先与纪世瀛、崔文栋等人带领十几个中科院的学术骨干成立了“北京等离子体学会先进技术发展服务部”，这被看作中国历史上第一个民办科研机构，也是民营科技企业的前身，推动了中关村向“中国硅谷”的发展。这表现出我国私营经济开始逐步发展起来。1982 年 9 月，党的十二大报告再次提出要鼓励个体经济的发展，“在农村和城市，都要鼓励劳动者个体经济在国家规定的范围内和在国家工商行政管理下适当发展，作为公有制经济的必要的有益的补充”。这体现了党对多种经济成分共同发展的进一步认识。此后，不仅出现了大量的个体经济，还涌现出大量的乡镇企业和国营企业承包现象。

1987 年 10 月，党的十三大报告明确指出，中国目前正处于并将长期处于社会主义初级阶段。基于这个国情，报告强调，“我们已经进行的改革，包括以公有制为主体发展多种所有制经济，以至允许私营经济的存在和发展，都是由社会主义初级阶段生产力的实际状况所决定的”。也就是在这一时期，催生出大量的私营企业家，例如华为的任正非、联想的柳传志、娃哈哈的宗庆后等。一部分外企也闻风而动，开始进入中国，比如可口可乐、雀巢、摩托罗拉等。

二、非公经济是社会主义市场经济的重要组成部分（1992—2001 年）

伴随着非公经济的迅猛发展，关于姓“社”姓“资”的争论铺天盖地，困扰着人们的思想，也阻碍了经济的进一步发展。1992 年春，邓小平的南方谈话，冲破了姓“社”姓“资”的藩篱，并以此为契机，掀起了思想解放的新高潮，从而为党和政府进一步探索和完善非公经济政策开辟了更为广阔的空间。

1992 年 10 月，党的十四大确立了建立社会主义市场经济体制的改革目标模式，提出我国经济体制改革的目标是“在坚持公有制和按劳分配为主体、其他经济成分和分配方式为补充的基础上，建立和完善社会主义市场经济体制”。这次大会充分肯定了非公经济的地位和作用，提出了多种经济成分长期共同发展的方针。1993 年 11 月，党的十四届三中全会第一次明确提出：“一般小型国有企业，有的可以实行承包经营、租赁经营，有的可以改组为股份合作制，也可以出售给集体和个人。”这表明，在市场经济条件下，非公经济已不再仅仅局限于公有制经济的必要“补充”，而是开始向市场经济的“重要组成部分”转化。

在 20 世纪 90 年代初期，山东诸城采取多样形式搞活小企业，在全国打响了“诸城模式”的名片。1996 年，中央对“诸城经验”表示肯定，并进行了中小国有企业产权改造实验。由于改革力度较大，在社会上引起较大的争论。一些人提出质疑，认为这是以改造社会主义生产资料公有制为名，行否定公有制之实，必定会造成国有资产的大面积流失。

面对社会上的质疑，1997 年 9 月，党的十五大指出，“公有制为主体、多种所有制经济共同发展，是我国社会主义初级阶段的一项基本经济制度”，“非公有制经济是我国社会主义市场经济的重要组成部分。对个体、私营等非公有制经济要继续鼓励、引导，使之健康发展”。这是对党的十一届三中全会以来关于非公经济是公有制经济“必要补充”理论的一个突破性发展，意味着非公经济不再是可有可无、无关紧要的经济成分，而是不可缺少、无法替代、关系全局的经济成分。

正是由于党对非公经济的进一步认识，我国经济得到快速发展，不仅经受住1997年亚洲金融风暴的冲击，而且搭上了计算机革命的“列车”，为之后的经济高速发展奠定了基础。在1998年，我国更是出现了之后大家耳熟能详的众多互联网企业，例如阿里巴巴、腾讯、当当网等。

三、各种所有制经济平等竞争、相互促进、相互融合（2002年至今）

2001年，中国加入了世贸组织（WTO），市场进一步开放。“中国制造”要走出国门在世界上占据一席之地，不仅要靠国有企业，也离不开非公经济的发展，这就迫切需要对非公经济进行进一步的认识。2002年11月，党的十六大报告明确提出，必须“坚持和完善公有制为主体、多种所有制经济共同发展的基本经济制度”。这样一来，就把发展非公经济作为我国一项长期的基本国策，予以充分肯定，坚持和维护了改革开放以来党的非公经济政策的连续性与稳定性。

“入世”之后的几年里，国内企业虽然得到了快速发展，但是由于过度依靠劳动力价格优势在世界市场上占据份额，在遭到外国反倾销调查后，一部分私营企业一蹶不振，再加上股市震荡，很多私营企业家对未来充满担忧。2007年10月，党的十七大指出，要“毫不动摇地巩固和发展公有制经济，毫不动摇地鼓励、支持、引导非公经济发展，坚持平等保护物权，形成各种所有制经济平等竞争、相互促进新格局”。这次会议紧紧抓住了影响个体、私营经济发展的三个要害问题，提出了“推进”“改善”和“破除”的不同要求，反映了党和国家毫不动摇地发展个体、私营等非公经济的信心和决心，使非公经济真正步入了又好又快发展的轨迹。

随着经济的快速发展，非公经济在国内生产总值（GDP）中占据越来越大的份额，对经济增长的贡献越来越大。根据国家统计局的统计数据，2011

年非公经济已经占到了国内生产总值的53%。面对快速发展的非公经济，2012年11月，党的十八大报告指出，要“保证各种所有制经济依法平等使用生产要素、公平参与市场竞争、同等受到法律保护”。次年11月，党的十八届三中全会首次提出了“两个都是”，即公有制经济和非公经济都是社会主义市场经济的重要组成部分，都是我国经济社会发展的基础。这就从制度上肯定和支持了非公经济的发展，为非公经济的持续健康发展提供了制度保障。

从党的十五大正式提出混合所有制经济以来，经过十几年的混合所有制改革，其成效已经充分显现，很多国有企业通过混合所有制改革重新焕发活力。党的十八届三中全会再次肯定了混合所有制的作用，“国有资本、集体资本、非公有资本等交叉持股、相互融合的混合所有制经济，是基本经济制度的重要实现形式”。这就进一步促进了国企的混合所有制改革。在之后的几年里，以中国联通、中石化等为代表的大型国企通过混合所有制改革使得自身得到进一步发展，国有资本也进一步激发了活力，提高了自身的竞争力。

2017年10月，党的十九大对新时期的国情作出了新的判断：“我国社会主要矛盾的变化，没有改变我们对我国社会主义所处历史阶段的判断，我国仍处于并将长期处于社会主义初级阶段的基本国情没有变，我国是世界最大发展中国家的国际地位没有变。”基于这个国情，党的十九大报告再次强调了“两个毫不动摇”。

2019年10月，党的十九届四中全会提出：“公有制为主体、多种所有制经济共同发展，按劳分配为主体、多种分配方式并存，社会主义市场经济体制等社会主义基本经济制度，既体现了社会主义制度优越性，又同我国社会主义初级阶段社会生产力发展水平相适应，是党和人民的伟大创造。”这次全会将社会主义市场经济体制、分配制度提升为社会主义基本经济制度，进一步表明了党中央坚持多种所有制经济共同发展的坚定决心。

进入 21 世纪以来，党和政府一直坚持公有制为主体、多种所有制经济共同发展，坚持“两个毫不动摇”，为各种所有制经济营造了越来越好的营商环境。各种所有制经济平等竞争、相互促进、相互融合，推动我国经济长期向好发展，为打赢脱贫攻坚战、全面实现小康社会奠定了坚实的基础。

第四节　更好发挥政府作用

一、政府作用的历史演进

改革开放以来，政府的作用不断发生变化。随着对政府和市场关系的认识不断深化，我国在发挥市场作用的同时，也提出要更好发挥政府作用。政府作用的历史演进大致可以分为三个阶段：政府起决定性作用（1979—1991 年）、政府逐渐放宽对市场的管控（1992—2011 年）、更好发挥政府作用（2012 年至今）。

（一）政府起决定性作用（1979—1991 年）

1978 年 12 月，党的十一届三中全会决定将工作重点转移到社会主义现代化建设上来。尽管有一些学者提出建立一种以市场为基础经济体系的观点。然而，社会主义同商品货币关系相排斥、同市场经济本质上不相容的认识，当时在理论上仍居主导地位。1979 年 3 月 8 日，陈云在《计划与市场问题》中提出：“整个社会主义时期经济必须有两个部分：（1）计划经济部分（有计划按比例的部分）；（2）市场调节部分（即不作计划，让它根据市场供求的变化进行生产，即带有‘盲目’调节的部分）。第一部分是基本的主要的；

第二部分是从属的次要的，但又是必需的。”1980 年，李先念强调“计划经济为主，市场调节为辅”的改革原则，指出，“计划经济和市场经济结合，以计划经济为主，在计划经济的前提下，搞点市场经济作补充，不是小补充，而是大补充”。这个时期大多数人的认识还是以计划经济为主，政府在经济中起着决定性的作用。

随着经济的发展，出现了一些偷税漏税、走私贩私、贪污受贿、盗窃国家和集体财产现象，而且愈演愈烈，1982 年更是出现了轰动全国的浙江温州“八大王事件”。因此，当年的 4 月 13 日，党中央、国务院通过了《中共中央、国务院关于打击经济领域中严重犯罪活动的决定》，要求严厉打击经济犯罪。同年 9 月，党的十二大正式确立“计划经济为主，市场调节为辅”的经济建设和改革原则，并指出，“今后，要继续注意发挥市场调节的作用，但绝不能忽视和放松国家计划的统一领导”。

1984 年 10 月，党的十二届三中全会发布《关于经济体制改革的决定》，突破了把商品经济同资本主义等同起来、同社会主义和计划经济对立起来的传统观念，确认社会主义计划经济“是在公有制基础上的有计划的商品经济。商品经济的充分发展，是社会经济发展的不可逾越的阶段”。该《决定》通过后，邓小平指出：“这个决定，是马克思主义的基本原理和中国社会主义实践相结合的政治经济学。”1987 年 2 月 6 日，党的十三大召开前，邓小平在同几位中央负责人谈话时提出：“不要再讲计划经济为主了。”随后，党的十三大提出“社会主义有计划商品经济体制，应该是计划与市场内在统一的体制”，“国家调节市场，市场引导企业”。

可见，在改革开放初期，大多数人仍然认为应该以计划经济为主，即使是 20 世纪 80 年代后期，党中央提出建立“有计划的商品经济”，政府仍然起着决定性的作用。这一时期政府管控比较严格，但是政府在弥补“市场失灵”、抑制盲目扩张和无序发展中起到了重要作用，尤其是在 1989 年抑制通货膨胀、对抗“资产阶级自由化”思想中起着重要作用。

（二）政府逐渐放宽对市场的管控（1992—2011 年）

1992 年春，邓小平在南方谈话中提出了“三个有利于”标准，不仅极大地解放了人们的思想，深化了对社会主义本质的认识，而且为大力发展非公经济提供了重要依据。邓小平南方谈话之后，我国逐渐放宽了对市场的管控。

1993 年 11 月，党的十四届三中全会指出：“坚持以公有制为主体、多种经济成分共同发展的方针。在积极促进国有经济和集体经济发展的同时，鼓励个体、私营、外资经济的发展，并依法加强管理。”1995 年 9 月，江泽民在《正确处理社会主义现代化建设中的若干重大关系》一文中指出：“国家对各类企业一视同仁，为各种所有制经济平等参与市场竞争创造良好的环境和条件。”这些都表明政府已经越来越多地开始为市场经济的发展创造良好的环境。

1997 年，在突如其来的亚洲金融风暴中，日韩财团企业模式的失败大大改变了人们对大型企业的看法，中央的“抓大放小”政策也发生了变化，更加强调市场的作用。1998 年 3 月，朱镕基在国务院第一次全体会议上强调：“企业的联合、兼并，政府可以引导，但是必须通过市场优化资源配置，讲究经济效益，绝不能单纯靠行政命令搞‘拉郎配’、盲目拼凑大集团。”

进入新世纪之后，我国不断完善社会主义市场经济体制，进一步放宽对市场的管控。2003 年 10 月，党的十六届三中全会提出：“放宽市场准入限制，允许非公有资本进入法律法规未禁止的基础设施、公用事业及其他行业和领域。”这次全会还提出：“要改进政府对非公有制企业的服务和监管，切实把政府的经济管理职能转到主要为市场主体服务和创造良好的经营环境上来。”尽管这年上半年暴发了“非典”疫情，但是得益于内需和外需的拉动以及政府强有力的宏观调控措施。根据国家统计局的统计数据，2003 年我国 GDP 迈上了 11 万亿元的台阶，比上年增长 10%，人均 GDP 超过了 1000 美元，仍然是世界上经济增长最快的国家。

2007 年 10 月，党的十七大指出：“要毫不动摇地巩固和发展公有制经济，毫不动摇地鼓励、支持、引导非公经济发展，坚持平等保护物权，形成各种所有制经济平等竞争、相互促进新格局。”同时，随着政府对市场逐步放宽管控，我国宏观调控方面出现了诸多问题。正是基于这种情况，党的十七大报告提出：“发挥国家发展规划、计划、产业政策在宏观调控中的导向作用，综合运用财政、货币政策，提高宏观调控水平。”2008 年 2 月，党的十七届二中全会更是提出，要“通过改革，实现政府职能向创造良好发展环境、提供优质公共服务、维护社会公平正义的根本转变”。

2008 年，正当我们大多数人沉浸在北京奥运会成功举办的喜悦中时，太平洋彼岸的美国爆发了金融危机并迅速蔓延至全球，我国的经济发展也面临着巨大的压力。因此，党中央决定对宏观经济政策进行重大调整。按照调整后的宏观调控取向，关键是在稳定出口增长的同时，抓紧落实扩大国内需求的政策措施。中央还计划安排 11800 亿元，带动社会总投资规模达到 4 万亿元。在政府强有力的调控之下，金融危机对我国经济的影响被降到最低，在随后几年里我国经济仍然保持了较高速度的增长，并在 2010 年超过日本成为世界第二大经济体。

（三）更好发挥政府作用（2012 年至今）

随着经济的快速发展，政府对市场逐步放宽管控，产生了一系列经济问题，因此我国开始了经济体制机制改革，更好地发挥政府作用。2012 年 11

月，党的十八大指出，深化改革是加快转变经济发展方式的关键，“经济体制改革的核心问题是处理好政府和市场的关系，必须更加尊重市场规律，更好发挥政府作用”。同时，大会提出要转变政府职能，“深化行政审批制度改革，继续简政放权，推动政府职能向创造良好发展环境、提供优质公共服务、维护社会公平正义转变”。

党的十八大以来，全国各地加大简政放权的力度，下大力气削减行政审批事项，多数省份行政审批事项减少50%左右，有的省份达到70%，全国减少各类“循环证明”“奇葩证明”800余项。这就进一步为促进就业创业降低了门槛，为各类市场主体减轻了负担，为公平营商创造了良好的环境。

2017年10月，党的十九大再次提出要更好发挥政府作用。而在新时代更好发挥政府作用，就需要“转变政府职能，深化简政放权，创新监管方式，增强政府公信力和执行力，建设人民满意的服务型政府”。2019年10月，党的十九届四中全会对更好发挥政府作用提出新的要求：“完善政府经济调节、市场监管、社会管理、公共服务、生态环境保护等职能，实行政府权责清单制度，厘清政府和市场、政府和社会关系。深入推进简政放权、放管结合、优化服务，深化行政审批制度改革，改善营商环境，激发各类市场主体活力。健全以国家发展规划为战略导向，以财政政策和货币政策为主要手段，就业、产业、投资、消费、区域等政策协同发力的宏观调控制度体系。完善国家重大发展战略和中长期经济社会发展规划制度。”2020年10月，党的十九届五中全会又一次强调，要“充分发挥市场在资源配置中的决定性作用，更好发挥政府作用，推动有效市场和有为政府更好结合”。

二、更好发挥政府作用的两层含义

西方经济学通常以“弥补市场失灵”来界定政府的作用。这里的“政府”是“被动”发挥其作用的。对我们而言，这是远远不够的。我们不仅要从市场经济条件下政府的一般性功能出发，来看待“更好发挥政府作用”的“一般性”；更要从我们的特殊国情出发，来理解和更好发挥社会主义政府作用的“特殊性”。

首先，要更好发挥市场经济条件下政府的“一般作用”：（1）克服市场机制缺陷与健全宏观调控体系；（2）提供公共服务，推广政府购买公共服务的范围；（3）维护市场秩序、加强市场监管、保障公平竞争、保护生态环境。资本主义市场经济和社会主义市场经济条件下政府作用的区别在于：资本主义市场经济中的政府，只是充当“守夜人”“裁判员”“消防员”的职能，只是对市场经济运行进行“事中”和“事后”介入；社会主义市场经济中的政府，不仅要充当好“裁判员”和“消防员”，更要对完善市场经济体制方面进行“顶层设计”“制度供给”，提供“路线图”，仍需更好发挥“司令员”的作用，在市场机制运行的“事前”“事中”“事后”都要在合理范围内发挥作用。所以，社会主义市场经济中的政府具有资本主义市场经济中政府所没有的能动性和全局性作用。

其次，要更好发挥社会主义国家政府的“特殊作用”：（1）坚持和完善社会主义基本经济制度，确保改革开放的正确方向。为经济体制改革提供制度约束，确保改革始终沿着正确方向前进，这是我们党和政府需要发挥重要作用的领域；（2）推进市场体系的发育和完善。在社会主义条件下，推进市场体系发育和完善的过程，离不开政府发挥其应有的积极作用，政府不能“缺位”；（3）制定中长期发展战略，实现赶超型经济发展。众所周知，市场机制通常解决短期目标，国家的中长期发展战略是无法通过市场机制来实现的。企业在市场机制作用下，以追求高利润为导向，决定了资本投资的方向，而这通常并不一定是国家或社会最为需要的领域。在以美国霸权主导下的国际经济秩序的背景下，中国这样一个生产力相对落后的社会主义国家，必须通过政府主导制定中长期发展战略规划，实现经济社会的跨越式发展。

总的来说，政府和市场，如同一只手的手心和手背，二者是辩证统一的关系，我们要界定好两者之间的边界，使它们各司其职，既要“使市场在资源配置中起决定性作用”，也要“更好发挥政府作用”。“政府”和“市场”只是我们解放生产力和发展生产力的手段，不是最终目的。我们的最终目的，是通过社会主义市场经济的发展，在不同的发展阶段，动态调整政府和市场的边界，最终达到共同富裕，实现中华民族伟大复兴的中国梦。

第三章

把发展作为第一要务

习近平总书记指出，“以经济建设为中心是兴国之要，发展仍是解决我国所有问题的关键。只有推动经济持续健康发展，才能筑牢国家繁荣富强、人民幸福安康、社会和谐稳定的物质基础”。改革开放40多年来，我国始终坚持以经济建设为中心、发展是硬道理的战略思想，形成聚精会神搞建设、一心一意谋发展的社会氛围和强大合力，在不断解放和发展社会生产力、推动经济快速发展的基础上，全面推进经济建设、政治建设、文化建设、社会建设、生态文明建设，不断开拓生产发展、生活富裕、生态良好的文明发展道路，使“小康社会”从中国人的千年理想转化为活生生的现实。

第一节　不断创新发展理念

发展理念是发展行动的先导，是管全局、管根本、管方向、管长远的东西，是发展思路、发展方向、发展着力点的集中体现。改革开放以来，中国共产党把马克思主义普遍真理和中国具体国情紧密结合，不断创新发展理念，并以科学的发展理念引领发展行动，推动中国经济社会的持续快速发展，创造了人类经济史上的发展奇迹。

一、坚持以经济建设为中心，发展才是硬道理

十年“文化大革命”时期，受“左”倾错误思想路线的影响，我国采取了“以阶级斗争为纲”统率经济建设的指导方针，致使经济发展起伏跌宕，国民经济走向崩溃的边缘。到“文化大革命”结束时，中国再次面临何去何从的历史抉择。1978 年 12 月，具有里程碑意义的党的十一届三中全会召开。全会不仅作出全党把工作着重点转移到社会主义现代化建设上来的战略抉择，为推动改革开放打开了突破口，而且标志着中国共产党的经济发展理念开始发生历史性转变。以邓小平为代表的中国共产党人，深刻总结新中国成立以来经济建设正反两方面的经验教训，科学分析时代变化和中国基本国情，提出“以经济建设为中心”“发展才是硬道理”等重要理念，为新时期走出一条有中国特色的社会主义经济发展道路提供了科学指引。

早在改革开放初期，邓小平同志就指出：“社会主义阶段的最根本任务就是发展生产力，社会主义的优越性归根到底要体现在它的生产力比资本主义发展得更快一些、更高一些，并且在发展生产力的基础上不断改善人民的物质文化生活。”但是近三十年来，几经波折，始终没有把工作着重点放到社会主义建设上，所以社会主义优越性发挥得太少，生产力的发展不快、不稳、不协调，人民的生活没有多大改善。现在要横下心来，始终如一地搞经济建设。“我们全党全民要把这个雄心壮志树立起来，扭着不放，‘顽固’一点，毫不动摇”。1987 年，党的十三大把社会主义初级阶段党的基本路线概括为“一个中心、两个基本点”。现代化建设要把经济建设当作中心，离开

了经济建设这个中心，就有丧失物质基础的危险。1992 年春，邓小平同志在南方谈话中，提出了“发展才是硬道理”的重要思想。他明确提出，要“抓住时机，发展自己，关键是发展经济”。中国之所以能够在国内外环境发生深刻复杂变化的条件下很稳定，就是因为改革开放促进了经济发展，人民生活得到了改善。所以，能发展就不要阻挡，有条件的地方要尽可能搞快一点。我国的经济发展，总要力争隔几年上一个台阶。邓小平同志特别强调，“一个中心、两个基本点”的基本路线要管一百年，动摇不得。

推动中国经济快速发展关键靠两个“法宝”，一是改革开放，二是科学技术。邓小平同志指出，“坚持改革开放是决定中国命运的一招”。改革就是要去除生产关系中不适应生产力发展的体制障碍，促进生产力更快发展，“改革是中国的第二次革命”。改革的意义是为中国奠定良好的持续发展的基础，“所以改革不只是看三年五年，而是要看二十年，要看下世纪的前五十年。这件事必须坚决干下去”。邓小平同志十分重视科学技术对促进经济发展的重要作用。他指出，四个现代化，关键是科学技术的现代化，并提出了“科学技术是第一生产力”的著名论断：“马克思讲过科学技术是生产力，这是非常正确的，现在看来这样说可能还不够，恐怕是第一生产力。”发展科学技术，不抓教育不行，必须有知识、有人才。发展我国教育事业的根本方针是，教育要面向现代化，面向世界，面向未来。在邓小平同志关于科学技术的思想指导下，国家于 1995 年出台了科教兴国战略。

推动中国经济发展必须要有科学长远的发展战略。邓小平同志着眼于实现社会主义现代化的目标，为中国设计了长远发展战略。他在毛泽东同志关于现代化的思想基础上提出了“中国式现代化”的概念和目标——小康，并且提出了“分三步走”建设小康社会的战略思想。中国要实现既定的发展目标，必须要处理好一系列重大关系。一是处理好经济增长速度和效益的关系。

邓小平同志认为，由于我国生产力发展基础十分薄弱，经济发展必须保持较快的速度。他提出要“抢时间”，努力争取一个“比较满意的速度”，凡是能够争取的发展速度，还是要积极争取，“低速度就等于后退”。同时，邓小平同志强调，我们要的是有效益的发展速度。不是鼓励不切实际的高速度，还是要扎扎实实，讲求效益，稳步协调地发展。二是处理好“两个大局”的关系。基于我国东、中、西部发展差距巨大的现实，邓小平同志提出了“两个大局”的区域经济发展思想：“沿海地区要加快对外开放，使这个拥有两亿人口的广大地带较快地先发展起来，从而带动内地更好的发展，这是一个事关大局的问题。内地要顾全这个大局。反过来，发展到一定的时候，又要求沿海拿出更多力量来帮助内地发展。那时沿海也要服从这个大局。”三是处理好“先富”和“共富”的关系。允许一部分人、一部分地区通过诚实劳动和合法经营先富起来，然后帮助和带动更多人和地区富裕起来，最终实现共同富裕。要防止贫富差距无限扩大产生的两极分化，“社会主义制度就应该而且能够避免两极分化”。四是处理好物质文明和精神文明的关系。邓小平同志指出：“我们要在建设高度物质文明的同时，提高全民族的科学文化水平，发展高尚的丰富多彩的文化生活，建设高度的社会主义精神文明。”没有精神文明，没有共产主义思想，没有共产主义道德就不能建设社会主义。他从物质文明和精神文明的辩证关系出发，提出物质文明和精神文明必须坚持两手抓，两手都要硬。

二、聚精会神搞建设，一心一意谋发展

党的十三届四中全会以后，以江泽民同志为核心的第三代中央领导集体，在新的历史条件下丰富和发展了中国特色社会主义理论体系，创立了“三个代表”重要思想，提出了“发展是党执政兴国的第一要务”的理念，确立了

全面建设小康社会的“新三步走”发展目标，制定和实施了科教兴国、可持续发展、西部大开发等一系列发展战略，使中国在20世纪80年代末到21世纪初国内外风云变幻的复杂环境中，始终保持了经济持续健康发展的态势，使中国特色社会主义展现出勃勃生机。

江泽民同志经济发展理念的显著特征就是从建设一个什么样的党、怎样建设党的高度来考察当代中国的发展问题。他指出：“贯彻‘三个代表’重要思想，必须把发展作为党执政兴国的第一要务，不断开创现代化建设的新局面。”马克思主义执政党必须高度重视解放和发展生产力。离开发展，坚持党的先进性、发挥社会主义制度的优越性和实现民富国强都无从谈起。党要承担起推动中国社会发展的历史使命，必须始终紧紧抓住发展这个执政兴国的第一要务，把坚持党的先进性和发挥社会主义制度的优越性，落实到发展先进生产力、发展先进文化、维护和实现最广大人民的根本利益上来，推动社会全面进步，促进人的全面发展。发展必须坚持以经济建设为中心，要集中全国人民的智慧和力量，“聚精会神搞建设，一心一意谋发展”。“把发展作为执政兴国的第一要务”是对邓小平的“发展是硬道理”思想的继承和发展。

在新的历史条件下促进国民经济健康发展，必须正确处理现代化建设中的一系列重大关系，实现两个根本性转变，走可持续发展的道路。在党的十四届五中全会上，江泽民同志提出了正确处理社会主义现代化建设中的若干重大关系的问题，主要包括：改革、发展、稳定的关系；速度和效益的关系；经济建设和人口、资源、环境的关系；第一、二、三产业的关系；东部地区和中西部地区的关系；市场机制和宏观调控的关系；公有制经济和其他经济成分的关系；物质文明建设和精神文明建设等关系。这十二大关系的实质是要促进我国经济社会协调发展。江泽民同志指出：“在现代化建设中，必须把可持续发展作为一个重大战略。要把控制人口、节约资源、保护环境放到重要位置，使人口增长与社会生产力的发展相适应，使经济建设与资源、环境相协调，实现良性循环。”为全面完成现代化建设的第二步战略部署，并为实现第三步战略目标奠定基础，党的十五届四中全会提出实行两个具有全局意义的根本性转变的思想，即经济体制从传统的计划经济体制向社会主义市场经济体制转变；经济增长方式从粗放型向集约型转变。两个根本性转变，是我们党在深入探索和全面把握我国经济发展规律的基础上提出的重要方针，标志着我国经济建设朝着深化体制改革、提高质量的方向发展。

逐步缩小地区之间的发展差距，实现全国经济社会的协调发展，是关系我国跨世纪发展全局的一个重大问题。在继承邓小平的“两个大局”思想基础上，以江泽民同志为核心的党中央着眼于实现第三步战略目标，提出实施西部大开发战略。实施西部大开发，将为21世纪我国经济发展开拓新的广阔空间。西部大开发创造出的大量投资机遇，将有力地增强对经济增长的拉动；西部地区优势资源的开发和东送，将为中部和东部地区的发展提供有力的支撑；中西部地区人民群众收入水平的提高，将创造巨大的市场需求。加强国内经济联合，进一步促进生产力的合理布局，形成各具特色、优势互补的经济，将大大提高我国的生产社会化水平和经济效益、竞争能力。

到20世纪末，我国胜利实现了现代化建设“三步走”战略的第一步、第二步目标，人民生活总体上达到小康水平。但是这一时期达到的小康还是低水平的、不全面的、发展很不平衡的小康。因此，江泽民同志在党的十六大上，从社会主义现代化建设全局出发，提出了全面建设小康社会的目标和任务：“我们要在本世纪头二十年，集中力量，全面建设惠及十几亿人口的更高水平的小康社会，使经济更加发展、民主更加健全、科教更加进步、文化更加繁荣、社会更加和谐、人民生活更加殷实。”全面建设小康社会，就要发展社会主义市场经济、社会主义民主政治和社会主义先进文化，不断促进社会主义物质文明、政治文明和精神文明的协调发展，最终实现人的全面发展。

三、牢固树立科学发展观，促进国民经济又好又快发展

党的十六大之后，以胡锦涛同志为总书记的党中央，准确把握时代特征和中国国情，围绕社会主义经济建设、政治建设、文化建设、社会建设和党的建设面临的一系列重大问题，不断总结经验并作出理论概括，形成了以人为本、全面协调可持续发展的科学发展观，提出了建设创新型国家、建设社会主义新农村、构建和谐社会、构建“两型”社会、加快转变经济发展方式等发展战略。在这些重要理念和战略的指引下，中国在21世纪的第一个十年保持了经济高速增长的势头，成功应对了国际金融危机等重大挑战，为促进国民经济又好又快发展奠定了坚实基础。

在党的十七大上，胡锦涛同志系统阐述了科学发展观的重要内涵：“科学发展观，第一要义是发展，核心是以人为本，基本要求是全面协调可持续，根本方法是统筹兼顾。”坚持以人为本的核心要义体现为，要始终把实现好、维护好、发展好最广大人民的根本利益作为党和国家一切工作的出发点和落脚点，尊重人民主体地位，发挥人民首创精神，保障人民各项权益，走共同富裕道路，促进人的全面发展，做到发展为了人民、发展依靠人民、发展成果由人民共享。

全面协调可持续是科学发展观的基本要求。要按照中国特色社会主义总体布局，全面推进经济建设、政治建设、文化建设、社会建设，促进现代化建设的各个环节、各个方面相协调，促进生产力与生产关系、经济基础与上层建筑相协调，推进经济、政治、文化建设各个环节、各方面相协调。坚持

生产发展、生活富裕、生态良好的文明发展道路，促进人与自然的和谐，实现经济发展和人口、资源、环境相协调，实现经济社会永续发展。

统筹协调是实现科学发展的根本方法。胡锦涛指出：“统筹兼顾是我们在中国这样一个十几亿人口的发展中大国治国理政的重要历史经验，是我们处理各方面矛盾和问题必须坚持的重大战略方针。”要正确认识和妥善处理中国特色社会主义事业中的重大关系，统筹城乡发展、区域发展、经济社会发展、人与自然和谐发展、国内发展和对外开放，统筹中央和地方关系，统筹个人利益和集体利益、局部利益和整体利益、当前利益和长远利益，充分调动各方面积极性。

在科学发展观的指引下，这一时期党中央制定和实施了一系列重要发展战略，促进国民经济又好又快发展。一是建设创新型国家。建设创新型国家，核心就是把增强自主创新能力作为发展科学技术的战略基点，走出中国特色自主创新道路，推动科学技术的跨越式发展。要把增强自主创新能力作为国家战略，贯穿到现代化建设各个方面，激发全民族创新精神，大力推进理论创新、制度创新、科技创新。二是建设社会主义新农村。推进社会主义新农村建设的基本思路和要求是统筹城乡经济社会发展，实行工业反哺农业、城市支持农村和“多予少取放活”的方针，按照“生产发展、生活宽裕、乡风文明、村容整洁、管理民主”的要求，协调推进农村经济建设、政治建设、文化建设、社会建设和党的建设。三是构建和谐社会。社会和谐是中国特色社会主义的本质属性，要按照民主法治、公平正义、诚信友爱、充满活力、安定有序、人与自然和谐相处的总要求和共同建设、共同享有的原则，着力解决人民最关心、最直接、最现实的利益问题，努力形成全体人民各尽其能、各得其所而又和谐相处的局面，为发展提供良好社会环境。四是建设资源节约型、环境友好型社会。党的十七大提出，坚持生产发展、生活富裕、生态良好的文明发展道路，建设资源节约型、环境友好型社会，实现速度和结构质量效益相统一、经济发展与人口资源环境相协调，使人民在良好生态环境中生产生活，实现经济社会永续发展。

四、坚定不移贯彻新发展理念，实现经济高质量发展

党的十八大以来，以习近平同志为核心的党中央着眼于我国实现“两个一百年”奋斗目标和中华民族伟大复兴“中国梦”的长远战略考量，提出了一系列创新性发展理念，围绕推进和深化供给侧结构性改革这条主线，着力构建现代化经济体系，并制定和实施了创新驱动发展、新型城镇化、乡村振兴、京津冀协同发展、长江经济带发展、“一带一路”倡议等重要发展战略，为我国有效应对世界百年未有之大变局，推动经济发展质量变革、效率变革、动力变革，实现经济高质量发展提供了根本理论指导和行动指南。

党的十八届五中全会提出，如期实现全面建成小康社会的目标，推动经济社会持续健康发展，必须坚持以人民为中心的发展思想，把增进人民福祉、促进人的全面发展作为发展的出发点和落脚点，发展人民民主，维护社会公平正义，保障人民平等参与、平等发展权利，充分调动人民积极性、主动性、创造性。坚持以人民为中心的发展思想不仅充分体现了中国共产党的初心和使命，而且为新时代的经济社会发展确立了奋斗目标、检验发展成效的标准，阐明了推动发展的根本动力。习近平总书记指出，“人民对美好生活的向往，就是我们的奋斗目标”。因此，检验我国经济发展成效的最终标准，就是要看人民是否真正得到实惠，人民生活是否真正得到改善。中国特色社会主义进入新时代，我国社会主要矛盾已经转化为人民日益增长的美好生活需要和不平衡不充分的发展之间的矛盾，要围绕这一关系全局的历史性变化，着力解决好发展不平衡不充分问题，更好满足人民在经济、政治、文化、社会、

生态等方面日益增长的需要。人民是推动发展的根本动力。要全面调动人的积极性、主动性、创造性，为各行业各方面的劳动者、企业家、创新人才、各级干部创造发挥作用的舞台和环境。

新时代推动我国经济社会持续健康发展，必须坚定不移贯彻“创新、协调、绿色、开放、共享”新发展理念。习近平总书记指出：“这五大发展理念不是凭空得来的，是我们在深刻总结国内外发展经验教训的基础上形成的，也是在深刻分析国内外发展大势的基础上形成的，集中反映了我们党对经济社会发展规律认识的深化，也是针对我国发展中的突出矛盾和问题提出的。”新发展理念是新时代发展思路、发展方向、发展着力点的集中体现，标志着我们党对经济社会发展规律的认识达到了新的高度，是引领我国发展全局的科学指引。

创新是引领发展的第一动力，注重解决的是发展动力问题。必须把创新摆在国家发展全局的核心位置，不断推动理论创新、制度创新、科技创新、文化创新等各方面创新，让创新贯穿党和国家一切工作，让创新在全社会蔚然成风。协调是持续健康发展的内在要求，注重解决的是发展不平衡问题。必须牢牢把握中国特色社会主义事业总体布局，正确处理发展中的重大关系，不断增强发展整体性，促进城乡、区域、经济和社会、物质文明和精神文明协调发展。绿色是永续发展的必要条件，注重的是解决人与自然和谐问题。要像保护眼睛一样保护生态环境，像对待生命一样对待生态环境，推动形成绿色发展方式和生活方式，协同推进人民富裕、国家强盛、中国美丽。开放是国家繁荣发展的必由之路，注重的是解决内外发展联动问题。当今世界正面临百年未有之大变局，必须顺应我国经济深度融入世界经济的趋势，更加自觉地统筹国内国外两个大局，全面谋划全方位对外开放大战略，发展更高层次的开放型经济，积极参与全球经济治理，推动形成全面开放新格局。共享是中国特色社会主义的本质要求，注重的是解决社会公平正义的问题。要坚持全民共享、全面共享、共建共享、渐进共享，增强发展动力，增进人民团结，朝着共同富裕方向稳步前进。五大发展理念是相互贯通、相互促进，具有内在联系的集合体，必须牢固树立，统一贯彻，不能顾此失彼，也不能相互替代。要把新发展理念作为指挥棒、红绿灯，把全党的思想和行动统一到新发展理念上来，努力提高统筹贯彻新发展理念的能力和水平。

在党的十九大上，习近平总书记指出，我国经济已由高速增长阶段转向高质量发展阶段，这是对新时代我国经济发展特征作出的科学判断。高质量发展是指，能够很好满足人民日益增长的美好生活需要的发展，是体现新发展理念的发展，是创新成为第一动力、协调成为内生特点、绿色成为普遍形态、开放成为必由之路、共享成为根本目的的发展。围绕实现高质量发展，以习近平同志为核心的党中央提出一系列重大战略思想和战略部署。一是推进供给侧结构性改革，着力解决供给和需求结构失衡问题，使供给能力更好满足广大人民日益增长、不断升级和个性化的物质文化和生态需要，实现社会主义生产目的。二是使市场在资源配置中起决定性作用，更好发挥政府作用。一方面积极稳妥从广度和深度上推进市场化改革，大幅度减少政府对资源的直接配置，让市场在所有能够发挥作用的领域都充分发挥作用。另一方面，要发挥好政府在完善宏观调控、加强和优化公共服务、保障公平竞争、推动可持续发展、促进共同富裕、弥补市场失灵方面的作用。三是建设现代化经济体系。要建设创新引领、协同发展的产业体系，统一开放、竞争有序的市场体系，体现效率、促进公平的收入分配体系，彰显优势、协调联动的城乡区域发展体系，资源节约、环境友好的绿色发展体系，多元平衡、安全高效的全面开放体系，形成更加完善的社会主义市场经济体制。四是决胜全面建成小康社会。党的十八大以来，以习近平同志为核心的党中央提出了全面建成小康社会新的目标要求，赋予了“小康”更高的标准、更丰富的内涵。到2020年全面建成小康社会，意味着经济高质量发展、人民生活水平和质量普遍提高、国民素质和社会文明程度显著提高、生态环境质量总体改善、各方面制度更加成熟更加定型。决胜全面建成小康社会，要统筹推进经济建设、政治建设、文化建设、社会建设、生态建设，坚定实施科教兴国战略、人才强国战略、创新驱动发展战略、乡村振兴战略、区域协调发展战略、可持续发展战略、军民融合发展战略，坚决打好防范化解重大风险、精准脱贫、污染防治的攻坚战，使全面建成小康社会得到人民认可，经得起历史检验。

第二节 始终保持经济持续快速增长

始终保持经济持续快速增长，为全面建成小康社会打下了坚实基础。1978—2018年，中国国内生产总值（GDP）的年均增长率达到9.4%，远远超过同期世界经济2.9%左右的年均增速。中国的GDP已从1978年的3679亿元增长到2019年的近100万亿元，按不变价格计算，增幅超过35倍。如此快速且持续时间之久的增长纪录创造了人类经济史上不曾有过的奇迹。

诺贝尔经济学奖得主保罗·萨缪尔森把影响经济增长的主要因素比作“驱动经济增长的四个轮子”。一是人力资源，包括劳动力数量和劳动力知识、技能等人力资本水平；二是自然资源，如土地、森林、能源、矿产等；三是资本形成，包括私人投资和政府投资的社会基础资本；四是技术变革和创新。当代新制度经济学派认为，一套有效的制度安排能够促使经济主体将资源禀赋投入创造财富的活动中，是推动经济增长的根源。纵观1978年以来的发展历程，中国通过改革开放，并凭借独特的制度优势，激发了各种生产要素的效能，推动经济结构发生巨大转变，创造出一个富有生机活力的市场经济体制。这些因素的综合作用，为改革开放时期的经济高速增长注入强大动力。

一、丰厚的劳动力资源与人力资本积累

中国拥有14亿人口，近9亿劳动力，形成了世界上最丰富的劳动力资源。改革开放40多年来，中国充分利用丰富的劳动力资源，为推动经济快速增长培育了丰厚的“人口红利”。所谓“人口红利”，是指一国的劳动年龄人口占总人口比重较大，抚养率较低，为经济增长创造有利的人口条件，国民经济出现高储蓄、高投资和高增长的局面。1978—2010年正是中国改革开放与劳动年龄人口增长快于非劳动年龄人口增长的阶段，也是中国人口红利的“收获期”。具体而言，中国通过劳动力数量的增加、人力资本积累和劳动力配置状况改善三种途径将劳动力资源优势转化为推动经济增长的动力，使“人口红利”得以兑现。

从劳动力供给看，1978—2011年，中国15岁至64岁处于劳动年龄的人口数量和比重持续上涨。1982年，劳动年龄人口大约为6.3亿，占总人口的比重为61.5%；到2011年年末，增加到约10亿人，占总人口比重上升到74.4%。同期，0岁至14岁人口和65岁以上人口所占比重下降。这些变化导致人口的总抚养比不断下降，由1982年的62.6%下降到2011年的34.9%。这样的人口结构意味着全社会可以从事生产劳动、创造财富的劳动人口远多于需要抚养的非劳动人口，为经济增长进入加速期创造了良好条件。在改革开放中，中国政府始终秉持“就业是民生之本”的理念，坚持采取就业优先战略和积极的就业政策，通过不断打破计划经济体制障碍，赋予人民群众充分的自主创业、自主择业的权利，极大地调动人民群众的创造精神，使就业总量持续增加，就业结构不断优化，就业质量不断提升。40多年来，

中国保持了每年新增就业人口1000万人以上的速度，充分满足了经济快速增长对劳动力的巨大需求。

中国不仅劳动力资源丰富，而且具备较高的人力资本水平。人力资本是体现在劳动者身上的一种资本类型，主要用劳动者的知识程度、技术水平、工作能力和健康状况来衡量。人力资本对于提高劳动技能、提升劳动生产率、推动技术进步发挥着重要作用。中国良好的人力资本首先得益于从新中国成立到改革开放前这一时期打下的基础。新中国成立后，国家通过推动消灭传染病、建立公共卫生体系、扩大义务教育等社会事业建设，使人民的健康水平和文化素质显著提高。1949年，中国人均寿命只有35岁，到20世纪70年代中期已提高到65岁，学龄儿童入学率由新中国成立前的20%左右增加到1976年的97.1%，成人文盲率由1949年的80%急剧下降至1982年的22.8%。改革开放以来，国家更加致力于在发展中改善民生，在推进幼有所育、学有所教、劳有所得、病有所医、老有所养、住有所居、弱有所扶等基本公共服务供给方面不断取得新进展，使人力资本水平持续大幅提升。人均寿命进一步从1981年的67.8岁提高到2019年的77.3岁，高于中等偏上收入国家平均水平；劳动年龄人口的平均受教育年限由1982年的8年提高到2018年的10.63年；高中及以上受教育程度人口占比从1982年的7.2%提高到2018年的29.3%；大专及以上受教育程度人口占比显著提高，从1982年的0.6%提高到2018年的13%。总体上看，较高的人力资本水平为经济发展提供了重要推动力，经济发展又为人口文化素质的进一步提高提供了良好的物质基础，两者相互促进，有力促进了中国的“人口红利”向“人才红利”转变，使经济增长动力不断优化。

在从城乡分割的二元结构向城乡一体化格局转变过程中，劳动力资源配置状况的改善，也为经济增长作出重要贡献。改革开放之初，家庭联产承包责任制的推行，使农业劳动生产率明显提高，促使农村剩余劳动力开始向非农产业转移，促进乡镇企业的大发展和小城镇的崛起。进入20世纪90年代后，沿海地区迎来新一轮发展浪潮，成为吸引外资和建立劳动密集型产业的重要基地，进一步吸引了农村的大量剩余劳动力到沿海地区外出“打工”，形成规模巨大的“民工潮”。截至2018年，中国农民工总量已达到约2.88亿人。这一大范围的劳动力流动，使就业结构扭曲得到调整，不仅促进了城市工业和服务业的快速发展，而且使中国整体的劳动生产率提高。有经济学家测算，1978—2015年期间，中国劳动生产率实际提高了16.7倍，其中劳动力转移对劳动生产率提高的贡献为44%。

二、高资本形成率的有力驱动

投资是拉动经济增长的重要力量。世界银行对13个持续高速增长的经济体的研究发现：如果要保证经济持续高速增长，就需要公共和私人的整体投资率占GDP的25%或更多。此外，还要对教育、培训和医疗进行投资，这部分投资至少占GDP的7%~8%。因此，一个国家要想维持7%或更高的经济增速，投资率要达到32%以上。1978—2013年的36年间，中国平均的投资率（资本形成率）达到39%，从2003年开始，投资率开始超过40%，2009—2013年的投资率分别高达47.2%、48.1%、48.3%、47.8%、47.8%。较高的投资率使得中国的高速增长模式带有明显的“投资驱动”型特征。

作为一个在经济发展初期资本极度短缺的国家，中国具有如此高的资本形成率的奥秘何在？首先，中国较高的居民储蓄率，成为资本形成的重要来源。1978—2013年，中国平均的储蓄率达到41%，从2006年起，储蓄率进一步超过50%，尽管从2008年之后储蓄率有所下降，但到2017年仍然高达47%，远高于26.5%的世界平均水平。如果没有高储蓄率作为有力支撑，高投资率便成为“无源之水”。其次，市场化、工业化、城镇化的快速发展，为把储蓄转化为投资创造了有利条件。市场化的深入推进，为个人、家庭、企业提供了广阔的投资机会和渠道。人们既可以利用自有资金或贷款投资兴办企业赚取利润，也可以投资于股票、债券和各类金融产品以获取投资收益，这些资金进一步通过资本市场等渠道转化为实体经济中的生产资本。工业，尤其是重工业是典型的资本密集型产业，需要大量资本投入才能形成生产能力。改革开放以来，我国工业化进程加速，1978—2016 年工业增加值年均增速高达 10.9%，2016 年工业生产总值达到 1978 年的 50 倍。工业化的快速推进成为带动投资和经济增长的重要力量。伴随市场化、工业化的发展，我国城镇化率以年均 1 个百分点以上的速度快速增长，城镇化率由 1978 年的 17.9% 大幅上升到 2019 年的 60.60%。城镇化使大量人口涌入城市，人们对基础设施、市政建设、汽车、住房等产业会产生巨大的需求，进而刺激投资的快速增长。据测算，2001—2011 年这 10 年间，城镇化率每增加 1 个百分点，就会拉动投资增长 3.7 个百分点，拉动消费增长 1.8 个百分点，进而带动 GDP 增长 1.5 个百分点。再次，在“以经济建设为中心”“发展才是硬道理”的理念指引下，出于对发展经济和改善人民生活的迫切愿望，中国各级地方政府都对发展的高速度倾注了极大热情。政府通过大力招商引资、兴建产业园区、推动城市基础设施建设等手段，强有力调动一切资源，推动投资的高涨，进而带动地方经济快速发展。最后，伴随对外开放大门的打开，众多海外公司被中国广阔的市场和丰富廉价的劳动力资源所吸引，纷纷投资中国。中国利用的海外直接投资几乎从零开始迅速增长，1979—2018 年累计外商直接投资达到 20343 亿美元。大量外资的引入，不仅弥补了制约经济起飞的“资本缺口”，而且带来先进的设备、技术、人才和管理经验。

三、科技进步的强大推动

“科学技术是第一生产力”，邓小平的这一重要论断简明地指出了科学技术对经济增长的重要作用。经济学研究表明，在劳动、资本、自然资源等其他生产要素的投入量不变的条件下，科技进步可以提高其他要素的使用效率（即提高“全要素生产率”），为经济增长注入强劲动力。日本、韩国等经历了战后高速增长期的东亚经济体，都在高速增长阶段呈现出科学技术快速发展、全要素生产率明显提高的趋势。美国、英国等发达国家在经济崛起时期，也都伴随着科学技术的突飞猛进和社会生产力的跨越式发展。中国之所以能够在 1978 年后保持快速增长势头，自然也离不开科技进步的重大贡献。

改革开放后，中国迎来了“科学技术的春天”。从“科学技术是第一生产力”到“创新是引领发展的第一动力”，从实施科教兴国、人才强国战略到深入实施创新驱动发展战略，从增强自主创新能力到建设创新型国家，40 多年来，科技发展日新月异，为中国经济持续快速增长和综合国力的提升提供了重要支撑。一是研发经费投入持续快速增长。1992—2018 年，中国研发经费年均增长 20%，2018 年研发经费达到 19657 亿元，是 1991 年的 138 倍，研发经费投入强度达到 2. 18%，超过欧盟 15 国平均水平，成为仅次于美国的世界第二大研发经费投入国家。二是科技人才数量持续增长。中国坚持科教兴国、人才强国战略，使科技创新队伍不断壮大。2018 年，按折合全时工作量计算的全国研发人员总量为 419 万人年，是 1991 年的 6. 2 倍。中国研发人员总量在 2013 年超过美国，连续 6 年居全球第一。三是科技产出数量和质量大幅提升。2018 年，中国专利申请和授权数分别为 432. 3 万件和 244. 8 万件，分别为 1991 年的 86 倍和 98 倍。专利质量也不断提升。四是科技对经济发展的支撑作用显著增强，推动产业结构不断优化，供给质量不断提升。

2017 年，规模以上高技术制造业实现主营业务收入 15.9 万亿元，比 2012 年增长 55.8%。规模以上工业企业中，超过四成开展了技术创新活动，共实现新产品销售收入 19.2 万亿元，比 2012 年增长 73.3%，“中国制造”正在向“中国智造”转变。

党的十八大以来，中国科技进步进入“创新驱动发展阶段”，科技发展再次提速，取得了举世瞩目的成绩，实现了从追踪跟跑逐步向并跑领跑的历史性转变，开启了从科技大国向世界科技强国转变的新征程。一方面，我国在量子科学、铁基超导、暗物质粒子探测卫星、CIPS 干细胞等基础研究领域取得重大突破；另一方面在高技术领域捷报频传。神舟飞船与天宫空间实验室在太空交会；北斗导航卫星实现全球组网；蛟龙号载人潜水器、海斗号无人潜水器创造最大深潜纪录；赶超国际先进水平的第四代隐形战斗机和大型水面舰艇相继服役。国产大飞机、高速铁路、三代核电、新能源汽车等领域取得一批在世界上叫得响、数得着的重大成果。这些科技重大突破将为推动中国经济实现高质量发展注入新的强劲动力。

四、公共产品的正外部性效应

所谓公共产品主要是指那些为社会共同消费、使社会共同受益的产品。典型的公共产品包括国防、司法、义务教育、公共卫生、大型基础设施等。公共产品对一国的经济发展不可或缺。以基础设施为例，首先，基础设施建设是固定资产投资的重要组成部分，增加基础设施投资本身就可以促进经济增长。世界银行指出，基础设施存量每增长 1%，GDP 就会增长 1%。其次，基础设施被称为“社会先行资本”，对改善生产环境、居住环境以及消费环境具有正向外部性，有利于吸引投资和提高生产效率，从而达到促进经济增长的目的。最后，基础设施是一种有效的危机应对机制。当一国遭遇经济危机时，加大基础设施投资可以发挥扩大总需求、增加就业、稳定经济增长的作用。20 世纪 30 年代，罗斯福总统通过推动桥梁、公路、机场、学校等大型基础设施建设，扩大就业和拉动经济增长，帮助美国走出大萧条。

新中国成立 70 多年来，我国在“一穷二白”的基础上，集中组织动员经济资源和社会力量进行大规模基础设施建设，无疑为改革开放后的经济高速增长奠定了重要基础。改革开放以来，我国基础设施建设更是突飞猛进，甚至赢得了“基建狂魔”的称号。一是交通运输建设快速发展，综合交通运输网四通八达。新中国成立后，国家先后建设了青藏公路、武汉长江大桥、首都国际机场、京沪铁路等重大项目，改变了落后闭塞的交通面貌。20 世纪 90 年代后，国家加大交通运输投资力度。1996—2018 年，全国交通运输业投资年均增长 16.7%，全国形成了以铁路为骨干，公路、水运、航空等多种运输方式组成的综合交通运输网络。二是公共设施领域投资大幅增加，城市基本公共服务能力显著提升。1978—2018 年，全国城市道路面积从 2 亿平方米提高到 80 多亿平方米；城市排水管道从 2 万公里增加到 64 万多公里；城市供水、燃气及集中供暖条件大幅改善，城镇居民生活更加舒适方便。三是能源产业投资大幅增长，能源保障持续加强。改革开放后，能源工业投资飞速发展，1982—2018 年，全国能源工业投资年均增长 15.4%，建成了亿吨煤炭生产基地神东矿区、世界最大的水电站三峡水利枢纽、秦山核电站、西电东送、西气东输等一批重大能源工程，能源供应能力大幅提高。四是近年来以网络信息技术为代表的新基础设施建设取得重大进展，为经济高质量发展创造了良好条件。2004—2018 年，全国信息传输业投资年均增长 5.8%。2013 年，国家出台了“宽带中国”战略，大力支持城乡宽带网络基础设施优化升级，到 2018 年年末，全国接入网络基本实现光纤化，光缆线路总长度稳居世界第一，移动通信网络覆盖水平在全球领先，建成 4G 基站 372 万个，5G 网络建设已全面启动，中国在建设网络强国的道路上阔步前行。

五、组织与制度创新的巨大红利

诺贝尔经济学奖得主道格拉斯·诺斯曾打过一个形象的比方，制度是各种生产要素与产出绩效之间的一个“过滤器”，它决定了一个国家的增长和分配状况，是决定经济增长能否发生的根源。一套有效的制度安排能够激励经济主体把自身的生产要素投入到生产、交换、创新等创造财富的活动中，推动经济增长。中国经济的高速增长期与改革开放期高度重合，再度验证了制度创新对经济增长的决定性作用。改革开放的实质是通过大规模制度创新，把人民群众压抑已久的积极性、主动性和创造性最大程度激发出来，转化为推动生产力发展的强大动力。在推动中国经济增长的各项制度中，产权制度变革与民营经济的发展颇具代表性。产权是影响经济增长的基础性制度。清晰界定并保护严格的产权制度，能够明确市场主体参与经济活动的权利与责任，有效保障其合法生产经营活动的收益，促进市场主体在产权预期稳定的前提下，积极投身于财富创造，培育企业精神和激发公众创业创新热情，为经济发展培育强大内生动力。

党的十一届三中全会以来，我们党认真总结以往在所有制问题上的经验教训，逐步消除所有制结构不合理对生产力的羁绊，在改革公有制的同时，不断鼓励、支持包括个体、私营经济、外资经济在内的各类非公有制经济发展，对产权的界定、保护和实施制度也日益完善。1987 年，党的十三大报告指出，私营经济的发展，有利于促进生产，活跃市场，扩大就业，更好地满足人民多方面的需要，是公有制经济有益和必要的补充。1988 年，根据《宪法修正案》规定国家保护个体经济、私营经济的合法权利和利益，使私营企业获得合法身份。1997 年，党的十五大正式将“公有制经济为主体、多种所有制经济共同发展”确立为社会主义初级阶段的一项基本经济制度，提出非公有制经济是社会主义市场经济的重要组成部分。非公有制经济的地位上升，进一步促进了法律制度对其产权的保护。2002 年，党的十六大提出“必须毫不动摇地巩固和发展公有制经济”，“必须毫不动摇地鼓励、支持、引导非公有制经济发展”。2003 年党的十六届三中全会首次提出要建立健全“产权清晰、权责明确、保护严格、流转顺畅”的现代产权制度，强调要依法保护各类产权。2004 年，宪法进行再次修订，首次将“公民的合法私有财产不受侵犯”写入宪法，中国在保护公民私有财产问题上取得重大历史性突破，体现了以人为本、鼓励民富、保护民富的思想。党的十八大以来，所有制改革进一步深化，国家更加注重对各类经济组织的产权保护。2013 年，党的十八届三中全会提出，“公有制经济财产权不可侵犯，非公有制经济财产权同样不可侵犯”。两个“不可侵犯”的提出表明，完善产权保护制度，有效保障各种所有制经济的财产权利，是促进社会主义市场经济健康发展的基本前提。为进一步加强产权保护，中共中央 2016 年颁布了《关于完善产权保护制度依法保护产权的意见》，明确指出，“产权制度是社会主义市场经济的基石，保护产权是坚持社会主义基本经济制度的必然要求”。必须对各类经济组织的财产权利进行平等保护、全面保护、依法保护，加快建立产权保护长效机制，激发各类经济主体的活力和创造力。这是中央首次发布的关于保护财产权利的专门文件，给民营企业家吃了一颗“定心丸”，有利于稳定民营企业家的预期，改善民营企业的生存环境，增强民营企业创新创业动力。

所有制改革的深化和现代产权制度的建立与完善，有力地促进了中国民营经济的持续健康发展，成为推动经济快速增长的重要力量。40 多年来，民营经济从小到大、从弱到强，不断发展壮大。截至 2017 年年底，中国民营企业数量超过 2700 万家，个体工商户超过 6500 万户，注册资本超过 165 万亿元。民营经济贡献了50%以上的税收，60%以上的国内生产总值，70%以上的技术创新成果，80%以上的城镇劳动就业，90%以上的企业数量。在世界500强企业中，民营企业由2010年的1家增加到2018年的28家。民营经济已经成为创业就业的主要领域、技术创新的重要主体、国家税收的重要来源，为中国社会主义市场经济发展、政府职能转变、农村富余劳动力转移、国际市场开拓等发挥了重要作用。

中国之所以能够用几十年的时间走过西方几百年的现代化道路，靠的是新中国成立以来尤其是改革开放以来形成的党对经济工作的领导制度和“集中力量办大事的”的“举国体制”的有力支撑。在中国特色社会主义制度下，举国体制的优势集中体现为能够坚持全国一盘棋，调动各方面的积极性，集中力量办大事。邓小平曾经指出：“社会主义同资本主义比较，它的优越性就在于能做到全国一盘棋，集中力量，保证重点。”习近平总书记也指出：“我们最大的优势是我国社会主义制度能够集中力量办大事。这是我们成就事业的重要法宝。”我国充分运用举国体制，发挥集中力量办大事的优势，跨越了“后发劣势陷阱”，推动经济实现跨越式发展。

首先，中国共产党的强有力领导是举国体制发挥优势的根本制度保障。中国共产党的领导是中国特色社会主义最本质的特征，是中国特色社会主义制度的最大优势。党可以发挥总揽全局、协调各方的领导核心作用，从国家和社会整体利益、长远利益出发，制定和实施长期发展战略，并凭借强大的政治领导力、思想引领力、群众组织力、社会号召力，将分散的、被动的个体凝聚成为具有集体意志、集体目标和集体行动能力的有机整体，这将有利于集中调动全社会的人力、物力、财力投入影响经济社会发展的关键部门和领域，在较短时期内推动大规模基础设施建设、全社会重要公共产品供给，打破国民经济发展的“瓶颈约束”，更好地发挥基础设施等公共产品的规模经济效应和正外部性经济效应。

其次，公有制为主体、多种所有制经济共同发展的格局为举国体制发挥优势提供了重要经济基础。国有企业属于全民所有，是推进国家现代化、保障人民共同利益的重要力量。新中国成立70多年来，国有企业为水利、通信、能源、供水、交通、国防、军工、教育、医疗、邮政、金融、科研等重要公共产品的生产供给作出了重要贡献，许多关系国计民生的重大工程，如载人航天、探月工程、南水北调、青藏铁路等，大多是由国有大型企业为主要力量完成的。这些重大工程使我国的经济实力、科技实力、国防实力和综合国力大幅提升。近年来，随着非公有制经济的发展壮大，民营企业在公共产品供给中的作用也不断提升。国家鼓励采取公私合营制（PPP）模式，授权民营企业建设、运营、管理基础设施，充分发挥国有企业和民营企业的双重优势，提高公共产品的供给效率。

再次，充分发挥政府和市场"两只手"的作用，为举国体制发挥独特优势提供了有效手段。改革开放以来，我国注重运用政府和市场双重优势，促进经济资源和社会力量的有效聚集，形成了社会主义市场经济条件下集中力量办大事的新机制，这一新机制在提供科技创新公共产品中表现得十分突出。习近平总书记深刻指出："在推进科技体制改革的过程中，我们要注意一个问题，就是我国社会主义制度能够集中力量办大事是我们成就事业的重要法宝。我国很多重大科技成果都是依靠这个法宝搞出来的，千万不能丢了！要让市场在资源配置中起决定性作用，同时要更好发挥政府作用，加强统筹协调，大力开展协同创新，集中力量办大事，抓重大、抓尖端、抓基本，形成推进自主创新的强大合力。"新时代，中国正在构建社会主义市场经济条件下关键核心技术攻关新型举国体制，把政府支持和市场运作有机统一起来，争取在关键核心技术领域能尽快实现重大突破，办成更多大事。

第三节　打好“发展竞标赛”

在西方主流经济学的视野中，1978 年以来中国经济的快速成长主要得益于大胆地引入市场经济，但这并不能解释“中国故事”的全部。要真正理解中国奇迹之谜，必须看到故事的另一面。中国的独特之处在于，把“有效市场”和“有为政府”有机结合起来，特别是各级地方政府具有推动改革和发展的高度积极性。它们勇于在改革开放大潮中“先行先试”，致力于为市场经济培育良好的发展环境，并围绕地方经济发展进行着一场你追我赶的“竞标赛”，从而成为推动中国改革开放和经济持续快速增长的一支重要力量。

一、坚持发挥“两个积极性”

中国是一个人口众多、地域辽阔的超大规模国家，各地发展十分不平衡。如何在保持中央统一领导下，充分调动各级地方政府的积极性，形成推动经济社会发展的合力，是国家治理需要处理好的关键问题。新中国成立后，在中央和地方关系上实行单一制，通过党中央决策权集中，统一财政经济、法律制度等，实现了国家的高度统一。这一高度统一的体制，造就了一个强大的中央政府，使国家具备了为推动经济增长而调动全社会资源的强大国家能力。然而，中央权力过度集中也会受信息不对称以及官僚主义和体制僵化的影响，导致国家治理成本上升并抑制地方政府的积极性。因此，中国从 20 世纪 50 年代中后期就开始探索在中央统一领导下推行地方分权改革。毛泽东在《论十大关系》中，对处理好中央和地方的关系作出过深刻论述：“中央和地方的关系也是一个矛盾。解决这个矛盾，目前要注意的是，应当在巩固中央统一领导的前提下，扩大一点地方的权力，给地方更多的独立性，让地方办更多的事情。这对我们建设强大的社会主义国家比较有利。我们的国家这样大，人口这样多，情况这样复杂，有中央和地方两个积极性，比只有一个积极性好得多。”

1958年，中国开始推行向地方下放权力的改革，将经济计划、固定资产投资、财政税收、劳动人事、国有企业管理等许多权力下放给地方政府。由于准备不足，盲目性较大，加上分权改革的逻辑与计划经济体制的运行逻辑存在内在矛盾，权力下放导致经济和行政管理出现严重的混乱，最终迫使中央政府逆转了这一改革进程，开始反对地方分散主义，重新强调中央的集中统一领导。直到改革开放前，中国进行过多次权力下放改革，但都以造成混乱和随后重新集中告终，形成“一放就乱、一收就死”的怪圈。尽管如此，周期性分权与集权带来的一个重要后果是，中央政府在每次中止分权改革时只能收回部分权力，地方政府通过累积每次集权时未能回收的权力，成为行政性分权的净赢家。

1978年之后，随着党和国家工作重点转向现代化建设，中央开始进一步反思权力高度集中的不利影响。邓小平在1978年就深刻指出：“现在我国的经济管理体制权力过于集中，应该有计划地大胆下放，否则不利于充分发挥国家、地方、企业和劳动者个人四个方面的积极性，也不利于实现现代化的经济管理和提高劳动生产率。应该让地方和企业、生产队有更多的经营管理的自主权。我国有这么多省、市、自治区，一个中等的省相当于欧洲的一个大国，有必要在统一认识、统一政策、统一计划、统一指挥、统一行动之下，在经济计划和财政、外贸等方面给予更多的自主权。”在这一思想的指导下，我国开始推行广泛的“放权让利”改革。

在改革中央和地方关系层面，最具代表性的就是以“财政大包干”为核心的经济分权改革。从1980年开始，全国有15个省实行“划分收支、分级包干”的新办法，即划分中央与地方收入和支出的范围，“以收定支，五年不变”。地方的收入与支出挂钩，多收多支，少收少支，自求收支平衡，这一体制被形象地称为“分灶吃饭”。除了下放财权外，中央还进一步扩大地方政府的立法权、经济管理权和干部任免权。这一分权化改革赋予了地方政府在经济管理以及分享财政收益等方面的自主权，调动了地方发展经济的积极性，形成地方主导并推动经济发展的模式，也鼓励了地区之间的经济竞争。

财政大包干虽然激发了地方发展经济的积极性，也带来了一些问题和矛盾，如财政体制不统一、不规范，地区间公共服务水平差距扩大，各地出现重复建设和地方保护主义，中央政府财政收入占比过度下降，削弱了实行宏观调控的能力。为解决这些问题，中央于 1994 年推行分税制改革。一是调整中央与地方的事权、财权划分。中央财政主要承担国家安全、外交和中央国家机关运转经费，负责调整国民经济结构、协调地区发展、实施宏观调控所需的支出。地方财政主要承担本地区政权机关运转支出及本地区经济社会发展所需支出。二是调整中央与地方收入权的划分。按照事权与财权相结合的原则，划分中央与地方的收入。将维护国家权益、实施宏观调控所必需的税种划为中央税；将同经济发展直接相关的主要税种划分为中央与地方共享税；将适合地方征管的税种划分为地方税，建立税收返还制度。分税制在一定程度上理顺了各级地方政府间的责权关系，中央财政收入占财政总收入的比重也从 1993 年的 22% 提高到 1994 年的 55.7%。由于中央财力得到恢复和巩固，中央政府的转移支付力度大大加强，并更多地承担起提供公共产品和服务的功能，如投资于基础设施建设、建立社会保障制度、取消农业税等，这有利于促进基本公共服务的均等化。

总之，通过对中央与地方关系的不断改革和调整，我国逐步形成了中央集权与地方分权相结合的模式，较好地发挥了中央和地方两个积极性。一方面，坚持中央的统一领导，有利于维护国家统一和安全，保持经济社会秩序稳定，建立统一开放、竞争有序的市场体系，制定经济发展长远战略和实施有效宏观调控，调节城乡区域发展差距，促进社会公平正义；另一方面，在中央统一领导下充分发挥地方积极性，有利于地方政府充分利用局部信息优势，为地方提供良好的公共产品和服务，不断完善营商环境，鼓励地方政府从实际出发，大胆试验和创新，形成推动改革和促进地区经济社会发展的内生动力。

二、为高速增长而竞争的“发展竞标赛”

海外学者观察中国改革和发展时都会关注一个独特的现象，那就是中国的地方政府都有推动经济发展的强烈冲动，各级政府积极通过招商引资、产业园区建设、土地交易、城市扩张等手段，推动当地经济快速增长。而且，地方政府之间为推动当地发展进行激烈竞争，形成你追我赶、只争朝夕的“发展竞标赛”。经济学家张五常认为，中国县级政府之间的激烈竞争，造就了“近乎奇观的经济增长”，这一体制“是人类历史上对经济增长最有效的制度”。一些经济学家认为，中国的政治经济体制和政府治理制度，解决了对地方政府官员的激励、信息和资源问题，把地方政府官员的目标和行为引导到促进经济发展，成为理解中国增长奇迹的关键因素。

首先，改革开放以来，中国形成了对地方政府官员的政治激励和财政激励两套互为补充的激励机制。党的十一届三中全会以后，随着党和国家的工作重心从“以阶级斗争为纲”转向“以经济建设为重心”，中央重新确立了发展的量化目标，各地的经济发展绩效成为中央考核和选拔各级政府官员的重要标准，地方各级政府官员把关注的焦点转向本地经济发展。由于 GDP 增长率、财政收入、出口创汇这些指标可以相对客观、直观地衡量一个地区经济发展绩效，因而成为上级政府考核下级政府官员的重要标准。中国行政体制由中央、省、市（地区）、县、乡镇五级构成，“发展竞标赛”可以发生在中央以下的任何一级政府之间，而中国各级政府的部门和职能具有高度同构性和相似性，因此“发展竞标赛”可以在不同层级的政府间推行，层层向下传递，使激励效应不断放大。

在创造政治激励的同时，中央通过不断推进财政体制改革，使各级政府获得推动本地发展的财政激励。20 世纪 80 年代的财政大包干，使地方政府拥有了财政收入索取权，地方政府纷纷致力于发展本地乡镇企业，推动经济发展，增加财政收入。分税制改革以来，地方政府预算内收入的自主支配权下降但提供公共产品的压力加大，这就促使地方加大推动经济发展的力度，以此为基础获取预算外的自主性财政收入，确保地方公共产品供给、GDP 增长等各种目标的实现。

其次，对外开放使得各级地方政府获得了如何引领经济发展的有效信息。1978 年后，随着国门打开，各级地方政府逐渐了解不同经济体的发展经验和教训，以及全球产业发展的路径。在借鉴这些先进经验的基础上，地方政府通过局部的改革试验，先行先试，从中筛选出具有引领本地区产业发展的有效信息。中国改革的一个突出特点，就是通过先试点、后推广的方式循序渐进地推动改革。改革试点不仅为地方政府开辟了获取有效信息的窗口，而且为政府提供了试错和纠错的机制，使地方政府可以通过“干中学”的学习机制，逐步积累经验、探索规律、明确方向，找到适合本地经济发展的路径。以深圳办经济特区为代表的改革开放试点，不仅为中国对外开放积累了成功经验，而且探索出一条从发展“三来一补”型的加工贸易，到发展出口导向型经济，再到形成新的创新发展模式的有效发展路径。

最后，随着行政管理权和经济管理权的逐步下放，地方政府掌握了引领本地经济发展的资源、手段和能力。一是地方获得了获取财政收入和进行财政支出的权力。改革开放以来的历次财政体制改革，使地方政府在财政收入和支出方面拥有大量自主权。尽管分税制后，地方政府财政收入占财政总收入的比重下降，但仍保持在55%左右，远高于法国这样的单一制国家。从财政开支占比来看，中国地方政府所占比重更是高达85%左右，这样的经济分权程度超过大多数联邦制国家，在世界范围居于较高水平。二是地方政府获得了人事任命权。通过干部人事制度改革，使干部任命权从“下管两级”变为“下管一级”，各级地方官员可以直接提名、任命下级官员。这意味着，各级政府官员手中的人事任命权构成激励、协调下级官员的重要制度型工具，成为驱动本地发展的重要政治资源。三是国有产权下放。在改革过程中，许多国有产权被下放到地方政府，使地方政府获得大量经济资源，地方国企成为各级政府推动本地经济发展的重要手段。四是地方政府获得了获取土地出让金的权力。1989年，国务院出台《关于加强国有土地使用权有偿出让收入管理的通知》，规定凡进行国有土地使用权有偿出让的地区，出让土地收入的40%上缴中央财政，60%留归地方财政，两者均主要用于城市建设和土地开发。1994年分税制改革后，土地出让金全部划归地方财政所有，逐渐成为地方政府的“第二财政”，为推动各地城镇化和经济建设发挥了重要作用。

正是由于上述制度设计，中国形成了独具特色的地方发展型政府治理模式，有力地激励各级地方政府官员突破计划体制束缚，勇于试验，敢于创新，相互竞争，不仅为市场化改革持续推进培育了巨大的制度红利，而且将这一制度红利进一步转化为促进经济增长的强劲动力。

三、迈向为高质量发展而竞争

尽管“发展竞标赛”是支撑中国经济高速增长的重要制度因素，但随着中国经济发展进入新阶段，为高速增长而竞争的“发展竞标赛”带来的问题也开始凸显，与高质量发展的内在要求存在一些矛盾。

一是发展目标的异化。尽管经济发展内涵丰富，但在实际操作中各级政府容易把经济发展简单等同于GDP的快速增长。地方政府主要致力于当地经济增长，可能忽视或无力回应本地居民在经济增长之外的诉求，如更加公平的收入分配、更优质的公共服务、良好的生态环境等。二是原有推动发展的手段效益递减。中国经济发展已进入以服务业为主的阶段，加上要素成本上涨，依靠大规模招商引资、产业园区建设、城市扩张等方式推动增长的效果日益减弱。随着中国经济整体上接近世界技术前沿，政府主导下的产业和技术模仿的效果也明显减弱，更需要市场竞争筛选出有前景的技术创新。三是中央和地方财权与事权不匹配。分税制的实行在一定程度上导致各层级政府间财权上收和事权下移，由此引发一系列问题，包括地方公共服务供给不足和不平衡，土地财政兴盛和房地产泡沫化，资源利用粗放和环境污染严重等。四是地方政府围绕GDP展开的增长竞赛也带来了重复建设、地方保护、市场分割、恶性竞争等问题，妨碍全国统一市场的形成。总之，一方面支撑高速增长的发展型治理模式内在弊端显现，另一方面高质量发展对国家治理模式提出更高要求，这就必然推动国家治理模式进一步改革，使各级政府从为高速增长而竞争转向为高质量发展而竞争。

从治理理念角度看，要改变把经济发展简单等同于GDP增长的观念。党的十八大以来，习近平总书记反复强调，“不简单以GDP论英雄”，“既要GDP，又要绿色GDP”，还特别强调“要改进考核方法手段，既看发展又看基础，既看显绩又看潜绩，把民生改善、社会进步、生态效益等指标和实绩作为重要考核内容，再也不能简单以国内生产总值增长率来论英雄了”。这就要求以“创新、协调、绿色、开放、共享”新发展理念为引领，改革现有的政绩考核评价体系，在关注适宜的增长速度的同时，赋予创新、就业、公共服务、收入分配、环境生态等反映经济发展质量的指标以更大权重，将各级政府官员的目标和行为引导到促进高质量发展上来。

从推动发展的方式看，要从“政府主导”“直接干预”向“政府引导”“间接调控”转变。这就要求政府这只“看得见的手”从微观资源配置领域逐步撤出，推动资源配置依据市场规则、市场价格、市场机制，实现效益最大化和效率最优化。政府的职能定位更多转向提供支持市场经济高效、公正、平稳运行的各种制度性公共产品，降低市场运行的制度性交易成本，为鼓励创新和支持公平竞争培育更加良好的制度环境。同时，政府需强化各种社会性公共产品的供给，包括促进高质量就业、完善社会保障体系、加强公共教育和医疗卫生服务、加大生态环保力度等。

从完善中央与地方关系看，要健全充分发挥中央和地方两个积极性的体制机制。进一步理顺中央和地方权责关系，适当增加中央在知识产权保护、养老保险、跨区域生态环境保护等方面事权，减少并规范中央和地方共同事权。赋予地方政府更多自主权，调动地方创造性开展工作的积极性。优化政府间事权和财权划分，建立权责清晰、财力协调、区域均衡的中央和地方财政关系，形成稳定的各级政府事权、支出责任和财力相适应的制度。特别是要健全地方税体系，调整完善地方税税制，培育壮大地方税税源，稳步扩大地方税管理权，使地方政府的财力与其承担的提供局部公共产品、推动地区经济社会发展的职责相匹配，避免出现“中央请客、地方买单”的问题。

第四节　推动经济高质量发展

中国经济经过40多年的持续快速发展，正在步入高质量发展阶段。实现高质量发展要求中国完成发展方式转变、经济结构优化、经济增长动力转换等关键性任务，其核心是在保持适宜的经济增速的基础上，着力提高经济发展的质量和效益，以更好满足人民日益增长的美好生活需要。党的十八大以来，中国在新发展理念的引领下，不断深化供给侧结构性改革，着力打好三大攻坚战，扎实构建现代化经济体系，推动经济发展质量变革、效率变革、动力变革，为全面建成小康社会，进而为开启全面建设社会主义现代化国家新征程打下坚实的基础。党的十九届五中全会进一步把推动高质量发展作为“十四五”时期我国经济社会发展的主题，强调要以深化供给侧结构性改革为主线，以改革创新为根本动力，以满足人民日益增长的美好生活需要为根本目的，统筹发展和安全，加快建设现代化经济体系，加快构建以国内大循环为主体、国内国际双循环相互促进的新发展格局，从而为全面建设社会主义现代化国家开好局、起好步。

一、深化供给侧结构性改革

推进供给侧结构性改革，是以习近平同志为核心的党中央在综合分析世界经济长周期和我国发展阶段性特征的基础上作出的重大战略抉择，是适应和引领经济新常态、推动中国经济高质量发展的必然要求，也是今后一个时期经济发展和经济工作的主线。

随着中国经济进入新常态，经济发展中出现了许多新的特点。一是经济增速换挡，经济增长率已经告别了接近两位数的“高速增长期”，经济增速逐步放缓，增长平台不断下移。二是经济结构调整面临许多阵痛，突出表现为低端产业产能过剩问题严重，大量资源处于低效或无效配置的“沉淀状态”，而满足人民美好生活需要的中高端产品和产业发展不足，一些核心技术、关键零部件依赖大量进口、受制于人的问题比较突出。三是受劳动力供给减少、生活成本上升、投资效率递减、资源环境约束紧张等因素影响，以要素投入和投资驱动为主要特征的粗放式发展难以为继。四是2008年国际金融危机后，中国采取了大规模经济刺激计划，在有效对冲外部经济冲击的同时，也加剧了产能过剩、企业和地方政府债务上升、房地产泡沫膨胀、经济结构调整拖延等问题。种种迹象表明，我国经济面临的困境虽有经济周期性下行因素的影响，但根源在于经济自身的一系列结构性、体制性和素质性矛盾长期累积所致。解决这些问题，单靠扩张总需求难以奏效，必须把改善供给侧结构作为主攻方向，推动经济由低水平供需均衡向高水平供需均衡跃升。

供给侧结构性改革，可以用“供给侧+结构性+改革”这样一个公式加以概括，即从提高供给质量出发，用改革的办法推进结构调整，矫正要素配置扭曲，减少无效和低端供给，增加有效供给，扩大供给结构对需求变化的适应性和灵活性，提高全要素生产率，促进经济持续健康发展。推进供给侧结构性改革，根本目的是提高供给质量，使供给能力更好满足人民日益增长的美好生活需要，这是以人民为中心发展思想的必然要求。主攻方向是减少无效供给，扩大有效供给，提高供给结构对需求结构的适应性，当前重点是推进“三去一降一补”，即去产能、去库存、去杠杆，降成本，补短板。本质属性是深化改革。供给侧结构性矛盾的原因是体制机制障碍导致的要素配置扭曲，因此要推进国有企业改革，加快政府职能转变，深化价格、财税、金融、社保等领域基础性改革，为推进供给侧结构性改革创造条件。让市场在资源配置中起决定性作用，是供给侧结构性改革能否取得成效的重大原则性问题。对于政府作用，强调“更好发挥”，不是“更多发挥”，要集中精力抓好那些市场管不了或管不好的事情。同时，“放手”不是“甩手”，政府要切实履行好宏观调控、市场监管、公共服务、社会管理、保护环境等基本职责。

自2015年以来，供给侧结构性改革取得明显成效。从去产能看，钢铁、煤炭供大于求、产能过剩问题得到缓解，供求关系明显改善，工业品价格回暖，企业盈利能力改善。从去库存看，一、二线城市房地产库存大幅下降，三、四线城市房地产库存扩张放缓。从去杠杆看，宏观杠杆率逐步趋稳，企业部门杠杆率有所下降，地方政府隐形债务扩张态势得到遏制。从降成本看，陆续出台减税降费等政策，企业生产经营成本有所降低，特别是推进放管服改革，降低了市场主体的制度性交易成本。从补短板看，各级政府对农业农村、水利、脱贫攻坚、生态环保投入明显加大。

2018年12月召开的中央经济工作会议指出，我国经济运行主要矛盾仍然是供给侧结构性的，必须坚持以供给侧结构性改革为主线不动摇，更多采取改革的办法，更多运用市场化、法治化手段，在“巩固、增强、提升、畅通”八个字上下功夫。一是要巩固“三去一降一补”成果，推动更多产能过剩行业加快出清，降低各类营商成本，加大基础设施等领域补短板力度。把资源配置到新兴产业、支柱性和成长性产业，培育更大增量空间。二是要增强微观主体活力，发挥企业和企业家主观能动性，建立公平开放透明的市场规则和法治化营商环境，促进正向激励和优胜劣汰，发展更多优质企业，充分激发各类市场主体活力。三是要提升产业链水平，注重利用技术创新和规模效应形成新的竞争优势，培育和发展新的产业集群。抓住新一轮产业革命的机遇，利用好超大规模经济优势，提升产业基础能力和产业链水平，确保我国产业链和供应链的安全稳定。四是要畅通国民经济循环，加快建设统一开放、竞争有序的现代市场体系，提高金融体系服务实体经济能力，形成国内市场和生产主体、经济增长和就业扩大、金融和实体经济良性循环。

二、打赢三大攻坚战

经济从高速增长转向高质量发展并非一件易事。一方面必须通过持续转变发展方式、调整经济结构、转换增长动力，跨越常规性的长期关口；另一方面，必须跨越非常规的我国经济发展现阶段特有的关口，关键是打好防范化解重大风险、精准脱贫、污染防治三大攻坚战。

全面建成小康社会不会一帆风顺，而是会遭遇到各种重大风险挑战，包括经济、政治、意识形态、社会风险和来自自然界的风险。习近平总书记强调："面对波谲云诡的国际形势、复杂敏感的周边环境、艰巨繁重的改革发展稳定任务，我们必须始终保持高度警惕，既要高度警惕'黑天鹅'事件，也要防范'灰犀牛'事件；既要有防范风险的先手，也要有应对和化解风险挑战的高招；既要打好防范和抵御风险的有准备之战，也要打好化险为夷、转危为机的战略主动战。"因此，要强化风险意识和底线思维，通过建立健全风险研判机制、决策风险评估机制、风险防控协同机制、风险防控责任机制，不断提高风险防控能力。

2017 年中央经济工作会议强调，"打好防范化解重大风险攻坚战，重点是防控金融风险"。金融风险具有复杂性、隐蔽性、突发性、传染性，如果处理不好容易引起连锁反应，甚至引发金融危机。在我国经济发展中，存在一些容易诱发系统性金融风险的领域：房地产业与实体经济发展失衡，个别大中城市房地产价格呈现泡沫化倾向；一些地方政府举债行为不规范，债务风险持续扩大；金融监管体系不健全，会出现信用风险、操作风险、道德风险；互联网金融快速发展，也滋生了不少金融乱象。因此，防范和化解金融风险是金融工作的根本性任务。要秉持金融服务实体的本质，引导金融业回归本源、专注主业，才能从根本上防范风险。要进一步深化金融体制改革，坚持市场导向，不断完善多层次金融市场体系，打通从金融到实体经济的“毛细血管”，降低融资成本，提高金融服务实体经济的能力。要坚持结构性去杠杆的基本思路，防止金融市场异常波动和共振，稳妥处理地方债务风险。不断创新宏观调控政策工具，抑制过度金融投机行为。改革金融监管体制，增强金融监管协调的统一性和有效性，及时有效识别和化解各种风险，守住不发生系统性金融风险的底线。

消除贫困、改善民生、逐步实现共同富裕，是社会主义的本质要求，也是中国共产党的重要使命，必须坚决打赢脱贫攻坚战，确保到2020年所有贫困地区和贫困人口一道迈入小康社会。新中国成立以来，我们党带领人民持续向贫困宣战。经过40多年的努力，通过制度变革、经济增长拉动、普惠政策覆盖、专项减贫计划、开发式扶贫、精准扶贫等多种手段综合施策，逐步探索出一条中国特色扶贫开发道路，使7亿多农村贫困人口成功脱贫。中国成为世界上减贫人口最多的国家，也是世界上率先完成联合国千年发展目标的国家，为全球减贫事业贡献了中国智慧和中国方案。

尽管成就巨大，但在全面建成小康社会的征途中，中国脱贫攻坚面临的形势依然严峻。到2012年年底，按照新的贫困线标准，中国仍有多达9899万的农村贫困人口。党的十八大以来，党中央全面深化扶贫领域改革，创新扶贫思路举措和体制机制，明确脱贫攻坚的目标标准，确立精准扶贫、精准脱贫的基本方略，全面打响脱贫攻坚战。“十三五”期间脱贫攻坚目标确定为，到2020年稳定实现农村贫困人口不愁吃、不愁穿，农村贫困人口义务教育、基本医疗、住房安全有保障，简称“两不愁三保障”；同时实现贫困地区农民人均可支配收入增长幅度高于全国水平、基本公共服务主要领域指标接近全国平均水平。

在中央的大力推动下，我国精准扶贫取得巨大成效。从2012年至今，我国使近1亿农村贫困人口脱贫，平均每年有1000万人以上顺利脱贫。目前，我国832个国家级贫困县已经全部脱贫摘帽，消除了绝对贫困和区域性整体贫困，取得了令全世界刮目相看的重大胜利。与此同时，贫困地区农村居民收入快速增长。2019年，贫困地区农村居民人均可支配收入达到11567元，为2013年的1.9倍，年均增长11.3%，超过全国农村平均增速2.3个百分点，进一步缩小了与全国农村平均收入的差距。贫困地区农村居民的居住安全、厕所卫生、饮食安全等生活条件都有了大幅度的改善。

全面加强生态环境保护，坚决打好污染防治攻坚战，是决胜全面建成小康社会的重要保障。随着中国经济快速发展，我国生态文明建设和生态环境保护面临许多困难和挑战。主要是：经济发展同生态环境保护的矛盾突出，资源环境承载能力已接近上限；城乡区域统筹不够，新老环境问题交织，重污染天气、黑臭水体、垃圾围城、生态破坏等问题时有发生。这些问题成为严重的民生之患、民生之痛，也成为决胜全面建成小康社会的明显短板。进入新时代，解决人民日益增长的美好生活需要和不平衡不充分发展之间的矛盾对生态环境保护提出许多新要求，必须加大力度、加快治理、加紧攻坚，打赢污染防治攻坚战，为人民创造良好生产生活环境。

党的十八大以来，党中央提出建设“美丽中国”的宏伟目标。党的十九大进一步把“坚持人与自然和谐共生”作为新时代坚持和发展中国特色社会主义的基本方略之一，作出了加快生态文明体制改革、建设美丽中国的战略部署，明确了推进绿色发展、着力解决突出环境问题、加大生态系统保护力度、改革生态环境监管体制等重点任务。国家先后出台了一系列重大决策部署，修订了《中华人民共和国环境保护法》，从健全法律法规、完善标准体系、健全自然资源产权制度和用途管制制度、完善生态环境监管制度、严守资源环境生态红线等方面，形成了深化生态文明体制改革的战略部署和制度架构，在大气、水、土壤、海洋、饮水安全、减灾防灾、水土保持、防沙治沙等环境保护重点领域全面推进生态文明建设，使我国生态恶化趋势得到遏制，环境改善效果显著。

当前，我国正处于生态环境质量巩固和提升的爬坡期，要在巩固打好污染防治攻坚战成果的基础上，不断完善生态文明制度体系，促进经济发展与生态环境改善的有机统一，为人民群众提供更高质量的生态公共产品。要坚持“绿水青山就是金山银山”的生态文明理念，着力解决突出的环境问题，加大生态保护与修复力度，改革生态环境监管体制，加快构建以生态价值观念为准则的生态文化体系、以产业生态化和生态产业化为主体的生态经济体系、以改善生态环境质量为核心的目标责任体系、以治理体系和治理能力现代化为保障的生态文明制度体系、以生态系统良性循环和环境风险有效防控为重点的生态安全体系，确保到2035年美丽中国目标基本实现，到21世纪中叶建成美丽中国。

三、建设现代化经济体系

党的十九大确立了分两个阶段建设社会主义现代化强国的宏伟发展战略。习近平总书记强调：“国家强，经济体系必须强。”只有形成现代化经济体系，才能更好地顺应现代化发展潮流和赢得国际竞争主动，也才能为其他领域现代化提供有力支撑，确保社会主义现代化强国目标如期实现。

现代化经济体系，是由社会经济活动各个环节、各个层面、各个领域的相互关系和内在联系构成的一个有机整体。这一体系与我国建设“富强、民主、文明、美丽、和谐”的社会主义现代化强国目标要求相契合，能够推动我国经济实现高质量发展。现代化经济体系主要由七个部分构成。一是要建设创新引领、协同发展的产业体系，实现实体经济、科技创新、现代金融、人力资源协同发展，使科技创新在实体经济发展中的贡献份额不断提高，现代金融服务实体经济的能力不断增强，人力资源支撑实体经济发展的作用不断优化。二是要建设统一开放、竞争有序的市场体系，实现市场准入畅通、市场开放有序、市场竞争充分、市场秩序规范，加快形成企业自主经营公平竞争、消费者自由选择自主消费、商品和要素自由流动平等交换的现代市场体系。三是要建设体现效率、促进公平的收入分配体系，实现收入分配合理、社会公平正义、全体人民共同富裕，推进基本公共服务均等化，逐步缩小收入分配差距。四是要建设彰显优势、协调联动的城乡区域发展体系，实现区域良性互动、城乡融合发展、陆海统筹整体优化。五是要建设资源节约、环境友好的绿色发展体系，实现绿色循环低碳发展、人与自然和谐共生的现代化建设新格局。六是要建设多元平衡、安全高效的全面开放体系，发展更高层次开放型经济，推动开放朝着优化结构、拓展深度、提高效益方向转变。七是要建设充分发挥市场作用、更好发挥政府作用的经济体制，实现市场机制有效、微观主体有活力、宏观调控有度。

建设现代化经济体系，要借鉴发达国家经验，更要符合中国国情、具有中国特色。既要整体协调推进，又要重点突破。一是要坚持创新驱动发展，全面塑造发展新优势。坚持创新在我国现代化建设全局中的核心地位，把科技自立自强作为国家发展的战略支撑，面向世界科技前沿、面向经济主战场、面向国家重大需求、面向人民生命健康，深入实施科教兴国战略、人才强国战略、创新驱动发展战略，完善国家创新体系，加快建设科技强国。二是加快发展现代产业体系，推动经济体系优化升级。坚持把发展经济着力点放在实体经济上，坚定不移建设制造强国、质量强国、网络强国、数字中国，推进产业基础高级化、产业链现代化，提高经济质量效益和核心竞争力。三是形成强大国内市场，构建新发展格局。坚持扩大内需这个战略基点，加快培育完整内需体系，把实施扩大内需战略同深化供给侧结构性改革有机结合起来，以创新驱动、高质量供给引领和创造新需求。四是优先发展农业农村，全面推进乡村振兴。坚持把解决好“三农”问题作为全党工作重中之重，走中国特色社会主义乡村振兴道路，全面实施乡村振兴战略，强化以工补农、以城带乡，推动形成工农互促、城乡互补、协调发展、共同繁荣的新型工农城乡关系，加快农业农村现代化。五是优化国土空间布局，推进区域协调发展和新型城镇化。坚持实施区域重大战略、区域协调发展战略、主体功能区战略，健全区域协调发展体制机制，完善新型城镇化战略，构建高质量发展的国土空间布局和支撑体系。六是实行高水平对外开放，开拓合作共赢新局面。坚持实施更大范围、更宽领域、更深层次对外开放，依托我国大市场优势，促进国际合作，实现互利共赢。建设更高水平开放型经济新体制，推动由商品和要素型开放向规则、规制、管理、标准等制度型开放转变。以“一带一路”建设为重点，形成陆海内外联动、东西双向互济的开放格局。加快自由贸易试验区、自由贸易港等对外开放高地建设，同时确保国家经济安全。七是全面深化改革，构建高水平社会主义市场经济体制。以完善产权制度和要素市场化配置为重点，加快完善社会主义市场经济体制，实现产权有效激励、要素自由流动、价格反应灵活、竞争公平有序、企业优胜劣汰。坚持和完善公有制为主体、多种所有制经济共同发展，按劳分配为主体、多种分配方式并存，社会主义市场经济体制等基本经济制度，进一步激发劳动、资本、土地、知识、技术、管理、数据等生产要素的活力。充分发挥市场在资源配置中的决定性作用，更好发挥政府作用，推动有效市场和有为政府更好结合。

第四章

快速推进工业化

全面建成小康社会离不开工业化。工业化是全面建成小康社会的重要组成部分和基础。工业化的进程和质量直接决定着小康社会的水平。

作为经济发展的一个历史阶段，工业化不仅表现为一个国家由落后的农业国转变为先进的工业国的过程，更重要的是由于经济增长和经济结构变化所带来的生产力进步和经济发展质量的提升。工业化是一个国家现代化的基础和前提。新中国成立以来特别是改革开放之后，中国特色的社会主义工业化道路取得了巨大成功。今天的中国，已成为世界第一大工业产出国，非农产业增加值占 GDP 的比重已超过 90%，制造业增加值相当于美日德三国总和，占世界份额的 28% 以上。500 多种主要工业品中有 220 多种产量位居全球第一，原煤、水泥、粗钢、钢材和发电量连续多年居世界首位。一些新兴的工业部门如航空航天、高速列车、电子信息、生物、新能源汽车、新能源、新材料等迅速发展，移动通信、语音识别、第三代核电“华龙一号”、掘进装备等跻身世界前列，集成电路制造、C919 大型客机、高端数控机床、大型船舶制造装备等加快追赶国际先进水平，龙门五轴机床、8 万吨模锻压力机等装备填补多项国内空白。正如习近平总书记指出的："我们用几十年时间走完了发达国家几百年走过的工业化历程。"

第一节　实施工业化战略

落后就要挨打。近现代中国落后的一个重要原因就是错失了前三次工业革命的机会。发达国家无不是抓住了工业革命的机遇实现了工业化和现代化。

一、优先发展重工业奠定了工业化根基

早在 1945 年，毛泽东同志在党的七大报告中指出："在新民主主义的政治条件获得之后，中国人民及其政府必须采取切实的步骤，在若干年内逐步地建立重工业和轻工业，使中国由农业国变成工业国。中国工人阶级的任务，不但是为着建立新民主主义的国家而斗争，而且是为着中国的工业化和农业近代化而斗争。"开国大典的时候，一位军事专家看到阅兵式上受阅的装备，开玩笑地说，除了拉炮车的马是我们国产的，剩下的全是从敌人手中缴获的。这个玩笑一点也不夸张，就是我国当时实际状况的写照。

（一）优先发展重工业有历史的必然性和合理性

新中国成立后，我们党正确分析并及时抓住了当时国际国内的有利形势和条件，选择了优先发展重工业这一快速工业化道路。这条道路有历史的必然性和合理性，应该历史地看待。当时我国选择优先发展重工业的工业化道路，最直接的原因之一是朝鲜战争。两大阵营对峙，国家安全受到严重威胁，西方对我国实施封锁禁运。虽然当时我国在轻工业方面比较有优势，但没有

发展的国际环境，而同时建立独立的工业基础体系又十分迫切。因此，从1953—1957年的第一个五年计划开始，我国借鉴了苏联的“社会主义工业化路线”，集中人力、物力、财力来发展重工业。同时，全面推行农业集体化和工商业国有化，建立单一公有制加计划经济的经济模式。“一五”计划在我国工业化进程中占有突出的位置。“一五”时期，我国工农业总产值达到1241亿元，与1952年相比，增长了67.8%，其中工业总产值增长了128.6%。“一五”计划是公认的计划经济的成功范例。从苏联及东欧国家引进了156个大型建设项目。这些工程的建成奠定了我国工业基础，形成了我国基础工业体系和国防工业体系的雏形。初步学习了现代工业设计、管理运营，培养了一大批管理、规划当代工业的技术人才和技术工人。

1956年2月起，毛泽东同志用一个半月时间听取了中央34个经济部门的工作汇报。在这个基础上经中央政治局几次讨论，毛主席概括出关于十大关系的思想。同年4月25日，毛泽东在中央政治局扩大会议上作《论十大关系》的报告。这“十大关系”分别是：重工业和轻工业、农业的关系；沿海工业和内地工业的关系；经济建设和国防建设的关系；国家、生产单位和生产者个人的关系；中央和地方的关系；汉族和少数民族的关系；党和非党的关系；革命和反革命的关系；是非关系；中国和外国的关系。毛泽东同志关于十大关系的论述，不仅对计划经济时代推动工业化有着重大的指导意义，而且也是改革开放之后我国推进工业化的重要遵循。

（二）工业体系的形成为改革开放奠定了基础

20世纪50年代末60年代初的“大跃进”，确实严重违背了经济发展客观规律，造成经济结构失衡和紊乱，产生了极大的经济困难。好在国家及时纠偏，不久经济就大体恢复了元气。1962年毛泽东同志在“七千人大会”上提出用一百多年的时间赶上和超过世界上最先进的资本主义国家（指美国）的设想。从1964—1974年国家把全国计划内50%的投资和40%的设计与施工力量投入到“三线”建设，保证了几百个大中型骨干项目和数目众多的小型配套工业项目的建设，从而使“三线”企业的许多工业产品数量达到全国的1/3左右，改变了工业的地区分布和地方经济面貌。“文革”十年确实给我国社会主义建设事业造成了灾难性的后果，但工业化建设在此期间还是取得了一些突出的成就。例如，建成了9条铁路线和一座长江大桥，发现了5个大油田，发射了15颗卫星和一枚远程地地导弹，爆炸了一颗氢弹等。石油、天然气、乙烯、手表、收音机、电视机和照相机的产值增幅很大。到1975年年底，原油加工能力达到了6000多万吨，是1965年的4.8倍，为新兴的现代石油化工的发展奠定了基础。这个时期我国的机械工业也发展了一批重大新设备，如模锻水压机、高精度精密机床、冷加工成套设备、炼油成套设备、高压输变电设备、火力发电成套设备等。在这十年里，我国的电子工业发展迅猛。收音机、电唱机、录音机、电视机等增长了11—53倍，电子元件、半导体分立器件、电子应用产品、无线电通信导航设备、电子管等增长6—85倍。1966年我国研制出第一块集成电路并实现了批量生产，1976年达到了2000万块以上。

总之，经过新中国成立之后改革开放之前将近30年的发展，我国初步建立了以国有企业为主体的工业化体系，为改革开放奠定了技术、物质和人才基础。据统计，改革开放前30年我国GDP年平均增长率是7.4%。工业年平均增长率为13.5%。工业总产值增长了38.2倍。军工科研生产取得了巨大成就，“两弹一星”取得了巨大成功，建立了相对完整独立的军工体系。培养了一支由管理干部、技术人才、技术工人组成的工业发展队伍，为改革开放奠定了承接外来先进技术和先进工业生产力的工业基础。进出口贸易增长

17 倍。在受到封锁的国际环境中，我国仍然想方设法进行了技术引进。例如，引进了法国贝利埃重型商用车技术，引进了 13 套大化肥装备，引进了日本维尼纶成套设备，等等。

二、改革开放开创中国特色社会主义工业化道路

1978 年开始的改革开放标志着中国的工业化进入了一个新的历史时期。1978 年国家领导人密集出访。邓小平同志出访了日本，参观了新日铁、东芝电器和日产公司，知道了什么是现代化；乘坐了新干线，体会了速度快，有催人奋进的感觉。当时我国火车的时速是 40—60 公里，而新干线的时速是 250 公里。出访期间，邓小平同志就表示，要虚心学习，了解与学习先进技术和管理经验，学习发达国家一切有用的东西。邓小平同志的认识成为领导层的共识，最终形成了党的十一届三中全会改革开放的战略决策。

（一）对外开放：发挥比较优势加速工业化

1979 年我国颁布了《中华人民共和国中外合资经营企业法》，这是我国社会主义建设中的一件大事，在国内外引起了强烈反响和极大关注，目的是为了更有效地吸引外资，更好地利用外国先进技术、设备和管理经验发展生产力。在制定该法时，时任全国人大常委会委员的荣毅仁根据我国的具体国情现状，对原草案中规定“外方投资比例不得高于百分之五十”这一条提出，在外方投资比例上可以只定下限，不定上限。他建议可规定“外国合营者的投资比例一般不低于百分之二十五”，这样有利于最大程度地吸引海外资本。第五届全国人大常委会委员长叶剑英对他的建议非常重视，报告了邓小平同志。这个大胆的想法立即得到邓小平同志的肯定并被该法第四条采纳。因此，从 20 世纪 80 年代开始，我国不断加速对外开放的进程，同时进入加

速工业化时期。在接受外商直接投资方面，我国成为全世界最为宽容的国家之一。

国际产业分工深化，我国拥有大量的剩余劳动力、广阔的市场空间和比较好的工业基础，这为发达国家产业转移提供了很好的要素条件。“三来一补”，即来料加工、来件装配、来样加工和补偿贸易，成为当年的主要合作模式。利用国内低成本优势，通过“两头在外”即原料在外、市场在外的业务模式，为国际企业代工，赚取基本加工费，形成了中国制造的初期形态。1984—1988 年大约有 45% 的外商投资协议金额投向工业部门。1988 年国家扩大了沿海开放地区，进一步完善了外商投资环境，加上港台投资因两岸关系松动出现热潮，这些因素促使外商对工业投资，特别是出口加工工业投资大量增加。1980 年代末期以后，外商投资的工业项目迅速增加，到 1990 年代初期已占支配地位。1991 年全国批准外商投资企业项目中工业类项目占到了 90%；协议外资金额占比达到了 80%，工业部门外商投资已占绝对优势。

（二）结构调整推动工业化协调发展

针对改革开放前重工业优先发展造成的工业内部结构失衡问题，党中央和国务院进行了有针对性的结构调整。从 1979 年开始，国家有计划地放慢了重工业的发展，采取一系列积极措施发展轻工业。轻工业与人民生活密切相关，衣食住行关系人民的获得感和幸福感。从火柴、铁钉都要靠进口，到凭票供应自行车、缝纫机、电视机，再到竞相抢购“四大件”。从 20 世纪 80 年代开始，国家大力发展消费品工业，仅引进冰箱、洗衣机生产线就拿出了 4 亿美元的外汇，短短几年时间里，我国电视机、冰箱、洗衣机、空调的产量就相继跃居世界第一，琳琅满目的商品让老百姓挑花了眼。到 1985 年前后，轻工业品短缺的局面发生了根本转变，过去是供不应求，量的矛盾比较突出。

此时突出的矛盾转变为质的矛盾，老百姓对某些类别的商品开始挑剔了。现在我国的轻工业发展已经发生了翻天覆地的变化，我国拥有世界上门类最多、制造能力最强的消费品工业，100 多种轻工产品的产量居世界第一。没有买不到的，只有想不到的。

同时，国家对重工业的内部结构也作出了调整，改变过去长期存在的重工业自我服务自我循环的局面，为农业、轻工业和人民生活需要生产更多的产品。例如机械工业积极为轻纺工业、人民生活、城市建设、老企业技术改造和扩大机电产品进口提供设备，各种中小型机电产品快速增长；化学工业将重点放在了解决老百姓“衣食住用行”上，为轻工、纺织、电子、建材等工业提供配套的原材料，为农业提供化肥农药等。这个时期，工业发展也存在一些制约因素，能源电力和交通运输依然制约着工业的有效增长，原材料工业的发展仍落后于加工工业，这对整个工业的高速、高效发展和产业结构的高度化具有较大的不利影响。

结构的调整伴随着工业经济体制改革的不断深入。1984 年党的十二届三中全会通过了《中共中央关于经济体制改革的决定》。从这一年开始，以工业领域为突破口和主攻点，计划经济的清规戒律一个个被打破。价值规律、价格改革、经济刺激等市场经济运行机理和原则，逐步得到承认和实行。允许非公有制经济（企业）的发展，并逐步扩大非公有制企业可以进入的产业领域。其间，许多地方的乡镇企业也在计划体制的夹缝中成长起来，农村工业发展成为中国工业化的一个突出特点。特别是，中国经济体制改革从一开始就采取了以对外开放打破僵化体制，为改革探索道路和获取借鉴的思路。因此，允许和鼓励外商投资成为突破计划经济体制和探索改革道路的重大战略举措。这样，经济体制改革为国有企业、私营（民营）企业和外资企业的“三分天下”企业结构基本格局的形成，埋下了伏笔。

（三）企业改革推动工业化战略深入实施

企业改革，当时称之为整顿，大体可分三个阶段：第一阶段是从1977年到1981年年底，以学大庆和贯彻实施1978年4月20日《中共中央关于加快工业发展若干问题的决定（草案）》（简称“工业三十条”）为主要内容的恢复性整顿。第二阶段是从1982年到1985年，以贯彻实施《中共中央、国务院关于国营工业企业进行全面整顿的决定》为主的全面性整顿。第三阶段是在全面整顿的基础上，以企业升级为主要形式的建设性整顿。以1977年召开的全国工业学大庆会议为标志，拉开了全国整顿企业的序幕。企业是落实工业化的主体，如何调动企业的积极性成为经济体制改革的核心问题。扩大国有企业自主权成为关键。1978年10月，扩大工业企业自主权的试点工作在四川进行。通过企业基金、利润留成等方式扩大企业财务自主权，将国营工厂变成国营企业。1983年2月开始对国营企业实施“利改税”，同年4月国务院颁布了《国营工业企业暂行规定》，首次对企业的法人地位作出了规定。这个时期改革的核心是为国营企业“松绑”，实施了承包经营责任制、租赁制，还在一些企业试行了股份制改革。曾经担任国家计委副主任、国家经委主任的袁宝华同志回忆说：“我曾经用朱熹的两句诗来说明当时承包制的意义，‘问渠那得清如许，为有源头活水来’。承包就等于打开了企业创造财富的源泉，好像打开的自来水龙头，长流不断；不会像一杯水那样，你多喝了，我喝得就少了。所以承包给企业带来了生机。”例如，作为承包经营责任制的试点企业首钢，在试点之后极大地激发了职工的积极性，实行了有差别的奖励制度，打破了平均主义，出现了前所未有的大好局面。试点之后的三年里，净利润年均增长45%，上缴利润年均增长35%，上缴利润加税金年均增长28%，创历史最高纪录。更为重要的是，首钢利用企业留成资金进行技术改造、节能减排和治理污染取得很大成效。同时还将留成资金的一部分用于支付职工医疗费、福利费、救济费和奖金，形成了调动职工积极性的动力机制。由于有了产品销售权，首钢自主销售的产品占比达到了16%以上，企业经营的市场化体系基本形成。

全面整顿完成后，企业改革进入新的阶段，即企业升级阶段。企业升级是企业整顿的继续和发展，是推进管理和技术进步的一种新形式。升级的方式一靠技术进步，二靠管理。为此，1986年7月，国务院颁布了《关于加强工业企业管理若干问题的决定》，把提高产品质量、降低物质消耗和增强经济效益作为考核企业管理水平的主要指标。1992年党的十四大报告首次将全民所有制企业由过去的“国营企业”改为“国有企业”。这不仅仅是名称的改变，而是标志着我国企业进入了一个以产权制度改革为基础的制度创新发展新阶段。到2000年，国有大中型企业建立现代企业制度的改革取得重大进展，多数国有重点企业进行了公司制改革，其中相当一部分重点企业在境内外上市。

第二节　兴办乡镇企业

小康不小康，关键看老乡。经过几十年的发展，乡镇企业已经成为农村经济的重要组成部分。一方面，乡镇集体企业的集体资产约占整个农村集体资产的80%，巩固了社会主义公有制经济的主体地位。另一方面，乡镇私营企业的数量和质量都在不断上升，为当地政府带来大量税收，带动了基层经济的整体发展和老百姓收入的增长，有力地推动了农村经济的发展，为乡村振兴战略的全面实施提供了保障。

一、乡镇企业异军突起

自改革开放以来，中国的乡镇企业创造了一个又一个奇迹，例如，具有侨乡特色的“晋江模式”，走内源发展以“块状经济”为特征的浙江模式，为我国的经济高速发展增添了浓墨重彩的一笔。乡镇企业的异军突起和迅速发展，开创了一条具有中国特色的农村工业化道路，它极大地改变了我国城乡二元结构的旧貌，改写了中国经济版图，提升了广大人民群众的福祉，增强了国家经济的发展活力。

1987 年 6 月，邓小平同志会见南斯拉夫共产主义者联盟中央主席团委员科洛舍茨，在谈到中国的农村经济体制改革时，他十分高兴地说：“农村改革中，我们完全没有预料到的最大的收获，就是乡镇企业发展起来了，突然冒出搞多种行业，搞商品经济，搞各种小型企业，异军突起。这不是我们中央的功绩。乡镇企业每年都是百分之二十几的增长率，持续了几年，一直到现在还是这样。乡镇企业的发展，主要是工业，还包括其他行业，解决了占农村剩余劳动力百分之五十的人的出路问题。农民不往城市跑，而是建设大批小型新型乡镇。如果说在这个问题上中央有点功绩的话，就是中央制定的搞活政策是对头的。”1992 年春天，邓小平同志再次讲道：“一九八一、一九八二、一九八三这三年，改革主要在农村进行。一九八四年重点转入城市改革。经济发展比较快的是一九八四年至一九八八年。这五年首先是农村改革带来许多新的变化，农作物大幅度增产，农村收入大幅度增加，乡镇企业异军突起。”

20 世纪 70 年代末 80 年代初，乡镇企业（当时称为“社队企业”）的发展十分喜人。在一些发展较快的地区如苏南、杭嘉湖、珠江三角洲、山东半岛一带的部分县（市）农村，已不是以农为主，而是以工为主了。中国乡镇企业的发展深刻地改变了农村经济单纯依靠农业发展的格局。1978 年，社队企业总产值只相当于当年农业总产值的37%左右。1984 年 3 月，中共中央 4 号文件，同意农牧渔业部（现农业部）将社队企业改名为乡镇企业，并指出：“乡镇企业已成为国民经济的一支重要力量，是国营企业的重要补充。”1996 年颁布实施的《中华人民共和国乡镇企业法》明确把乡镇企业定义为：农村集体经济组织或农民投资为主，在乡镇（包括所辖村）举办的承担支援农业义务的各类企业。但在实际中，所有成立于农村地区、由农村集体经济组织或农民投资和组建的企业都被称为乡镇企业，即乡、镇、村的集体企业，农民组办、联户办和个体办的企业。

乡镇企业异军突起，不仅为日益尖锐的大量农村剩余劳动力问题找到了非农就业的新路径，壮大了集体经济，也有力地促进了农村城镇化，同时改造、引导、教育、培养了一批农民，使他们真正成为产业工人。乡镇企业是农村工业化的主体，利用城市工业淘汰的二手设备，星期日工程师和国营企业退休但仍富有“余热”的技术人员，瞄准巨大的消费市场空白，高效运转，以品质不高但价格低廉的产品迅速占领了市场，在建材、冶金、酿造、服装、纺织、化工等行业全面开花。1980—1996 年，农村工业化创造了规模惊人的 1.35 亿个工作机会，占到农业就业率的 1/3，是农业富余劳动力的一半，实现出口 6008 亿元，总产值高达 1.8 万亿元。1980—1988 年，全国轻工业产品市场供给能力增加的份额中，乡镇企业的贡献占 32%。1988 年主要消费品产量中，乡镇企业提供的电风扇占全国的 45.5%，丝织品占 68.7%，尼绒占 52.1%。1997 年，乡镇企业缴纳的税金占全国财政总收入的 17.7%，占全国地方财政收入的 35.8%。凡是农村工业化发达的地区，也是地方财政收入较好的地方。农民收入有 1/3 甚至 2/3 来自乡镇企业。同时农民收入的不断增加又为城市经济注入了强大动力。

二、乡镇企业成为中国经济最活跃的部分

1992 年是乡镇企业发展的又一个春天。乡镇企业的发展有了更加宽松的环境。乡镇企业成为中国经济最活跃的部分，全国工业产值中“三分天下有其一”。乡镇企业成为我国社会主义市场经济中生机勃勃的力量。1996 年之后，我国告别了短缺时代，开始进入买方市场，“村村点火、户户冒烟”的发展模式带来了“小而全、小而乱”等一系列规模不经济、严重污染等问题，这对乡镇企业的发展提出了新的要求。从此，乡镇企业发展进入提质增效期。如今，一批优秀的乡镇企业经过多年市场历练，不断深化改革成长为知名上市公司，例如福耀玻璃、万向集团和三一重工，等等。

被美国前总统奥巴马搬上大屏幕（纪录片《美国工厂》）的福耀玻璃，曾经是一家乡镇企业。1976 年曹德旺到高山玻璃厂当采购员，这个厂是一个乡镇办的，投了十几万元在里面，1976 年到 1982 年，6 年的时间换了 7 个厂长，企业一直亏损。1983 年中央一号文件《当前农村经济政策的若干问题》里有一条，允许社队企业承包给个体户经营。1983 年 4 月包括曹德旺在内的 5 个人承包了这家企业，当年 8 个月就赚了 20 多万，曹德旺的合伙人吵着要把钱分了走人。那时候一个人能分 2 万块是很厉害的，相当于现在几十万甚至上百万。曹德旺回忆说：“我说为什么呢？他跟我说，你是傻帽。党的政策像月亮，初一、十五不一样。”他们拿着钱真的走了。1984 年只剩下曹德旺一个人，当年就赚了几十万。这一下让曹德旺坚定地相信，改革开放的政策是真的。

万向集团创建于 1969 年，从鲁冠球以 4000 元资金在钱塘江畔创办农机修配厂开始，销售收入以年均 26% 递增的速度，发展成为营收超千亿、利润过百亿的现代化跨国企业集团。鲁冠球可能是中国乡镇企业最早的产权制度

改革者和闯关者。他没有为自己争取股份，通过产权改革，获得了企业绝对控制权，企业也没丧失“集体经济”的地位。1992 年，他又通过产权清晰的方式剪断乡镇企业与当地政府模糊不清的产权关系，为企业的独立发展注入基础动能。鲁冠球曾经回忆：那是 1982 年的一天，萧山召开会议传达中央关于在农村实施家庭联产承包责任制的政策精神。那是一次千人大会，我坐在台下，听到县委书记说乡镇企业也可以实行承包责任制，我马上站起来，大声说：“我要承包!”最后我以自家地里的龙柏苗木折价 2 万元作抵押，和乡政府签订了承包合同，承包期为 3 年，第一年毛利要比上一年增长 13%，以后每年递增 10%，超额完成按比例奖励，完不成的话用家产补偿。为了表示我的决心和信心，我把每年的递增指标从 10% 提高到 20%，并对承包合同进行了公正。于是，万向成了国内第一家实行个人风险承包的乡镇企业。承包第一年效益出来了，超额完成承包指标，我可以拿 87000 元的奖金。但这 87000 元我一分也没有要。当时我要拿这笔钱名正言顺，但在当时就会大大超出一般人的心理承受能力，职工就会想你承包就是为了发财，职工的心就会散掉。也许当初我要了这 87000 元钱，就没有今天 400 多亿元总营业收入的万向了。那 3 年承包奖金将近 45 万元，我几乎都用于工厂培养人才和建造乡村小学了，因为我想让职工知道，我来承包就是要经营自主权，是要带领大家共同把企业办得更好。后来，我们搞产权改革、股份制改造都很顺利。到 1994 年，万向就成为中国第一家上市的乡镇企业，改革也一步步深化下去了。

第三节　打造世界工厂

2001 年加入 WTO 是我国改革开放和工业化进程中非常重大的事件。联合国贸发会议《2001年世界投资报告》的调查数据表明，2001年世界500强公司中有近400家在中国投资了200多个项目，全球最主要的电脑、电子产品、电信设备、石油化工等制造商，不断地把其生产企业和研发机构迁至中国。中国已连续多年成为发展中国家吸收外商投资最多的国家。越来越多的跨国公司，把中国作为其市场销售、原材料采购、新产品研发和人力资源开发等方面的主要基地。

以此为契机，我国快速融入全球大市场分享全球化红利，发挥成本、性价比、门类齐全和规模化生产等优势参与全球价值链分工，成为世界工厂，多种产品出口额跃居世界第一，高科技产品出口也超过美国跃居第一，并保持长期顺差，2005年就已超过2000亿美元。国内优秀制造企业开始走向全球，机床、汽车等行业的国内大型制造企业也成功进行了国际并购。

一、抓住全球化红利，加速融入全球产业链条

“世界工厂”是对世界制造业中心的形象说法。在近现代世界经济发展历程中，英、美、日三国曾先后担当此角色。从18世纪30年代开始，英国凭借蒸汽机的发明和使用成为第一次工业革命的先驱。到了19世纪中叶，随着工业革命的完成和机器大工业的普遍建立，英国以其发达的纺织、采煤、炼铁、机器制造和海运业确立了其世界工厂和世界贸易的中心地位。在19世纪前70年，仅占世界人口2%左右的英国，工业生产和世界贸易分别占到世界的1/3到1/2和1/5到1/4。进入20世纪，新兴工业兴起，全球制造中心日渐移至美国。第二次世界大战后，日本从战争废墟上开始经济复兴，在20世纪70—80年代，“世界工厂”的桂冠转到了日本头上。日本在钢铁、石化、汽车制造、半导体等重点产业形成了竞争优势，确立了美国之后新的全球制造中心的地位。但日本制造业的绝对规模从未超过美国，制造业占全球

的比重也没有超过美国。

随着我国加入 WTO，世界工厂第一次被我国公众所熟悉。2001 年日本通产省发布的白皮书第一次将中国称为“世界的工厂”。统计数据显示，1999 年世界彩电市场上销售的彩电有四成是中国生产的。当时世界上顶尖的彩电大企业如松下、东芝、三洋和三菱等都已经将彩电生产的主要基地转移到了中国。世界市场上的复印机，在中国制造的大致占到六成。从公开出版的文献资料看，我国能不能成为世界工厂的讨论，最早出现在 2001 年 6 月的《机电信息》杂志上。该杂志的“每期视点”刊登了题为《中国成为“世界工厂”不再是梦》的文章。但当时在国内人们普遍认为我国还不是世界工厂，未来有可能成为世界工厂。这主要是考虑到虽然我们有规模大和劳动力多等优势，但在技术创新和产业根基等方面与过去作为世界工厂的国家相比仍存在较大差距。

东莞是我国成为世界工厂的一个缩影。它紧紧抓住亚洲“四小龙”进行产业转移和升级这一机遇，利用一系列适于加工工业的特点，如地盘大、劳动力廉价等吸引了大量的加工工业涌进。从那以后，东莞经济以平均每年 22% 的速度增长。2004 年，东莞在全国 600 多座城市中脱颖而出，被评为综合实力百强城市，并进入前 10 名。东莞共有工业企业 2 万多家，其中外商投资企业 1380 多家，全球知名企业如美国的杜邦、荷兰的飞利浦、芬兰的诺基亚、韩国的三星、日本的东芝等，纷纷落户东莞。东莞制造的智能手机、电子元器件以及服装、鞋帽等产品产量位居全国乃至全球前列，畅销世界各地。东莞还是阿里巴巴的重要货源地，淘宝上一年数千亿元的交易额中，近三成就是“东莞制造”。2014 年全球智能手机出货量达到了 11.67 亿部，其中，中国智能手机品牌出货量达到了 4.5 亿部，占据全球智能手机出货量的 40%。东莞智能手机出货量 2.3 亿部，约占全国半壁江山、全球的 18%。

二、坚持走中国特色新型工业化道路：工业化与信息化融合发展

针对我国工业化取得的成就、存在的问题以及未来面临的机遇和挑战，党的十六大报告明确提出走新型工业化道路。报告指出，坚持以信息化带动工业化，以工业化促进信息化，走出一条科技含量高、经济效益好、资源消耗低、环境污染少、人力资源优势得到充分发挥的新型工业化路子。这标志着中国工业化由原有的粗放式增长逐步转变为以“全面、协调、可持续”为先导的集约式增长的重大转变。

20 世纪 90 年代末由于计算机和互联网的蓬勃发展，全球迎来了信息革命，信息通信技术产业（ICT）成为国民经济的重要组成部分，深刻改变着人类生产和生活方式。我国在整体进入工业化中后期的同时遇上了信息化。推动信息化与工业化融合发展，既是重大的战略机遇，也需要解决一些深层次矛盾。2008 年国家成立工业和信息化部的目的之一就是为了推进信息化与工业化的深度融合，发展现代信息服务业。2008 年金融危机之后，发展战略性新兴产业成为世界主要国家抢占新一轮经济和科技发展制高点的重大战略。2010 年 10 月，我国发布了《国务院关于加快培育和发展战略性新兴产业的决定》，将节能环保、新一代信息技术、生物、高端装备制造、新能源、新材料和新能源汽车列为七大战略性新兴产业大力发展。在党的坚强领导下，我国工业在产业结构优化、节能减排等方面取得一系列创新成果，基础设施全面加强，创新型国家建设成效显著。

2010 年我国制造业产出占世界的比重为 19.8%，超过美国成为全球制造业第一大国。进出口商品结构不断优化。在出口总额中，工业制成品占比由 2002 年的 91.2% 提高到 2011 年的 94.7%；机电产品由 48.2% 提高到 57.2%；高新技术产品由 20.8% 提高到 28.9%。在该阶段，我国工业以调整

改造传统产业和培育发展战略性新兴产业为突破口，大力推动由传统制造业向现代制造业的转变。同时，对能源、资源密集型重化工业进行了重点调控，采取“上大压小”措施，加大兼并重组和淘汰落后产能力度，有效促进了工业整体素质和国际竞争力提升。仅“十一五”期间全国就淘汰了50%的落后产能。关闭了部分造纸、化工、纺织、印染等重污染企业。煤炭、钢铁、水泥等行业兼并重组稳步推进，产业集中度明显上升。高技术制造业规模不断扩大。2011年我国规模以上高技术制造业增加值占全部规模以上工业的比重为9.1%，装备制造业增加值占规模以上工业增加值的28.9%，比2005年提升0.2个百分点。装备制造业总量规模位居世界前列。重大技术装备自主化水平也有了显著提高，自主创新能力和核心技术掌控能力显著增强。特高压输变电设备等部分领域装备产品技术水平已跃居世界前列。

第四节　维护产业链供应链安全

党的十八大召开标志着我国工业化建设进入决胜全面建成小康社会的新阶段。我国拥有最完整的工业链条，是全球产业链、供应链和价值链重要组成部分，并且发挥着越来越重要的作用，对全球各国经济社会发展和人民福祉的提升作出了突出贡献。

一、强化创新驱动，全面提升产业链供应链现代化水平

党的十八大报告对中国特色新型工业化道路作出了新的设计和部署：“坚持走中国特色新型工业化、信息化、城镇化、农业现代化道路，推动信息化和工业化深度融合、工业化和城镇化良性互动、城镇化和农业现代化相互协调，促进工业化、信息化、城镇化、农业现代化同步发展。”2013年9

月 30 日习近平总书记在主持第十八届中共中央政治局第九次集体学习时指出：“我国现代化与西方发达国家有很大不同。西方发达国家是一个‘串联式’的发展过程，工业化、城镇化、农业现代化、信息化顺序发展，发展到目前水平用了二百多年时间。我们要后来居上，把‘失去的二百年’找回来，决定了我国发展必然是一个‘并联式’的过程，工业化、信息化、城镇化、农业现代化是叠加发展。”四个“化”同步发展，对我国工业化发展提出了更高要求。党的十八届五中全会提出的五大发展理念的为我国工业高质量发展，构建产业新体系，加快制造强国建设，指明了方向。

当前，在新一代信息技术、高端装备、新能源新材料等先进制造领域，我国已经从跟跑为主，转入了跟跑、并跑、领跑并存的新阶段。产业链供应链现代化水平不断提升。2017 年 9 月 21 日，G10 次“复兴号”从上海虹桥站驶出。该动车组构建了体系完整、结构合理、先进科学的技术标准体系。在 254 项重要标准中，中国标准占 84%。最重要的是包括整体设计及车体、转向架、牵引、制动和网络等在内的关键技术都由我国自主研发，具有完全自主知识产权。美国前总统奥巴马曾在其国情咨文中坦承：“美国铁路技术比中国落后了十年。美国上百年来一直走在世界前列，我们没有理由让中国拥有最快的高铁。”目前已经贯通 2.5 万公里线路的中国高铁无疑是中国制造的一张“国家名片”。中国高铁同时在高速铁路、高原高寒铁路、重载铁路等领域实现创新突破，国内纵横交错的高铁网络运营里程占世界高铁总量的 2/3，形成了一个完整的高铁产业链，包括了各个细分领域的大量主导企业。“华龙一号”是采用国际最高安全标准研发设计的第三代大型先进压水堆核电技术，我国具有完整的自主知识产权。“华龙一号”已经成为我国“走出去”的另外一张“国家名片”，出口一座“华龙一号”核电站相当于出口 200 架商业客机，并带动我国装备制造业 5400 多家企业“走出去”，不断提升着“中国制造”和“中国智造”的产业链水平和影响力。第五代移动通信网络简称5G。我国在5G产业链具有国际竞争优势。2016年11月17日华为公司在国际5G短码方案讨论会上胜出；2019年6月我国正式发放了4张5G商用牌照，标志着我国5G开始商用，走在了世界前列。受中美贸易摩擦的影响，包括华为在内的众多中国企业，已经将供应链可控纳入发展战略，华为实施了“备胎计划”，国产替代为国内相关企业提供了发展机遇，三大电信运营商共建共享5G网络为提升产业链供应链现代化水平提供了广阔市场空间。通信网络正在演变成下一代互联网、工业互联网，以及依赖于这一基础设施的下一代工业系统的中枢神经系统，5G技术处于工业世界的中心。5G不仅带来更宽的带宽、更高的速率，5G更大的发展在于其所定位的应用场景、产业应用和大量未知的应用创新。例如，5G凭借其低时延、低功耗、大连接、高可靠，将碎片化的信息整合到瞬时的、全感知的智能系统，大规模应用于工业制造、智慧城市、数字农业等领域，推动工业化、信息化、城镇化和农业现代化的协同发展，实现从“中国制造”到“中国智造”和“中国创造”的转变。

二、维护产业链供应链安全

近年来，保护主义、单边主义抬头，对我国工业特别是制造业实施打压和封锁，试图隔断已经形成的日益完善的全球产业链条，威胁着我国产业安全和经济安全。2020年突如其来的新冠肺炎疫情，对全球产业链供应链的稳定性和安全性造成了严重威胁。维护产业链供应链安全稳定成为当务之急。2020年5月14日中共中央政治局常务委员会召开会议强调，要在做好常态化疫情防控的前提下，继续围绕重点产业链、龙头企业、重大投资项目，打通堵点、连接断点，加强要素保障，促进上下游、产供销、大中小企业协同复工达产。要加快推动各类商场、市场和生活服务业恢复到正常水平，畅通产业循环、市场循环、经济社会循环。要加强国际协调合作，共同维护国际产业链供应链安全稳定。

（一）门类齐全的工业体系和超大市场优势为维护产业链供应链安全提供强大了产业韧性和市场空间

我国作为全球制造业中心的地位难以撼动。有可能取代中国的国家要么体量太小，无法吸收中国庞大的加工和装配贸易，要么缺乏技术和供应链来处理更复杂的生产工艺，同时缺乏支撑生产加工的基础设施。目前，我国拥有41个大类、207个中类、666个小类工业行业生产能力，涵盖劳动密集型、资本密集型、知识密集型、技术密集型等全部产业类型，知识密集型和技术密集型产业比重日益攀升，高技术制造业增加值占规模以上工业增加值比重达到13.9%，产业配套日益完善，成为全球唯一拥有联合国产业分类中所列全部工业门类的国家。我国已经有129家企业进入世界500强，超过美国，位列全球第一。这其中不乏创新能力很强的华为、阿里巴巴、腾讯、吉利、格力、海尔等企业。

新冠肺炎疫情的爆发和蔓延，一方面考验了我国工业化水平和能力，另一方面也为我国提升工业质量实现高质量工业化提供了机遇。我国是公认的制造业大国，也是防疫和医疗物资生产和出口大国。我国抗击疫情的成效、提供防疫物资的行动证明，中国是全球产业链供应链上不可或缺的重要力量。随着我国国内市场的崛起、消费能力的提升，为形成以国内大循环为主体、国内国际双循环相互促进的新发展格局，培育新形势下我国参与国际合作和竞争新优势奠定了强大的市场需求根基。短期看，疫情境外蔓延，率先走出疫情的我国可以把握住国内市场规模巨大、工业体系完整、基础设施完备等优势，促进产业链协同复工复产达产，维护国内产业链供应链的稳定性和竞争力；中长期来看，可以抓住契机集中力量补齐产业链供应链“短板”。例如，通过加快5G网络、数据中心等新型基础设施建设，将会增强产业链供应链的灵活性，维护我国产业链供应链的完整性。基于全球产业链数字化的趋势，我国也正在积极布局新型基础设施，以建立数字经济产业链的集群优势。2019年我国数字经济规模为35.8万亿元，占GDP比重达36.2%。2020年已经在5G、大数据、云计算等领域形成了上万亿元的新基建投资规模。

（二）无可比拟的制度优势为维护产业链供应链安全提供了根本保障

疫情发生以来，我国制度优势不断彰显。在党的集中统一领导下，围绕纾解企业困难、畅通供应链循环、支持产业链协同复工复产，各地区各部门迅速出台了多项政策措施全力保障产业链、供应链稳定。一是千方百计落实已经出台的各类支持复工复产的财税、金融、社保、用工、房租等政策措施。二是紧紧围绕重点产业链和重大投资项目打通堵点、疏通难点、补上断点。支持企业实施技术改造和突破瓶颈制约，补短板、强弱项，增强产业链供应链的弹性、韧性和现代化水平。疫情之后，工业和信息化部搭建了重点行业产业链对接平台，密切跟踪20多条重点产业链，调度保障130多家核心企业，带动上下游60多万家中小企业复工复产，努力保持了产业链和供应链稳定，推动了工业经济运行总体平稳向好。

危就是机，我们党始终善于在危中寻机。党的十九届五中全会进一步明确要牢牢把握扩大内需这个战略基点，畅通国民经济循环，打通从生产、分配到流通、消费等各环节的堵点。习近平总书记强调：“要围绕产业链部署创新链、围绕创新链布局产业链。”这不仅对疫情冲击下企业复工复产具有重要指导意义，也为发挥新型举国体制优势提升产业链供应链现代化水平指明了方向。强化国家战略科技力量，突出战略导向，聚焦聚力协同创新，对关键领域、关键环节和关键产品进行集中攻关已成为共识，关键核心技术的研发攻关体系正在形成。美国的封杀和脱钩推动了我国领头企业联合科研院所、中小企业融通创新的积极性和主动性，加快了先进适用技术研发的步伐，强化了各类创新主体坚持自主创新和实现科技自立自强的使命感和责任感。

（三）积极有为的对外开放为维护产业链供应链安全提供了强大支撑

开放合作是符合世界经济运行规律的客观需要，也是驱散疫情阴霾的重要武器。尽管个别国家和个别人借疫情炒作经济“脱钩”，鼓噪产业链转移，甚至试图人为切断全球产业链供应链，但应当看到，任何违背时代潮流和经济规律的妄想，都不可能得逞。面对疫情下的全球产业链重构，我国正在发挥制度、成本、营商环境等优势，完善产业链配套设施，进一步夯实产业链集群化发展的基础设施，积极布局基于新技术的产业生态，吸引着更多全球优秀企业加入我国产业链集群，“你中有我，我中有你”的产业链新格局正在形成。

习近平总书记指出：“我们不追求一枝独秀，不搞你输我赢，也不会关起门来封闭运行，将逐步形成以国内大循环为主体、国内国际双循环相互促进的新发展格局，为中国经济发展开辟空间，为世界经济复苏和增长增添动力。”一方面，让中国市场成为世界的市场、共享的市场、大家的市场，为国际社会注入更多正能量。另一方面，通过发挥内需潜力，使国内市场和国际市场更好联通，更好利用国际国内两个市场、两种资源，实现更加强劲可持续的发展。疫情期间，我国成功举办了第三届中国国际进口博览会，表明了我国推动自由贸易和对外开放的信心和决心，对打通全球产业链和畅通供应链产生了积极影响。本次博览会累计意向成交额高达 700 多亿美元，比第二届增加了2.1%，为低迷的全球经济复苏注入了正能量。2020年11月15日东盟十国、中国、日本、韩国、澳大利亚和新西兰正式签署《区域全面经济伙伴关系协定》（RCEP）。RCEP将增强国际国内两个市场、两种资源的联通性，加强国际产业安全合作，使我国更好地融入全球产业链、供应链和价值链，提升工业化水平和质量。

中国美国商会发布的调查结果显示，长期来看，中国仍是大多数在华美国企业的重点市场。外资企业在中国境内的企业取得的利润，如果用于增加在华直接投资，可在投资期内免缴企业所得税。从2018年起，负面清单外的外商投资项目都可享受上述这项政策。疫情发生以来，税务部门更是加大了政策宣传和服务力度，进一步增强了境外投资者持续扩大在华投资的信心。2020年不少外资企业仍持续扩大在华投资，彰显了我国强大的吸引力和发展空间。我国企业走出去的步伐也在不断加大。目前我国已成为全球对外直接投资主要来源国。据全球化智库（CCG）《中国企业全球化报告（2020）》显示，我国企业占全球外国直接投资流量比重连续三年超过10%，位居全球外国直接投资存量比重第三名。报告显示，并购（特别是对高技术产业领域的并购）是中国企业海外投资的首选方式。跨国并购可以在相对较短时间内帮助企业进入目标市场，获得目标企业的技术、管理、商标等无形资产及关键能力，从而有利于提升我国产业链供应链现代化水平，维护产业链供应链安全。

第五章

区域城乡协调发展

新中国成立前，我国绝大多数区域处于落后的传统农业状态，工业占国民经济的比重不到10%，70%以上的工业在东部沿海地区，区域发展极不均衡。新中国成立以来，国家高度重视区域城乡经济和社会发展，从发挥区域比较优势和缩小区域差距的角度，作出一系列重大决策部署。新中国成立初期，为改变工业落后、区域发展不平衡的局面，国家确立了优先发展重工业战略，重点发展内地、推进区域均衡发展战略，在低水平运行中初步实现均衡发展。改革开放初期，邓小平提出东部支持西部、先富帮后富、最终实现共同富裕的两个大局的战略构想。随着改革开放的深入，国家采取统筹推进东部率先、中部崛起、西部开发和东北振兴的发展战略，系统推进城镇化和乡村振兴发展战略，区域城乡发展取得重大成就。党的十八大以来，习近平总书记围绕区域城乡协调发展提出一系列重要论断、作出一系列重大部署。“一带一路”倡议、京津冀协同发展、长江经济带发展、粤港澳大湾区建设等重大战略稳步推进，新型工业化、信息化、新型城镇化与农业现代化战略协同推进，区域板块之间融合互动，城乡之间一体化发展，区域城乡发展的协调性持续增强，逐步形成了区域城乡协调发展的新格局，为全面建成小康社会打下了坚实的基础。

第一节　统筹“两个大局”

新中国成立后，为了改变工业落后、区域发展不平衡的局面，从1950年到1978年，国家采取均衡发展战略。这一战略的实施，改变了新中国成立前经济发展布局不合理的状况，改善了中国区域产业布局，奠定了新中国工业化基础，缩小了东西部经济建设的差距，加强了内地经济的力量，使中西部区域经济有了长足发展。但是，区域均衡发展战略也放慢了东部沿海地区经济发展的速度，延缓了追赶世界新技术的步伐，加剧了中国与发达国家和地区经济发展的差距。

一、统筹“两个大局”战略的提出

改革开放后，实施“让一部分地区先富起来”的区域城乡非均衡协调发展战略，取得了举世瞩目的伟大成就。在国民经济水平上，形成了带动国民经济部分增长的核心区和增长极，促进国民经济高速增长，增强国家经济实力，提高宏观经济效益和人民生活水平。在区域城乡发展上，加快东部沿海地区发展，使东部区域特别是东南沿海地区和东部工业集聚区成为我国经济最发达区域，并成为推动我国经济持续高速增长的根本动力。在辐射效应带动上，东部地区的快速发展，在一定程度上带动中西部地区经济和发展水平的提升，促进内陆地区经济迈上了一个新台阶，实现了中国区域城乡经济非均衡协同发展。但是，区域城乡非均衡协调发展战略也存在一些问题。一是区域发展中拉大了差距。在寻求比较优势的选择中，突出重点区域优先发展，势必会造成整体发展的不协调、区域发展的不平衡，以及区域经济发展的差距变大等。二是追求效率中弱化了公平。经济发展水平限定了利好政策总量，许多好的政策向东部沿海地区倾斜，必然会使中西部地区获得利好政策的概率降低，在实现总体发展战略效率的同时，弱化了区域协同发展的公平。三是非均衡中出现了冲突。任何政策的出台都存在当时的不完善性和一定的时效性，许多区域城乡经济发展政策在实施过程中或多或少存在着区域间的利益摩擦和发展冲突，也就出现了区域间经济的自我发展和区域间产业结构的趋同等。因此，早在 1978 年 12 月 13 日，邓小平同志就提出统筹“两个大局”的思想。从支持东部沿海发展，到推动西部开发和促进中部崛起，再到促进区域协调发展，“两个大局”思想既是新时期改革开放的一项基本政策和重大决策，也是新时期推动整个国民经济发展的重大思路，还是新时期我国区域经济发展战略转换的理论基础。

（一）支持东部沿海发展

改革开放后，国家“六五”计划（1981—1985 年）提出：积极利用沿海地区的经济技术区位优势，充分发挥它们的特长，带动内地经济进一步发展，并采取一系列措施向沿海地区倾斜。“七五”计划（1986—1990 年）强调：把全国划分为东部、中部、西部三大经济地带，按三大地带序列推进区域经济发展。“八五”计划（1991—1995 年）提出：积极促进地区经济的合理分工和协调发展。“九五”计划（1996—2000 年）指出：由于多种因素，地区经济发展差距有所扩大。从战略上看，沿海地区先发展起来并继续发挥优势，这是一个大局，内地要顾全这个大局。发展到一定时候沿海多做一些贡献支持内地发展，这也是大局，沿海也要服从这个大局。

（二）推动西部开发、促进中部崛起

“十五”计划（2001—2005 年）提出：实施西部大开发战略，促进地区协调发展。根据统筹区域经济协调发展的战略思路，2003 年 10 月，中共中央、国务院下发《关于实施东北地区等老工业基地振兴战略的若干意见》，正式实施振兴东北等老工业基地的战略。2004 年《政府工作报告》明确把促进中部地区崛起作为促进区域协调发展的重要方面。2006 年 4 月，《中共中央、国务院关于促进中部地区崛起的若干意见》正式出台，促进中部地区崛起也成为统筹区域协调发展的战略内容。

（三）促进区域协调发展

“十一五”规划（2006—2010 年）提出：促进区域协调发展，实施区域发展总体战略，推进形成主体功能区，促进城镇化健康发展。“十二五”规划（2011—2015 年）提出：实施区域发展总体战略和主体功能区战略，把实施西部大开发战略放在区域发展总体战略优先位置，充分发挥各地区比较优势，促进区域间生产要素合理流动和产业有序转移，在中西部地区培育新的区域经济增长极，增强区域发展的协调性，促进区域协调互动发展。

二、统筹“两个大局”的成就

从发展定位、战略选择和战略实施上看，改革开放后中央推行的区域城乡发展政策，是根据当时我国经济形势和发展水平进行的优化选择，是探寻比较优势的发展方式。

在发展定位上，由改革开放前根据沿海和内地的关系划分为沿海和内地两个区域转变为改革开放后根据经济技术发展水平和地理位置的差异划分为

东部、中部、西部三个区域。从总体上看，全国经济技术水平东高、中平、西低，能源矿产资源分布东贫、中均、西富，东部是我国经济发达区域，中部是经济成长区域，西部是经济不发达区域。

在战略选择上，非均衡发展强调不同区域经济发展的梯度演进。“七五”计划提出，我国地区经济发展，要正确处理东部沿海、中部、西部三个经济带的关系。“七五”期间到20世纪90年代，加速发展东部沿海地区，同时把能源、原材料建设的重点放到中部，并积极做好进一步开发西部地区的准备。把东部沿海发展同中西部开发有机结合起来，做到互相支持、互相促进，继续鼓励一部分地区、一部分企业和一部分人先富起来。战略决定方向，我国区域先从东部发展，以东部发展带动中部和西部发展，使要素和经济布局从东向西梯度演进。这种发展战略的重点是优先发展东部区域。

在战略实施上，非均衡发展采取一系列向东部沿海区域倾斜的政策举措。首先，对外开放向东部倾斜。从设立深圳、珠海、汕头和厦门四个经济特区，到开放沿海 14 个港口城市并确立沿海经济开放区，形成面积达 32 万平方公里、人口 1.6 亿的广大沿海开放区域。这是这一时期国家在对外开放和区域经济发展上最重要的战略举措。其次，优惠政策向东部倾斜。国家对东部沿海地区在财政、税收、信贷、投资等方面给予一系列优惠，如在对外开放上，扩大当地政府利用外资的审批权限和对外经济活动的自主权，减免外商投资企业的所得税和关税，扩大当地政府对外贸易的自主权和外汇留成比例，等等。再次，投资布局向东部倾斜。从 1981 年到 1985 年，东部沿海 11 个省区市工业基本建设投资占全国的比重由“五五”期间的44%提高到46%。1986 年到 1989 年，国家投资份额前 6 名的省市依次为广东、上海、辽宁、山东、江苏和北京，全部为东部沿海省份。1995 年，全社会固定资产投资 19445 亿元，其中东部为 12188.4 亿元，占 62.7%。最后，体制改革向东部倾斜，国家许多改革方案和措施，要么先在东部区域试行和实施，要么更多考虑东部区域的情况和需要。

第二节　实施“四大板块”战略

根据世界先发国家的发展经验，一个国家在经济发展的初始阶段，通常需要寻求区域比较优势，通过非均衡发展策略，让一部分地区先行先试优先发展，实现区域发展的突破。当经济发展到一定阶段后，开始注重均衡发展，通过区域协调发展政策，在保持先行地区继续发展的同时，着力加快其他地区发展，实现区域之间的协调互动。我国区域发展也是如此，随着非均衡发展的推进，“十一五”初期，我国区域发展战略已经从平衡发展向协调发展转变，区域发展方向已经从行政区向功能区转变，区域发展的着力点已经从开发区向综合配套改革试验区转变，区域发展要求已经从注重经济发展指标向注重全面协调可持续发展转变。

一、“四大板块”战略的提出与实施

“十一五”规划提出：坚持实施推进西部大开发，振兴东北地区等老工业基地，促进中部地区崛起，鼓励东部地区率先发展的区域发展总体战略，健全区域协调互动机制，形成合理的区域发展格局。这标志着我国区域发展“四大板块”战略格局正式形成。“十二五”规划又提出，要推进新一轮西部大开发，全面振兴东北地区等老工业基地，大力促进中部地区崛起，积极支持东部地区率先发展。规划对板块都给出了具体的实施方案，四大板块战略思路更加清晰。党的十八大报告指出，继续实施区域发展总体战略，充分发挥各地区比较优势，优先推进西部大开发，全面振兴东北地区等老工业基地，

大力促进中西部地区崛起，积极支持东部地区率先发展。四大板块战略持续推进，各区域发展从各自方向上重点发力。

党的十八大以来，以习近平同志为核心的党中央深入实施西部开发、东北振兴、中部崛起、东部率先的区域发展总体战略，辅以自由贸易试验区、临空经济区、国家生态文明试验区等重大功能平台，通过实践探索，创新政策，完善机制，围绕区域城乡协调发展，提出一系列重要论断、作出一系列重大部署。“十三五”规划提出：深入实施西部开发、东北振兴、中部崛起和东部率先的区域发展总体战略，创新区域发展政策，完善区域发展机制，促进区域协调、协同、共同发展，努力缩小区域发展差距。在四大板块各自发展的基础上，“十三五”规划将区域发展全面推进到一体化层面，是全面建成小康社会的冲刺性规划。党的十九大报告把区域协调发展全面融入现代化经济体系建设中，又进一步明确提出“强化举措推进西部大开发形成新格局，深化改革加快东北等老工业基地振兴，发挥优势推动中部地区崛起，创新引领率先实现东部地区优化发展，建立更加有效的区域协调发展新机制”，从而丰富了四大板块协调发展的内涵和外延。党的十九届四中全会从制度运行上保障了区域城乡协调发展。

二、实施“四大板块”的成就

东部率先、中部崛起、西部开发、东北振兴，四大板块在推进区域城乡协调发展中发挥了顶梁柱的作用。

（一）东部地区率先发展

在区域发展上，改革开放后，东部地区充分发挥沿海地理优势率先发展。20 世纪 80 年代，国家相继设立深圳、珠海、汕头、厦门和海南 5 个经济特区，在大连、秦皇岛等14个沿海港口城市建立经济技术开发区，之后又相继把长江三角洲、珠江三角洲、闽南三角洲等开辟为沿海经济开放区。进入21世纪，国务院先后批准上海浦东新区和天津滨海新区为全国综合配套改革试验区，先行先试一系列重大改革开放措施。东部沿海地区依靠自身区位优势和改革开放的先发优势，长期在全国经济发展中处于引领地位，地区国内生产总值是全国的近50%。在创新驱动上，近年来，我国经济发展进入转变发展方式、优化经济结构、转换增长动力的攻坚期，东部地区通过强化科技创新能力建设、推动产学研协同创新等方式，积极推进创新发展，在全国继续发挥重要增长引擎和辐射带动作用。

（二）中部地区快速崛起

在经济增速上，自中部崛起战略实施以来，中部地区经济迅速发展。2006—2019年，中部地区生产总值年均增长10.7%，比全国平均增速高1.8个百分点；地区生产总值占全国比重由18.6%上升到21%，提高了2.4个百分点。2019年，中部地区生产总值增长7.1%，固定资产投资增长9.4%，社会消费品零售总额增长9.3%，均居“四大板块”首位，为支撑全国经济稳定增长作出重要贡献。在产业发展上，中部地区制造业在政策红利的刺激下获得快速发展，制造业总产值占全国比重从2006年的12.7%提高到2019年的27.1%。

（三）西部地区步伐加快

在经济发展上，西部大开发战略实施后，西部地区经济增长持续发力，与东部发达地区的差距逐渐缩小。2007年，西部地区GDP增速超过东部，其后连续12年快于东部。党的十八以来，西部地区经济加快发展步伐，部分省份发展势头强劲。1999—2019 年，西部地区 GDP 占全国比重由 17.9% 提高到 21.3%，人均 GDP 从相当于全国平均水平的 62.9% 提高到 76.2%。在脱贫攻坚上，西部是我国脱贫攻坚的主战场之一，西部脱贫是推动区域城乡协调发展的关键，是确保习近平总书记强调的“全面建成小康社会一个民族、一个家庭、一个人都不能少”的关键。为实现 2020 年全面建成小康社会的战略目标，党中央、国务院坚持推动扶贫开发与缩小区域城乡发展差距相结合，多措并举推进西部脱贫攻坚工作。2012—2019 年，西部地区农村贫困发生率由 17.6% 下降到 1.9%，累计下降 15.7 个百分点。

（四）东北地区振兴加码

东北地区是新中国成立后建立的第一个重工业基地，为我国形成门类齐全、独立完整的工业体系，推进改革开放和现代化建设作出了历史性贡献。2003 年，党中央、国务院作出实施东北老工业基地振兴战略重大决策，吹响了东北振兴的号角。2016 年，《中共中央、国务院关于全面振兴东北地区等老工业基地的若干意见》印发实施，为新一轮东北振兴战略注入政策动力。在制造业发展上，通过对重点企业进行大规模技术改造，东北地区装备水平显著提升，为传统制造业产业升级、新兴制造业发展注入了新的活力，增加了竞争力。在区位优势上，东北地区充分利用其东北亚核心地带优势，加强对外经贸往来。2019 年，东北三省进出口总额达到 1783.9 亿美元，比 2003 年增长了 3.1 倍，年均增长 10.7%。

区域经济协调发展的实践证明，四大板块各自功能定位清晰，协调运行体系明确，体制机制保障到位，顺应了科学发展规律特别是区域经济发展规律，有利于促进区域间优势互补、良性互动。“四大板块”的区域发展战略，能够推动各地按照区域经济发展的要求，依托优势、发掘优势、创造优势，合理布局区内产业和城镇，优化配置劳动力、土地、资本、技术、数据、信息、企业家才能等生产要素，既使自身优势得到充分发挥，又与其他地区的优势相互补充、有机整合，从而产生聚合效应，实现区域发展互促互进，进而形成核心带动、多极跟进的区域协调发展格局。

第三节　优势互补的区域发展战略

东、中、西、东北“四大板块”协调发展，为我国区域经济内涵式和外延式的增长打下了坚实的基础，为要素和资源实现区域和跨区域优势配置搭建了重要的平台，为区域经济高质量发展提供了重要的保障。但是，我国幅员辽阔、人口众多，各地区自然资源禀赋差别之大世界少有，统筹区域发展难点之多国际少见。2019 年 8 月 26 日，习近平总书记在中央财经委员会第五次会议上的讲话指出：“当前我国区域经济发展出现一些新情况新问题，要研究在国内外发展环境变化中，现有区域政策哪些要坚持、哪些应调整”。

一、区域优势互补发展的脉络

新时代影响区域城乡协调发展的问题主要有三个方面：一是区域经济发展分化态势明显。长三角、珠三角等地区已经初步走上高质量发展的轨道，东北地区、山东等一些北方地区经济增长放缓，全国经济重心进一步南移。二是发展动力极化现象日益突出。近年来，经济和人口向大城市及城市群集聚的趋势比较明显。北京、上海、广州、深圳等特大城市发展优势不断增强，杭州、南京、武汉、郑州、成都、西安等大城市发展势头较好，形成推动高质量发展的区域增长极。三是部分区域发展面临较大困难。东北地区、西北地区发展相对滞后，常住人口特别是年轻人和科技人才日渐减少，资源枯竭型城市、传统工矿区城市等发展活力不足。中央以优势互补的区域发展战略破解发展中的难点，进一步促进区域城乡协调发展。

（一）区域优势互补发展的方向

习近平总书记指出："新形势下促进区域优势互补协调发展总的思路是，按照客观经济规律调整完善区域政策体系，发挥各地区比较优势，促进各类要素合理流动和高效集聚，增强创新发展动力，加快构建高质量发展的动力系统，增强中心城市和城市群等经济发展优势区域的经济和人口承载能力，增强其他地区在保障粮食安全、生态安全、边疆安全等方面的功能，形成优势互补、高质量发展的区域经济布局。"习近平总书记的重要讲话是对新时代区域协调发展的根本定调，指明了新一轮区域城乡协调发展的内涵所在，即优势互补、高质量发展。

（二）区域优势互补发展的原则

一是尊重客观规律。产业和人口向优势区域集中，形成以城市群为主要形态的增长动力源，进而带动经济总体效率提升，这是经济规律。要实现区域优势互补、协调发展，就要破除资源流动障碍，使市场在资源配置中起决定性作用，促进各类生产要素自由流动并向优势地区集中，提高资源配置效率。二是完善空间治理。完善和落实主体功能区战略，细化主体功能区划分，按照主体功能定位划分政策单元，对重点开发地区、生态脆弱地区、能源资源地区等制定差异化政策，分类精准施策，推动形成主体功能约束有效、国土开发有序的空间发展格局。三是发挥比较优势。经济发展条件好的地区要承载更多产业和人口，发挥价值创造作用。生态功能强的地区要得到有效保护，创造更多生态产品。国家安全任务重的边疆地区要提升发展能力，使之有一定的人口和经济支撑，以促进民族团结和边疆稳定。四是保障民生底线。区域城乡协调发展的基本要求是实现基本公共服务均等化，基础设施通达程度比较均衡。要完善土地、户籍、转移支付等配套政策，提高城市群承载能力，促进迁移人口稳定落户。要确保承担安全、生态等战略功能的区域基本公共服务均等化。

（三）区域优势互补发展的举措

为推进新时代区域优势互补的协调发展，在全面深化改革框架下，中央以“组合拳”方式全面发力，健全区域协调发展新机制，推出一系列相关政策措施。一是形成市场化运行的商品和要素市场。二是实现全国一体化养老保险统筹运行。三是优化土地管理制度，提高利用效率。四是完善能源消费总量和强度双控制度。五是健全区域联动发展的利益补偿机制。

二、区域优势互补发展的成就

（一）京津冀协同成效显著

实施京津冀发展战略以来，三地在产业升级转移、交通一体化、生态环境保护等领域不断取得突破，区域整体实力和竞争力明显增强。一是经济发展稳步提升。从 2014 年到 2019 年，京津冀地区 GDP 年均增长 6.6%，城镇化率提高 4.7 个百分点达 65.8%，京津冀三地全体居民人均可支配收入年均增长率分别为 8.8%、8.2% 和 8.9%。二是非首都功能疏解有力。在疏解存量、控制增量方面、城市发展布局、生态环境协同治理、交通建设等方面成绩显著。

（二）长江经济带建设稳步推进

在以习近平同志为核心的党中央坚强领导下，长江经济带发展各项工作不断推进，生态优先、绿色发展理念不断深入人心。一是共抓大保护格局已经形成。2018 年，长江经济带水质断面优良比例为 77.2%，较 2015 年提高 10.2 个百分点；劣 V 类水质比例为 1.8%，较 2015 年下降 4.6 个百分点。二是经济增长质量明显提升。2018 年，长江经济带区域生产总值为 40 万亿元，占全国的 44.1%，比 2015 年提高 1.8 个百分点，年均增长 7.8%。在经济总量稳步增加的同时，新型城镇化建设步伐加快，全国 248 个新型城镇化综合试点地区中，长江经济带有 81 个。

（三）粤港澳大湾区奋力前行

2017 年《政府工作报告》首次提出粤港澳大湾区城市群发展规划。2019 年，党中央、国务院发布《粤港澳大湾区发展规划纲要》，粤港澳大湾区建设规划迈出实质性步伐。一是基础设施互联互通不断加强。港珠澳大桥正式通车，广深港高铁香港段正式通车运营并实现西九龙站“一地两检”，虎门二桥主体结构全部完工，“广州—深圳—香港—澳门”科技创新走廊加速形成，深中通道海底隧道开建，横琴口岸实现 24 小时通关。二是人员货物往来便利化取得新进展。内地与香港、澳门签署《CEPA 货物贸易协议》，发放港澳居民居住证、取消港澳居民就业许可审批等一批便利港澳居民在内地生活就业的政策举措陆续出台，降低粤港澳通信漫游费用取得积极成效，内地电信运营商漫游至港澳的流量平均资费大幅下降。

第四节　加快推进城镇化

城镇化是工业革命以来人类文明的大趋势，与区域经济发展水平有着密切的关系。加快推进城镇化，最大限度地减少农村人口，不仅有利于促进区域城乡经济协调发展，而且有利于提高人民生活水平和促进人的全面发展，从而成为全面建成小康社会的重要推动力量。

新中国成立以来，国家高度重视城镇化工作，城镇规模不断扩大，城镇经济实力持续增强，城镇面貌焕然一新，城镇化建设和城市发展取得了辉煌成就。党的十八大以来，在以习近平同志为核心的党中央坚强领导下，城镇化建设步入新阶段，新型城镇化建设迈上新台阶，城镇发展质量明显改善，城镇功能全面提升，为全面建成小康社会搭建了一个坚实的平台。

一、中国城镇化建设的历程

新中国成立以来，我国城镇化建设经历了探索发展、快速发展和新型发展三个阶段。

（一）1949 年到 1978 年城镇化探索发展阶段

1949 年，我国常住人口城镇化率 10.64%。国民经济恢复和“一五”时期，武汉、太原、洛阳等老城市扩改，新兴工矿业城市发展，大批农业劳动力转移到城市工业部门，城镇数量和城市人口持续增加。1960 年，常住人口城镇化率 19.75%，比 1949 年提高 9.11%，年均提高 0.83%；城市数量增加 67 个，总数为 199 个，年均增加 6 个。20 世纪 60 年代，国民经济全面调整，一大批新设置的市退回县建制，一部分地级市降为县级市，人口流动受户籍政策严格控制，城镇化进程有所波动。1964 年，国家“三线”建设启动，中西部地区城市数和城镇人口有所增加，区域协调性有所改善。1978 年，常住人口城镇化率保持在 17% ~18% 之间。

（二）1979 年到 2011 年城镇化快速发展阶段

1984 年，党的十二届三中全会将改革的重心从农村转向城市，我国城镇化进程加速。经济特区逐步设立，沿海城市、长江三角洲、珠江三角洲、闽南三角地区、海南岛和上海浦东陆续开放，户籍管理制度放松，农村人口快速向城镇流动，乡镇企业兴起，城市和小城镇数量迅速增加。1992 年，邓小平南方谈话后，大批农村剩余劳动力加速向第二、三产业转移。1993 年，设市标准放宽进一步促进了城镇化发展。20 世纪 90 年代后期，市场经济活力持续增强，珠三角、长三角等城市群逐步成形，城镇发展的集聚效应显现。2001 年，中国加入世界贸易组织，城镇商业化水平提升，城镇化进程加速。2002 年，党的十六大提出，坚持大中小城市和小城镇协调发展，走中国特色的城镇化道路。随后，西部大开发、东北振兴和中部崛起等一系列发展战略实施，沿边、沿江和沿主要交通干线城镇快速发展，区域城乡协调性进一步增强。2011 年，常住人口城镇化率 51. 27%，工作和生活在城镇的人口比重超过 50%，比 1978 年提高 33. 35%，年均提高 1. 01%。

（三）2012 年至今新型城镇化发展阶段

2012 年，党的十八大提出走中国特色新型城镇化道路，坚持以人为核心、以产业为支撑的新型城镇化走向高质量发展阶段。2013 年，党中央、国务院召开第一次中央城镇化工作会议。2014 年，印发《国家新型城镇化规划（2014—2020 年）》。2015 年，召开中央城市工作会议。为加快推动新型城镇化建设，户籍、土地、财政、教育、就业、医保和住房等领域配套改革相继出台，农业转移人口市民化加速，大城市管理水平提升，中小城市和特色小城镇发展加速，城市功能全面提升，城市群建设持续推进，城市区域分布更加均衡。2019 年，常住人口城镇化率比 2011 年提高了 9.33 个百分点，年均提高 1.2 个百分点；户籍人口城镇化率达到 43.58%，比 2015 年提高了 3.59 个百分点，年均提高 1.17 个百分点。

二、城镇化建设的成就

从新中国成立到全面建成小康社会，我国城镇化规模不断扩大、城镇经济持续健康发展、新型城镇化高质量发展、城市群格局基本形成。2019 年，我国城镇常住人口 84843 万人，占总人口比重（常住人口城镇化率）为 60.60%，比 1949 年年末提高 49.96 个百分点，年均提高 0.71 个百分点。

（一）城镇化规模不断扩大

在城镇数量上，1949 年，我国城市 132 个，其中，地级以上城市 65 个，县级市 67 个。2019 年，城市 672 个，其中，地级以上城市 297 个，县级市 375 个，建制镇 21297 个。在城市人口规模上，1949 年，城市辖区人口 3949 万人，其中非农业人口 2741 万人。非农业人口超过 100 万的城市 5 个，50 万—100 万人口的城市 7 个，20 万—50 万人口的城市 18 个，人口少于 20 万的城市 102 个。2018 年，我国地级以上城市户籍人口 48356 万人，户籍人口超过 500 万的城市 14 个，300 万—500 万人口的城市 16 个，50 万—300 万人口的城市 219 个，50 万人口以下的城市 49 个。在城市占地面积上，1981 年至 2018 年，全国城市建成区面积从 7438 平方公里增加到 56225 平方公里，增加了 48787 平方公里，增长了 6.6 倍。

（二）城镇经济持续健康发展

在经济总量上，1988 年，全部城市地区生产总值 7025 亿元，占全国 50%左右。2019 年，地级以上城市地区生产总值 62.3 万亿元，占全国的 65%；上海、北京、深圳和广州 4 个城市的地区生产总值超过 2 万亿元。在财政收入上，1978 年全部城市的公共财政收入 584 亿元。2018 年，地级以上城市地方一般公共预算收入达 59862 亿元，占全国的 61.2%；上海、北京、深圳和天津等 10 个城市的地方一般公共预算收入超过千亿元。在产业结构上，新中国成立初期，我国基本上是一个贫穷落后的农业国。2018 年，地级以上城市三次产业增加值所占的比重分别为 2.8%、42.6%和 56.5%，第三产业增加值比重比 1990 年提高了 23.5 个百分点。在市场消费上，1978 年，城市消费品零售额 449 亿元，占全社会消费品零售总额的 28.8%。2019 年城镇消费品零售额 351317 亿元，占全社会消费品零售总额的 85.3%。

（三）新型城镇化高质量发展

在新型城市建设方面，经济发展进入新常态，城市发展进入新时代，新发展理念深入人心，城市生态文明建设和绿色发展有序规范推进，绿色城市、智慧城市和人文城市等新型城市建设热点纷呈。城镇棚户区和旧房改造、地下管网改造、综合交通网络建设、海绵城市建设、智慧城市、城镇文化建设等快速推进。在特色小城镇建设方面，城乡融合，生产、生态和生活融合，是特色小城镇建设的亮点，截至 2018 年，全国特色小城镇 403 个、运动休闲特色小城镇 62 个、国家森林小城镇 50 个，地方创建的特色小城镇数千个。在城市群方面，京津冀、长三角和粤港澳大湾区三大城市群建设加快推进，跨省区域城市群规划出台，省域内城市群规划编制完成，“19 +2”的城市群格局基本形成并稳步发展。

第五节　实施乡村振兴战略

在全面建设小康社会的道路上，中国共产党带领全国人民探索出一条具有中国特色的乡村振兴之路。

一、乡村振兴战略的提出

新中国成立以来，我国农业农村经历了土地改革、联产承包、统筹城乡、深化改革和乡村振兴五个阶段的改革发展道路。

（一）1949 年到 1978 年土地改革阶段

1950 年 6 月通过并实施《土地改革法（草案）》，土地改革全面展开，农民获得土地和生产资料，农业生产迅速得到恢复。土地改革完成后，国家颁布《关于发展农业生产合作社的决议》，领导农民开展互助合作，形成“三级所有、队为基础”的生产经营格局，初步建立起农村集体经济制度，为工业和城市发展提供了强有力的支撑。

（二）1979 年到 2001 年联产承包阶段

1978 年，安徽省凤阳县小岗村 18 户农民秘密签订了一份不到百字的包干保证书，拉开了我国农村改革的序幕。1982 年，中共中央一号文件明确肯定并推广了小岗村农民的这种做法。以家庭联产承包经营为基础、统分结合的双层农村经营体制，极大调动了农民的生产积极性。取消统购统销的农产品购销体制，工农产品价格关系得到调整。发展乡镇企业，农业剩余劳动力加快转移，农业产业化经营出现，小城镇快速发展，改变了我国城乡经济格局，拓宽了农民就业空间和增收渠道。

（三）2002 年到 2011 年统筹城乡阶段

进入新世纪，国家三农政策发生重大转变，推行“多予、少取、放活”的方针，提出工业反哺农业、城市支持农村的发展方略。2004 年开始，中央连续印发以“三农”为主题的一号文件，逐步建立健全强农惠农富农政策体系。2006 年，国家取消农业四税，在中国延续了 2600 多年的农业税成为历史。社会主义新农村建设步伐加快，农业生产持续发展，农民收入持续增长，农村基础设施、公共服务和生态环境持续改善。

（四）2012 年到 2017 年深化改革阶段

党的十八大以来，以习近平同志为核心的党中央推动“三农”工作理论创新、实践创新和制度创新，进一步深化农村综合改革，构建农村改革的“四梁八柱”。稳定和完善农村基本经营制度，稳步推进农村承包地“三权分置”、农村宅基地“三权分置”、农村集体经营性建设用地和农村集体产权制度改革。深化农业供给侧结构性改革，加快推进农业现代化，提升农业质量效益和竞争力，改革重要农产品收储制度，大力发展农村新产业新业态。

（五）2012 年到 2017 年乡村振兴阶段

党的十九大提出实施乡村振兴战略。2018 年 9 月 21 日，在十九届中央政治局第八次集体学习时，习近平总书记指出：“农业农村现代化是实施乡村振兴战略的总目标，坚持农业农村优先发展是总方针，产业兴旺、生态宜居、乡风文明、治理有效、生活富裕是总要求，建立健全城乡融合发展体制机制和政策体系是制度保障。”按照乡村振兴的总要求，统筹推进农村经济建设、政治建设、文化建设、社会建设、生态文明建设和党的建设。坚持农业农村优先发展，建立健全城乡融合发展体制机制和政策体系，推动城乡要素平等交换和公共资源均衡配置。深入推进城乡一体化发展，加强农村基本公共服务能力和社会事业建设，开展农村人居环境整治，推动城乡基础设施共建共享、互联互通，促进农村社会焕发新气象。

二、实施乡村振兴战略的基础

从新中国成立到全面建成小康社会，我国农业农村发生了天翻地覆的变化，生产经营稳步前进、乡村基础设施显著增强、乡村公共服务全面提升、农村生产水平持续提高，为高水平全面建成小康社会增添了成色。

（一）生产经营稳步前进

在粮食产量方面，1949 年我国粮食产量 2264 亿斤，人均粮食产量 418 斤。2019 年粮食总产量 13277 亿斤，比 1949 年增长 4. 86 倍，年均增长 2. 6%；人均粮食产量 948 斤，比 1949 年增长 1. 3 倍。在农业生产结构方面，2018 年农林牧渔业总产值 113580 亿元，按可比价格计算，比 1952 年增长 17. 2 倍，年均增长 4. 5%。我国农业实现了由单一以种植业为主的传统农业向农林牧渔业全面发展的高质量现代农业转变。在农业生产组织方式上，2018 年全国家庭承包耕地流转面积超过 5. 3 亿亩。农村土地流转助推了农业规模化发展，提高了农业集约化、专业化、组织化、社会化水平。在新型经营主体方面，2018 年农业产业化龙头企业 8. 7 万家，各类返乡下乡创新创业人员累计达 780 万人。新型经营主体和新型职业农民正成为引领现代农业发展的主力军。在农业新模式方面，2018 年全国休闲农业和乡村旅游接待游客约30亿人次，营业收入超过8000亿元，农产品网络销售额达3000亿元。农业生产经营高质量现代化发展稳步推进。

（二）乡村基础设施显著增强

在农田水利建设上，2019年全国耕地灌溉面积10.47亿亩，比1952年增长2.4倍，年均增长1.9%。2019年，全国累计建成高标准农田6.4亿亩，完成9.7亿亩粮食生产功能区和重要农产品生产保护区划定任务。在农业机械化程度上，1952年全国农业机械总动力18.4万千瓦，2018年达到10.0亿千瓦。主要农作物耕种收综合机械化率超过67%，其中主要粮食作物耕种收综合机械化率超过80%。农业科技进步贡献率达到58.3%，粮食单产由1952年的亩产88公斤提高到2018年的375公斤。在水电路网建设上，农村用电量从1952年的0.5亿千瓦时增加到2018年的9359亿千瓦时。全国农村公路总里程由1978年的59.6万公里增加到2018年的404万公里。2018年，47.7%的农户饮用经过净化处理的自来水，99.6%的乡镇、99.5%的建制村通了硬化路，99.1%的乡镇、96.5%的建制村通了客车，61.9%的村内主要道路有路灯，99.5%的村通电话，82.8%的村安装了有线电视，89.9%的村通宽带互联网。在垃圾污水处理能力上，2019年90.8%的乡镇生活垃圾集中处理或部分集中处理，73.9%的村生活垃圾集中处理或部分集中处理，17.4%的村生活污水集中处理或部分集中处理，36.2%的农户用上水冲式卫生厕所。农民生产生活环境条件明显改善，农业农村现代化基本形成。

（三）乡村公共服务全面提升

在乡村教育方面，新中国成立初期，我国农村教育十分落后。2019年，全国92.7%的县实现义务教育基本均衡发展，更多农村孩子享受到更好更公平的教育。初中文化程度的农村居民占42.5%，高中或中专文化程度的农村居民占11.0%，大专及以上的农村居民占3.9%，农村居民文化素质明显提升。在医疗服务体系上，新中国成立初期，广大农村缺医少药。2018年全国乡镇卫生院3.6万个，床位133万张，卫生人员139万人；村卫生室62.2万个，人员达144万人。新农合政策范围内门诊和住院费用报销比例分别稳定在50%和75%左右。农村孕产妇死亡率从新中国成立初的15‰下降到2018年的0.199‰，农村婴儿死亡率从200‰下降到7.3‰。在多层次养老服务体系上，新中国成立初期，农村养老保障尚属空白。2018年全国城乡居民基本养老保险基础养老金最低标准提高至每人每月88元，56.4%的乡镇有本级政府创办的敬老院。城乡居民人均预期寿命从新中国成立初的35岁提高到2018年的77岁。在精神文明建设方面，新中国成立初期，农村文化事业发展落后。2019年，96.8%的乡镇有图书馆、文化站，11.9%的乡镇有剧场、影剧院，41.3%的村有农民业余文化组织，全国共有农家书屋58.7万个，向广大农村配送图书超过11亿册。

（四）农村生产水平持续提高

在就业规模上，新中国成立初期，乡村就业人员主要以从事农业生产为主。随着乡村经济、乡镇工业和新型城镇化吸纳，1997年乡村就业人员49039万人。随着部分农村劳动力进城就业，2018年乡村就业人员回落到34167万人。2018年从事二三产业的农民工28836万人。在农村居民收入方面，1949年我国农村居民人均可支配收入44元。2019年农村居民人均可支配收入16021元，比1949年实际增长40.6倍，年均实际增长5.5%。城乡居民收入差距不断缩小，2019年城乡居民人均收入比值为2.64，比1956年下降了0.69。在脱贫攻坚方面，按现行农村贫困标准（当年价）衡量，1978

年农村贫困发生率为97.5%，农村贫困人口7.7亿。2018年全国农村贫困人口1660万，贫困发生率1.7%。2020年绝对贫困全部消除。在农村居民消费方面，2019年农村居民人均消费支出13328元，比1949年实际增长33.1倍，年均实际增长5.2%。农村居民恩格尔系数为30%，比1954年下降38.6个百分点。2018年农村居民平均每百户拥有移动电话257部、计算机26.9台、汽车22.3辆、空调65.2台、热水器68.7台、微波炉17.7台。2018年人均住房建筑面积达到47.3平方米，比1978年增加39.2平方米。在农村低保标准方面，2007年国家建立农村最低生活保障制度，当年低保标准每人每年840元，低保对象1609万户3566万人。2018年低保标准增加到每人每年4833元，比2007年增长4.8倍，年均增长17.2%，低保对象1903万户3520万人。

三、实施乡村振兴战略的主要任务

（一）确保国家粮食安全

抓好粮食生产，确保国家粮食安全，是实施乡村振兴战略的首要任务。2020年5月23日上午，习近平总书记在看望参加全国政协十三届三次会议的经济界委员时强调："对我们这样一个有近14亿人口的大国，手中有粮，心中不慌，任何时候都是真理""中国人的饭碗必须牢牢端在自己手上，我们的饭碗应该主要装中国粮"。世界正处在百年未有之大变局，我国经济下行压力加大，外部环境复杂严峻。越是在这种情况下，越是要稳住粮食生产，守住"三农"这个战略后院，发挥好"三农"压舱石的作用。如果粮食和重要农产品供给出了问题，不仅会带来物价上涨，使经济运行陷入增长下行和物价上行"双碰头"的被动局面，而且会影响人民生活和社会稳定。虽然当前粮食供给比较充裕，但也要看到，我国粮食生产能力基础并不稳固，粮食需求仍处在上升通道，不能因为当前粮食供给总量比较充裕，就产生放松情绪和忽视粮食生产的倾向。必须从战略上看待和把握粮食安全问题，全面实施好“藏粮于地、藏粮于技”战略，确保谷物基本自给、口粮绝对安全。要毫不放松抓好粮食生产，确保粮食播种面积稳定在16.5亿亩，保持产量稳定。全面划定粮食生产功能区和重要农产品生产保护区，到2020年确保建成8亿亩高标准农田，巩固和提高粮食生产能力。全面落实好稳定粮食生产的各项政策措施，充分调动主产区和种粮农民两个积极性。还要统筹利用好国际国内两个市场、两种资源，建立多元化的进口渠道，提高粮食安全保障能力。

（二）大力发展乡村产业

产业兴旺是实现乡村振兴的基础和前提。只有产业振兴了，才能让农民就近增收致富、成为有吸引力的职业，才能让农村留得住人、成为安居乐业的美丽家园。在发达国家，不少知名跨国企业的总部、基地都在农村。过去，乡村产业主要是传统种养业，产业链条短、增值空间小、就业岗位少，带动农民增收的能力非常有限。农产品加工流通业等产业，主要布局在城市。现在，随着交通、通信等基础设施不断改善，物流运输更加便利，加上人工、土地等成本较低，农村发展二三产业的条件越来越好。今后要进一步丰富乡村产业类型，创新产业融合方式，大力发展现代种养业、农产品加工流通业和乡村新型服务业，支持发展乡村特色产业、休闲农业、乡村旅游、农村信息服务业、农村电商等产业，大幅提高产业经营效益和农民收入。

（三）着力改善农村人居环境

这是农民的热切期盼，是实施乡村振兴战略的重点任务。目前城市和乡村在生活质量上的差距，最突出的表现是农村生活环境差。“垃圾靠风刮，污水靠蒸发”，如厕难、环境脏、村容村貌差等，成为影响农民生活质量的主要痛点，也是不少生活在城市的农二代不愿回农村、城里人不愿去农村的主要原因。因此，要大力推进农村垃圾污水治理、厕所革命和村容村貌改善，开展村庄清洁行动，探索适用的整治模式，完善多元投入机制，确保完成三年行动方案确定的目标任务。

（四）改善农村基础设施和公共服务

这是补齐农村发展短板的重要举措。这些年，在国家的大力支持下，农村基础设施明显改善，公共服务资源不断增多，但与城市的水平相比，与农民的需求相比，仍有不小差距。现在农村还有500多万人存在饮水安全问题，近1000万人存在饮水氟超标问题；农村动力电还没有实现全覆盖，不能满足乡村产业发展需要；公路虽然已经基本村村通了，但只通到行政村，许多通组道路、村内道路还很差；农村物流体系发展滞后，配送网点少，优质农产品运不出去、卖不上价钱。农村教育、医疗卫生资源质量不高，农民看病、子女入托上学还有不少难处。基本养老保险、医疗保险虽然在逐步实现城乡统筹，但农村的社会保障水平与城镇职工养老、医疗保险还有很大的差距。因此，要把公共基础设施建设的重点放在农村，把公共服务资源更多向农村倾斜，启动实施村庄基础设施建设工程，持续改善农村路、水、电和物流等基础设施，全面提升农村教育、医疗卫生、社会保障、养老、文化体育等公共服务水平，在制度接轨的基础上提高农村社会保障标准，逐步让农民过上与城里人一样的日子。

（五）完善乡村治理体系

党的十九大报告指出：“实施乡村振兴战略，要按照产业兴旺、生态宜居、乡风文明、治理有效、生活富裕的总要求，建立健全城乡融合发展体制机制和政策体系，加快推进农业农村现代化。”其中“治理有效、乡风文明”是对农村社会建设、乡村治理提出的要求。目前，我国乡村治理体系还比较薄弱，治理方式、治理手段不能有效适应形势发展变化。基层组织建设方面，一些基层党组织软弱涣散，干部队伍老化，带动农民共同发展的能力不强、手段不多，组织力、凝聚力下降，有些农村地区被黑恶势力、非法宗教势力渗透，长此以往将严重影响党的群众基础，侵蚀党的执政根基。必须抓实建强农村基层党组织，对软弱涣散的村党组织实行逐个整顿，选优配强村党组织带头人，把派驻第一书记机制化、长效化，强化基层党组织对农村各类组织、各项工作的领导，更好发挥战斗堡垒作用。思想文化建设方面，封建迷信、大操大办等现象在各地农村仍不同程度地存在，一些村庄的婚丧陋习、孝道式微等不良社会风气有所蔓延，一些地区的农村思想文化阵地不断受到非法宗教、境外势力等冲击。必须适应舆论生态、媒体格局、传播方式的深刻变化，加强农村精神文明建设，大力宣传党的路线方针和强农惠农富农政策，持续推进农村移风易俗，引导农民践行社会主义核心价值观，巩固党在农村的思想阵地。乡村法治建设方面，必须保持强大攻势，全力侦办涉黑涉恶重大案件，彻底摧毁黑恶势力经济基础，坚决查处背后“关系网”“保护伞”，实现打防并举、标本兼治。大力开展农村基层“微腐败”整治，解决发生在农民群众身边的腐败问题。

四、推进乡村振兴战略的举措

实施好乡村振兴战略重在行动，需要充分发挥我们党领导农村工作的政治优势，牢固树立农业农村优先发展的政策导向，健全城乡融合发展体制机制和政策体系，完善领导体制和工作机制，形成全国上下共同推进乡村振兴的强大合力。

（一）坚持规划引领，科学有序推进乡村振兴

中共中央政治局2018年9月21日下午就实施乡村振兴战略进行第八次集体学习，习近平总书记在主持学习时强调："在实施乡村振兴战略中要注意处理好长期目标和短期目标的关系，要遵循乡村建设规律，坚持科学规划、注重质量、从容建设，一件事情接着一件事情办，一年接着一年干，切忌贪大求快、刮风搞运动，防止走弯路、翻烧饼。"党中央、国务院印发的《国家乡村振兴战略规划（2018—2022年）》，明确了今后五年实施乡村振兴战略的政策框架，提出了22项具体指标，部署了82项重大工程、重大计划、重大行动。这是五年的总体"施工图"。目前乡村规划中比较薄弱的，也是非常紧要的，是村庄的规划编制工作。这些年，农村人口持续大量流出，村庄形态不断发展演变，一些村庄将会逐步消亡，如果不加区别地一呼隆都去搞建设，就会造成巨大浪费。村庄建设，规划先行，做到不规划不建设、不规划不投入，确保乡村建设有规可循，一张蓝图绘到底。

（二）完善工作机制，落实五级书记抓乡村振兴责任

2017年12月29日，在中央农村工作会议上，习近平总书记明确要求："要建立实施乡村振兴战略领导责任制，实行中央统筹、省负总责、市县抓落实的工作机制，党委和政府一把手是第一责任人，五级书记抓乡村振兴"。乡村振兴各项工作要想落实落地，关键在于把我们的政治优势、制度优势发挥出来，建立五级书记抓乡村振兴的责任机制，推动地方各级党委和政府的主要负责同志亲自谋划政策举措，亲自协调解决困难和问题，亲自督促政策落实，真正把乡村振兴变成一把手工程。

（三）强化政策保障，推进人地钱等资源向乡村振兴配置

2017年12月29日，在中央农村工作会议上，习近平总书记指出："乡村振兴要靠人才、靠资源，如果乡村人才、土地、资金等要素一直单向流向城市，长期处于'失血''贫血'状态，振兴就是一句空话。"目前，城乡要素合理流动机制还存在缺陷，无论是进城还是下乡，渠道还没有完全打通，要素还存在不平等交换。要把解决人地钱问题作为建立健全城乡融合发展体制机制和政策体系的一个重点。解决人的问题，重点是培养懂农业、爱农村、爱农民的"三农"工作队伍。现在农民老龄化问题日益突出，要把培育农村人力资本放在重要位置，加快培养新型职业农民，引导各类人才上山下乡，解决好"谁来种地、谁来振兴"的问题。我们将研究出台培养"一懂两爱""三农"工作队伍的政策措施，对涉农专业人才加强培养使用，对到农村创新创业的人才提供支持帮助，引导城乡各类人才投身乡村振兴，让乡村成为他们施展才华的广阔天地。解决地的问题，重点是盘活农村闲置建设用地。要指导各地探索适度放活宅基地和农民房屋使用权，用好农村闲置宅基地和闲置农房。对利用收储农村闲置建设用地发展新产业新业态的，给予新增建设用地指标奖励。允许在县域内开展全域乡村闲置校舍、厂房、废弃地等整治，把零星分散的建设用地整合盘活，重点用于支持乡村新产业新业态和返乡下乡创业。解决钱的问题，重点是拓宽乡村振兴资金来源渠道，建立财政优先保障、金融重点支持、社会积极参与的多元投入格局。2017年12月29日，在中央农村工作会议上，习近平总书记明确指出："现在到了该把土地增值收益更多用于'三农'的时候了。"要是调整完善土地出让收入使用范围，提高农业农村投入比例，重点用于农村人居环境整治、村庄基础设施建设和高标准农田建设，把"主要用之于农"的要求落到实处。同时，鼓励工

商企业投资农业农村，发挥好社会资本的力量。

（四）深化农村改革，增加乡村振兴制度供给

2017年12月29日，在中央农村工作会议上，习近平总书记指出："改革是乡村振兴的重要法宝"。要以土地制度改革为牵引，深入推进新一轮农村改革，全面激活主体、激活要素、激活市场，着力破解制约乡村振兴的体制机制障碍，增强乡村发展活力。一是深化农村土地制度改革。重点是保持农村土地承包关系稳定并长久不变，落实好第二轮土地承包到期后再延长30年的政策，完善承包地"三权分置"的配套政策和法律法规。二是深化农村集体产权制度改革。重点是全面开展农村集体资产清产核资，把家底摸清，年底前要基本完成。扩大集体经营性资产股份合作制改革试点，探索集体经济有效实现形式，构建归属清晰、权能完整、流转顺畅、保护严格的集体产权制度。三是以家庭农场、农民合作社为重点培育新型经营主体。要促进小农户和现代农业发展有机衔接的指导意见，通过完善"农户+合作社""农户+合作社+公司"利益联结机制，培育社会化服务组织等多种途径，推动农户小规模生产与现代化大市场有效对接。同时，要突出抓好家庭农场和农民合作社两类新型经营主体，从小农户中逐步培育一大批规模适度的家庭农场，以产业发展和市场经营为纽带，进一步规范提升农民合作社，支持合作社发展农产品加工流通，赋予双层经营体制新的内涵，不断提高农业经营效率。四是完善农业支持保护制度。要强化高质量绿色发展导向，加快构建新型农业补贴政策体系，研究制定完善农业支持保护政策的意见。统筹兼顾市场化改革取向和保护农民利益的关系，调整改进"黄箱"政策，扩大"绿箱"政策使用范围，健全符合国情农情、适应世贸组织规则的农业支持保护体系。

（五）发挥农民在乡村振兴中的主体作用

农民是农业农村发展的根本力量，实施乡村振兴战略，必须发挥好农民的主体作用和首创精神。既要把政府该干的事情干好、干到位，也要做好群众工作，把农民组织动员起来共同改变乡村面貌。要健全农民参与的引导机制，更多采用事前竞争、事后奖补等政策，引导农民办好自己的事。

第六章

实施开发性扶贫

在2015年减贫与发展高层论坛上，习近平总书记指出："40多年来，我先后在中国县、市、省、中央工作，扶贫始终是我工作的一个重要内容，我花的精力最多。我到过中国绝大部分最贫困的地区，包括陕西、甘肃、宁夏、贵州、云南、广西、西藏、新疆等地。这两年，我又去了十几个贫困地区，到乡亲们家中，同他们聊天。他们的生活存在困难，我感到揪心。他们生活每好一点，我都感到高兴。25年前，我在中国福建省宁德地区工作，我记住了中国古人的一句话：'善为国者，遇民如父母之爱子，兄之爱弟，闻其饥寒为之哀，见其劳苦为之悲。'至今，这句话依然在我心中。"习近平总书记心怀苍生，情系贫困群众。今天，这份情怀已经播撒在华夏大地，演化为五级书记一起抓、东西协作奏交响、行业扶贫显身手、驻村帮扶战一线的立体格局。"人民对美好生活的向往，就是我们的奋斗目标"，占世界五分之一人口的东方大国要在2020年全面建成小康社会，每个民族、每个地区、每个人都要实现"两不愁、三保障"——这是中国共产党顺应民心作出的历史性承诺，是中华民族发展进程中的里程碑。

习近平总书记讲道：“全面建成小康社会，最艰巨最繁重的任务在农村，特别是在贫困地区。没有农村的小康，特别是没有贫困地区的小康，就没有全面建成小康社会。”打好脱贫攻坚战，对如期全面建成小康社会、实现第一个百年奋斗目标具有十分重要的意义。小康不小康，关键看老乡，关键看贫困老乡能不能脱贫。全面建成小康社会的标志性指标就是农村贫困人口全部脱贫。新中国成立以来，我们一直在同贫困作斗争。改革开放以来，我国先后实施《国家八七扶贫攻坚计划（1994—2000 年）》《中国农村扶贫开发纲要（2001—2010 年）》《中国农村扶贫开发纲要（2011—2020 年）》，贫困人口大幅减少。党的十八大以来，国家实施精准扶贫、精准脱贫战略，脱贫攻坚取得决定性成就。一是脱贫攻坚目标任务接近完成，贫困人口从 2012 年年底的 9899 万人减到 2019 年年底的 551 万人，贫困发生率由 10.2% 降至 0.6%，区域性整体贫困基本得到解决。二是贫困群众收入水平大幅度提高，自主脱贫能力稳步提高，贫困群众“两不愁”质量水平明显提升，“三保障”突出问题总体解决。三是贫困地区基本生产生活条件明显改善，群众出行难、用电难、上学难、看病难、通信难等长期没有解决的老大难问题普遍解决，义务教育、基本医疗、住房安全有了保障。四是贫困地区经济社会发展明显加快，基本公共服务日益完善，贫困治理能力明显提升，基层组织得到加强。2020 年脱贫攻坚任务完成后，我国将提前十年实现联合国 2030 年可持续发展议程的减贫目标。世界上没有哪一个国家能在这么短的时间内帮助这么多人脱贫，这对中国和世界都具有重大意义。我国扶贫开发取得的成就，为全球减贫事业作出了重大贡献，足以载入人类社会发展的史册。

第一节　制度保障扶贫

消除贫困、改善民生、逐步实现共同富裕，是社会主义的本质要求，是我们党的重要使命。新中国成立以来，我们党带领人民持续向贫困宣战。改革开放以来，我们成功走出一条中国特色扶贫开发道路，使7亿多农村贫困人口成功脱贫。这个成就，足以证明中国共产党领导和中国特色社会主义制度的优越性。

一、社会主义制度是我国最终消除贫困的最大优势

社会主义制度的建立，为实现最广大人民群众的根本利益，为消除、减缓贫困奠定了厚实的制度保障基础。新中国的诞生是中国共产党人为争取绝大多数人民的人权即基本生存权而浴血奋斗的硕果。其标志着中国人民受奴役、受欺凌，以及生存权、发展权无法得到保障的历史已经一去不复返了。在旧中国，由于几千年封建制度的桎梏，以及鸦片战争以来三座大山的压迫，广大劳动人民长期过着食不果腹、衣不蔽体的贫困生活。新中国和社会主义制度的建立，为中国反贫困事业翻开崭新一页。在中国共产党的领导下，人民当家做了主人，这就为摆脱贫困提供了根本条件。2020年全面建成小康社会，解决了几千年来没有解决的温饱问题这个事实，无可辩驳地说明，我国的社会主义制度具有巨大的优越性，是彻底消除贫困的最大优势。

二、党的领导是我国最终消除贫困的根本保障

中国共产党的根本宗旨是全心全意为人民服务。毛泽东同志讲过，“解决群众的穿衣问题，吃饭问题，住房问题，柴米油盐问题，疾病卫生问题，

婚姻问题。总之，一切群众的实际生活问题，都是我们应当注意的问题。假如我们对这些问题注意了，解决了，满足了群众的需要，我们就真正成了群众生活的组织者，群众就会真正围绕在我们的周围，热烈地拥护我们。”毛泽东把关心群众生活，提到了团结群众、组织群众、保障革命胜利的政治高度。贫困地区的老百姓在革命战争年代，为党和人民的事业作出了巨大的牺牲和贡献。新中国成立 70 多年了，如果还不能让老区人民吃饱穿暖，我们党无法向人民、向历史交代。由此可见，我们党看待贫困问题是从党的宗旨的高度来认识的。各级党委和政府要把脱贫职责扛在肩上，把脱贫任务抓在手上，拿出“敢教日月换新天”的气概，鼓起“不破楼兰终不还”的劲头。

三、社会动员形成我国最终消除贫困的强大合力

自古以来，中国人民就有守望相助、扶贫济困的传统美德。早在先秦时期，儒家、墨家等学派就纷纷提出救助贫弱的思想。以“仁”为精神内核的儒家思想家，提出了“大同”的理想社会观念。我国将每年 10 月 17 日设立为“扶贫日”，就是为了弘扬中华民族扶贫济困的传统美德，动员社会各方面力量共同向贫困宣战，加快形成全社会参与的大扶贫格局。一是强化东西部协作扶贫。东部地区不仅是帮钱帮物，还在推动产业层面合作；不仅是省级层面在协作，市县层面也在协作。1996 年 10 月，福建省和宁夏回族自治区建立起对口协作关系，选出沿海的 8 个经济实力较强的县（市、区）对口帮扶宁夏的 8 个贫困县。从此，武夷山与六盘山肩并肩，闽江和黄河相辉映，远隔千山万水的两省区有了不解之缘，携手向贫困发起挑战。闽宁两省区 20 年来守望相助奔小康，从单向扶贫到产业对接，从经济援助到社会事业多领域深度合作，形成了独具特色的“闽宁模式”，开创出一条具有示范意义的扶贫协作道路。二是党政军机关、企事业单位开展定点扶贫。这是中国特色

扶贫开发事业的重要组成部分，体现了我国的政治优势和制度优势。多年来，各有关单位围绕定点扶贫做了不少工作，取得了积极成效。中央党校结合自身优势，为定点扶贫县云南省墨江哈尼族自治县开展了暑期送教活动，有针对性地开展送教下基层，为墨江脱贫攻坚提供智力支撑。中国银河证券股份有限公司帮扶甘肃静宁县，立足静宁县实际，发挥行业优势、创新帮扶方式、开展精准帮扶，先后投入 1.5 亿元，探索出了一条产业主导帮扶、金融助力脱贫、人人参与扶贫的帮扶模式，打造出了定点帮扶的“静宁样本”，为国家减贫事业贡献了“金融方案”“金融智慧”。中化集团帮扶内蒙古阿鲁科尔沁旗和林西县，打出了一张“授人以渔”的发展牌：打造一批好项目，构建一个好模式，教会一门好手艺，培育一批好品牌。三是广大民营企业参与到了扶贫工作中，开展“万企帮万村”行动。2015 年 12 月 19 日，恒大集团与贵州省毕节市大方县举行恒大结对帮扶大方县精准脱贫签约仪式，无偿投入 30 亿元，用三年时间，通过实施产业扶贫、异地搬迁扶贫、吸纳就业扶贫、发展教育扶贫和特殊困难群体最低生活保障扶贫等一揽子综合措施，实现大方县 18 万贫困人口全部稳定脱贫。

第二节 农村体制改革扶贫

党的十一届三中全会以后，中央提出了一系列反贫困思想、论断，成为指引我国反贫困实践的伟大旗帜。这一时期，在对贫困本质的认识上，提出“贫困不是社会主义，发展太慢也不是社会主义”。世界历史表明，社会主义不是在资本主义相对发达的国家首先取得胜利，而恰恰是在经济比较落后的国家首先获得胜利，这就决定了坚持和发展社会主义的长期性和艰巨性。社会主义必须大力发展生产力，逐步消灭贫穷，不断提高人民的生活水平。让一部分人先富起来，最终实现共同富裕的思想，为我国反贫困注入新的活力。我国幅员辽阔，人口众多，但基础差，底子薄。面对这样的具体国情，怎样才能使全国人民消除贫困，走共同富裕之路呢？过去搞平均主义，吃大锅饭，实际上是共同落后，共同贫穷。只有让一部分人先富起来，通过富帮穷、先富帮后富，才能实现共同富裕。中国要谋求发展，摆脱贫困和落后，就必须开放。这个时期，改革开放成为我国消除、减缓贫困的根本途径。

一、实行家庭联产承包责任制

以家庭联产承包责任制为核心的土地制度改革，采取了统一经营与分散经营相结合的原则，使集体优越性和个人积极性同时得到发挥。家庭联产承包责任制以农户为承包单位，扩大了农民的自主权，发挥了小规模经营的长处，克服了管理过分集中和平均主义的弊病，高度激发了农民的生产积极性，彻底解决了农业生产上长期激励不足的难题，极大地解放了农村的生产力，促进了农业生产力的发展，粮食总产量从 1978 年的 6095 亿斤，增至 1984 年的 8146 亿斤。同时，家庭联产承包责任制又继承了以往合作化的积极成果，坚持了土地等基本生产资料的公有制。家庭联产承包责任制的实行，极大地提高了农民的收入，大幅度减少了农村贫困人口，成为以体制改革解决贫困问题的典范。

二、搞活农产品流通

党的十三大召开之后，随着我国农村商品经济的发展，农产品流通对于保持农业生产稳定增长，增加农民收入具有越来越重要的作用。遵循党的十三大关于计划经济与市场调节相结合的原则，国家对农产品流通总的要求是：适当缩小指令性计划管理，更多地发挥市场机制的作用。我国在致力于经济社会全面发展的进程中，在全国范围内开始根据实际情况制定系列扶贫政策。政府对农村生产、分配以及收购也进行了大的变革，市场逐步解禁，对农产品的收购价格也进行了调整。粮食在保证完成国家定购任务的前提下，长年放开经营。同时，为了建立全国统一的农产品市场，打破了地区封锁，撤掉了滥设的关卡，保证货畅其流。鼓励集体和个人进入流通领域，发展多渠道经营。凡是放开经营的农产品，集体商业和个体工商户都可以经营，可以长途贩运。

三、发展乡镇企业

20 世纪 80 年代以来，我国的乡镇企业获得迅速发展，对充分利用乡村地区的自然及社会经济资源、向生产的深度和广度进军，对促进乡村经济繁荣和人民物质文化生活水平的提高，改变单一的产业结构，吸收数量众多的乡村剩余劳动力，以及改善工业布局、逐步缩小城乡差别和工农差别，建立新型的城乡关系均具有重要意义。乡镇企业不仅成为中国农民脱贫致富的必由之路，而且成为国民经济的一个重要支柱。乡镇企业是独立自主的经济实体。它有如下特点：一是产供销活动主要靠市场调节；二是职工大都实行亦工亦农的劳动制度和灵活多样的分配制度；三是与周围农村联系密切，便于利用本地各种资源；四是分布点多、面广，便于直接为各类消费者服务；五是经营范围广泛，几乎涉及各行各业；六是规模较小，能比较灵活地适应市场需求的不断变化；七是在现阶段大多是劳动密集型的经济组织，技术设备比较简陋，能容纳大量农村剩余劳动力。这些特点不仅使得乡镇企业具有极大的适应性和顽强的生命力，而且有利于乡镇企业因地制宜，积极开发利用当地优势资源，大力发展农副产品加工业、农用工业等，促进了农村工业小区和集镇建设。我国大力发展乡镇企业的实践证明，乡镇企业极大地繁荣了农村经济，改变了农村落后的面貌，解决了农村富余劳动力就业，增加了农民收入，改善了农民生活。同时，在这一时期，政府放松了对人口流动的限制，促进了农村劳动力非农化转移。这些体制改革成了我国农村扶贫的主要推动力，推动了农村经济增长，极大地缓解了农村贫困现象。

第三节　开发性扶贫

改革开放以来，特别是20世纪80年代中期开展有组织、有计划、大规模的扶贫开发工作以来，全国农村的贫困问题明显缓解，贫困人口大幅下降。《国家八七扶贫攻坚计划》实施后，扶贫攻坚力度加大，贫困地区的生产生活条件极大改善，贫困人口进一步减少。西部大开发战略的实施有力地拉动了西部地区经济增长，提高了农民的收入水平。新世纪初期制定的《中国农村扶贫开发纲要（2001—2010年）》，进一步聚焦重点地区的扶贫开发，为达到小康水平创造了良好的条件。

一、开展大规模有针对性的开发式扶贫

在20世纪80年代中期，农村地区特别是老少边远地区的经济、社会和文化发展水平开始较大落后于沿海发达地区。因此，这一时期，这些地区的发展成为“需要特殊对待的政策问题”。鉴于此，1986年，国务院扶贫和开发领导小组正式成立，致力于协调大型的农村扶贫计划。与此同时，大部分贫困省、市、县也相应成立扶贫领导小组，进而全力推进农村扶贫。自此，我国农村扶贫开始转入有计划、有组织的大规模开发式扶贫——确定开发式扶贫方针、成立专门扶贫机构、制定专门优惠政策、安排专项扶贫资金、核定贫困县、目标瞄准特定地区和人群等。我国的扶贫工作也由此跨入新台阶。

这一时期反贫困开发政策可以概括为以下几个方面：第一，坚持开发式反贫困工作方针，即在国家必要支持下，充分利用贫困地区自然资源，进行开发性生产建设，逐步形成我国贫困地区、贫困户的自我积累和发展能力，最终依靠自身力量解决温饱、脱贫致富。第二，以县为单位确立国家反贫困重点，形成按区域实施反贫困计划的基础。第三，增加扶贫资金、物资投入，扶持能够为贫困农户提供参与经济发展机会的生产开发项目。这一时期确定的开发式反贫困是以区域开发作为切入点，从而带动扶贫工作的推进。

二、实施《国家八七扶贫攻坚计划》

随着农村改革的深入和国家扶贫开发力度的不断加大，我国农村贫困人口数量上在逐年减少。但是，由于贫困问题的长期性和复杂性，新的贫困特征也随之出现，主要表现为贫困发生率明显倾斜于中西部地区（深山区、石山区、荒漠区、高寒山区、黄土高原区、水库库区等），且这些地带多位于革命老区或少数民族聚居区，而这些地区自然条件恶劣、基础设施薄弱和社会发育落后等原因致使扶贫工作难度更大。为实现共同富裕，1994 年 4 月国务院实施《国家八七扶贫攻坚计划》（以下简称《计划》），把其作为未来 7 年扶贫开发工作的纲领。《计划》提出的扶贫攻坚的奋斗目标：一是把解决贫困人口温饱问题作为首要任务。千头万绪，温饱第一。毛主席在《湘江评论》创刊词中讲道："世界什么问题最大？吃饭问题最大。"彻底解决贫困问题需要长期努力，但最为迫切的就是满足贫困群众对温饱的需求。《计划》要求到 20 世纪末，使全国绝大多数贫困户年人均纯收入按 1990 年不变价格计算达到 500 元以上，扶持贫困户创造稳定解决温饱问题的基础条件，减少返贫人口；二是继续坚持开发式扶贫的方针。重点发展投资少、见效快、覆盖广、效益高、有助于直接解决群众温饱问题的种植业、养殖业和相关加工业等。三是有计划有组织地发展劳务输出，积极引导贫困地区劳动力合理、有序转移。四是增加了扶贫投入。从 1994 年起，再增加 10 亿元以工代赈资金，10 亿元扶贫贴息贷款。从 1997 年起，每年增加 15 亿元用于贫困地区农田基本建设、修建乡村公路、解决人畜饮水等。五是在集中连片的重点贫困地区安排大型开发项目。优先向贫困地区安排了一批水利、交通等基础设施项目和资源开发项目，带动当地农户就业，脱贫致富。

三、实施西部大开发战略

实施西部大开发战略，加快中西部地区发展，是为了贯彻邓小平同志提出的“两个大局”战略思想作出的重大决策。2000 年 1 月，国务院西部地区开发领导小组召开西部地区开发会议，研究加快西部地区发展的基本思路和战略任务，部署实施西部大开发的重点工作。2000 年 10 月，中共十五届五中全会通过的《中共中央关于制定国民经济和社会发展第十个五年计划的建议》，把实施西部大开发、促进地区协调发展作为一项战略任务，强调：“实施西部大开发战略、加快中西部地区发展，关系经济发展、民族团结、社会稳定，关系地区协调发展和最终实现共同富裕，是实现第三步战略目标的重大举措。”我国的陆地边界，西部地区占了 80%，加快西部地区的发展，对于我国未来的繁荣昌盛和长治久安，对于解决西部的贫困问题和全面建成小康社会，具有极其重大的意义。一是加快了西部地区基础设施建设。基础设施薄弱是制约西部地区发展的主要因素，不把基础设施搞上去，西部开发就会遇到极大困难。中央加强了西部地区公路、铁路、机场、天然气管道等交通运输基础设施建设，同时，加强了西部地区电网、通信和广播电视等基础设施建设，加快农村电网的改造，实施广播电视“村村通”计划。加强了农村水利设施建设，大力推行农业节水灌溉，着力抓好一批重点骨干工程。二是加强了生态环境保护和建设。西部地区加快恢复林草植被，加快治理水土流失问题，坚决实行“退耕还林（草）、封山绿化、以粮代赈、个体承包”的措施。同时，我国把退耕还林还草同扶贫开发结合起来，结合当地实际情况选择树种草种，宜林则林，宜草则草，做到了生态林、用材林、经济林的合理搭配，既保证了农民的近期生活，也解决了农民长远生计问题，使农民得到了实惠。三是发展了西部地区的旅游业。西部地区自然风光多姿多彩，历史古迹闻名遐迩，发展旅游业具有得天独厚的优势。通过保护好生态环境，改善交通卫生条件，提高服务质量，吸引天下游客来观光，使旅游业成为西部地区农民增收的重要渠道。

四、新世纪扶贫计划

21 世纪初，在《国家八七扶贫攻坚计划》完成之后，我国农村贫困现象明显缓解，贫困人口大幅度减少。到 2000 年年底，除了少数社会保障对象和生活在自然环境恶劣地区的贫困人口，以及部分残疾人以外，全国农村贫困人口的温饱问题已经基本解决，《国家八七扶贫攻坚计划》确定的战略目标基本实现。但是，初步解决温饱问题的群众，由于生产生活条件尚未得到根本改变，他们的温饱还不稳定，巩固温饱成果的任务还很艰巨，温饱的标准还很低，需要继续把扶贫开发放在国民经济和社会发展的重要位置。为此，国家实施了新的扶贫计划——《中国农村扶贫开发纲要（2001—2010 年）》，就是要尽快解决少数贫困人口温饱问题，进一步改善贫困地区的生产生活条件，巩固温饱成果，把我国的扶贫开发事业推向一个新的阶段，为达到小康水平创造条件。一是坚持开发式扶贫方针。以经济建设为中心，以市场为导向，帮助贫困地区开发当地资源，发展商品生产，改善生产条件，走出一条适合自身的发展道路。这是贫困地区脱贫致富的根本出路。二是坚持综合开发、全面发展。把扶贫开发纳入国民经济和社会发展计划，既加强了水利、交通、电力、通信等基础设施建设，又重视科技、教育、卫生、文化事业的发展。三是坚持可持续发展。将扶贫开发与资源保护、生态建设相结合，实现资源、人口和环境的良性循环。四是确定扶贫开发的重点。按照集中连片的原则，国家把贫困人口集中的中西部少数民族地区、革命老区、边疆地区和特困地区作为扶贫开发的重点，在这些地区确定扶贫开发工作重点县。

第四节　精准扶贫

党的十八大以来，我国开始实施精准扶贫方略，目的就是要拿出“绣花”的工夫，做到对症下药、精准滴灌、靶向治疗，不能再搞大水漫灌、走马观花、“手榴弹炸跳蚤”。具体来看，就是注重抓六个精准：扶贫对象精准、项目安排精准、资金使用精准、措施到户精准、因村派人精准、脱贫成效精准。为了做到上述六个精准，就需要解决好以下四个方面的问题：一是解决好“扶持谁”的问题。精准识别贫困人口是精准施策的前提，只有知道谁是贫困户、贫困人口，才能有针对性地采取扶贫对策。因此，各地花了大量时间和精力进行建档立卡，就是要弄清楚精准扶贫的对象是谁。二是解决好“谁来扶”的问题。党中央、国务院主要负责统筹制定脱贫攻坚的大政方针，出台重大政策举措。地方上“五级书记一起抓，层层签订军令状”，尤其是县级党委和政府承担主体责任，县委书记和县长是第一责任人。三是解决好“怎么扶”的问题。针对不同致贫原因导致的贫困，开出不同的“药方”，实施“五个一批”工程。四是解决好“如何退”的问题。建立了第三方评估机制，杜绝了“数字脱贫”，增强了脱贫工作绩效的可信度。

一、发展生产脱贫一批

习近平总书记讲道："扶贫不是慈善救济，而是要引导和支持所有有劳动能力的人，依靠自己的双手开创美好明天。"对于有劳动能力、有耕地等资源但缺资金、缺产业、缺技能的贫困人口，要立足当地资源，宜农则农、宜林则林、宜牧则牧、宜商则商、宜游则游，扶持发展特色产业，通过发展生产脱贫一批。产业扶贫的实质，就是坚持开发式扶贫方针，引导和激励贫困地区干部群众发扬自力更生、艰苦奋斗的精神，合理开发利用当地资源，积极培育特色优势产业，着力增强贫困地区自我积累、自我发展能力，走出一条依靠自己力量增产增收、脱贫致富的路子。产业化扶贫是通过确立主导产业，建立生产基地，提供优惠政策，扶持龙头企业，实现农户和企业双赢，从而达到带动贫困农户脱贫致富的目标。产业化扶贫的内在要求有两个：一是要发展壮大贫困地区有特色、有市场竞争力、可持续发展的主导产业，推动贫困地区经济发展；二是将贫困人口连接到产业链上，使他们参与主导产业发展，并从中受益，进而达到脱贫致富的目的。产业的发展是脱贫的引擎，没有了可持续的特色产业发展，贫困人口就不能真正脱贫。扶贫和产业开发一定要结合起来，才能真正使贫困户脱贫。我国扶贫很重要的特点就是强调开发式扶贫为主，社会保障作为补充。所谓开发式扶贫就是创造条件让贫困户增强能力，自己能创收，从而改善自己的生活水平。产业扶贫是开发式扶贫中关键的一招。在实施特色产业扶贫的过程中，各地始终坚持"靠山吃山唱山歌，靠海吃海念海经"的原则，重点支持贫困村发展种养业和传统手工业，大力推进"一村一品""一乡一业"，取得了较好的效果。

二、易地搬迁脱贫一批

深山老林是旧社会老百姓为了躲避战乱不得已生活的地方，对于今天还居住在缺乏基本生存条件的深山区、库区和地质灾害频发区的贫困人口，很难实现生活富裕，而且增加了扶贫的各类成本：一是增加了基础设施建设成本。通水、通路、通电等村村通工程成本过高，质量偏低，收益较小。二是增加了普及教育的成本。村村建学校成本高、学生数量少，难以引进优质教师资源，教学质量低。三是增加了医疗成本。分散居住给老百姓看病带来诸多不便，只能依靠专业技能相对较低的乡村医生，导致病情耽误，小病拖成大病。四是增加了把人留在当地的成本。在深山老林居住，吃穿住行均不方便，而且成本很高，年轻人都想走出大山，不愿回来。五是增加了社会治理和社会管理的成本。分散居住不利于实现网格化管理，也不利于在紧急情况下采取应急措施。六是增加了生态治理的成本。分散居住破坏了生态环境，本来不适合耕种的土地都被开垦为耕地。七是增加了引进产业的成本。只有人口聚集的地方才能增强对产业的吸引力。因此，对于“一方水土养不了一方人”的贫困人口，要按照“政府引导，村民自愿”的原则，采取一定的扶持激励政策帮助其搬迁到社会经济条件较好的地方进行生产和生活，从根本上解决问题，达到逐步脱贫致富的目的。随着新型城镇化的推进，大量农村转移人口逐步融入城市或城镇生活，享受更好的基本公共服务，使产业集聚与人口集聚同步实现。在引导农民向城镇聚集过程中，还能降低扶贫成本，实现扶贫效益的最大化。因此，把扶贫攻坚和新型城镇化两项工作结合起来，能够达到以新型城镇化带动精准扶贫、以精准扶贫促进新型城镇化的目标。

三、生态补偿脱贫一批

生态补偿脱贫是以恢复生态、保护环境和发展经济为目的，是绿色发展理念在扶贫开发领域的一种体现，也是实现精准脱贫的重要途径。之所以进行生态补偿脱贫，是因为我国的生态破坏严重，表现在水土流失、土地荒漠化、草场退化、森林资源危机、水资源短缺等方面。第一，我国是世界上水土流失最严重的国家之一。水土流失涉及全国近千个县，主要分布在黄土高原、江南山地丘陵和北方土石山区。水土流失致使土层变薄，土壤肥力衰减，土地贫瘠化，甚至完全石化或沙化，寸草难生。第二，我国也是全球土地荒漠化严重的国家之一。我国土地荒漠化面积达 262.2 万平方公里，约占国土面积的 30%。荒漠化地区生态环境脆弱、耕地萎缩，数亿人的生产生活因此受到影响，全国 60% 的贫困县都集中在这些地区。第三，我国人均森林面积是世界上最少的国家之一。长期以来，把林业当一般的生产行业对待，对森林的生态效益和社会效益重视不够，大量采伐使本来就少的森林越来越少。第四，中国水资源贫乏，人均淡水资源量 2200 立方米，仅为世界平均水平的 1/4。按照国际公认的标准，我国总体上已属于中度缺水国家，并且时空分布极不均衡。

对于生存条件差，但生态系统重要、需要保护修复的地区，我国结合生态环境保护和治理，探索出一条生态脱贫的新路子。加大了对贫困地区生态环境的修复力度和退耕还林还草力度，将贫困地区 25 度以上的农田纳入退耕还林还草范围，增加重点生态功能区转移支付。有些地区建立国家公园体制，让有劳动能力的贫困人口就地转成护林员。甘肃定西地区是全国闻名的“苦甲天下”，生态环境相当脆弱，是甘肃生态型贫困的典型区域。定西积极利用靠近兰州经济圈和丝绸之路核心带的地理优势，引入区域外生态型扶贫资源，让“千年药乡”的生态名片，推动地区生态与经济良性循环，真正实现因地制宜精准脱贫和绿色发展。

四、发展教育脱贫一批

我国不少地区贫困的原因并非自然条件恶劣或天灾人祸，而是当地群众思想观念落后所致。有的人好逸恶劳，好吃懒做；有的人满足现状，温饱即安；有的人没有财富积累观念，挣多少钱就花多少钱；有的人“等、靠、要”思想严重，守着“金饭碗”要饭吃，总指望国家和社会的救济和扶持，等等。正是由于这些落后的思想观念使得一些地区“年年扶、年年贫”，有的甚至越扶越贫，直接影响了扶贫工作的成效。穷而不思进取、穷且志短，比物质的贫困更可怕。因此，扶贫要先扶志，要从思想上、精神上帮扶，帮困难群众树立摆脱困境的信心和斗志。在西部的一个贫困县调研过程中，据当地的扶贫干部讲：县扶贫办为了让一家贫困户脱贫致富，免费为其提供两只小猪崽，希望贫困户将这两只猪崽喂大后卖一只，自己留着吃一只。但是，过了不到一个月的时间，当扶贫干部再去看望这家贫困户时，让他们万万没有想到的是，这两只猪崽已经被宰杀吃掉。西北地区广泛流传着一句俗语：“春天两只小猪崽，冬天喂肥全吃掉，永远是穷人；春天两只小猪崽，冬天喂肥吃一只卖一只，来年还能再养两只，只能算中等；春天两只小猪崽，冬天喂肥全卖掉，来年勒紧腰带养八只，出人头地是必然。”广西大化瑶族自治县一个老牌贫困村出了几桩扶贫怪事：地方干部为村民寻求务工机会，村民以“吃不惯外地大米”为由拒绝；地方干部为贫困户提供鸽苗，村民把鸽子养大后卖掉，没买新鸽苗却把钱花个精光；地方干部为村民脱贫殚精竭虑，贫困户却为自己生了 4 个儿子而骄傲，以为孩子长大了就能过好日子……地方政府对这个贫困村的投入并不少，为何依旧陷入“年年扶、年年贫”的困境？从前面提到的几桩扶贫怪事可以看出，一个很重要原因是有些村民不仅物质上贫困，在思想观念层面也很贫乏，缺少改变现状的志气。这些贫困村的现实再次证明：扶贫要先扶志，也就是要从思想上、精神上帮扶，帮困难群众树立摆脱困境的信心和斗志。

教育可以提高劳动者的素质，改变落后的思想观念，提高劳动生产率，为区域经济社会发展提供人才和智力支撑，切断贫困的恶性循环链。教育扶贫被认为是最有效、最直接的精准扶贫。教育扶贫不仅是国家扶贫开发战略的重要任务，也是实现教育公平和社会公正的重要方面。有位哲人这样说，知识改变命运，文化改变生活，知识改变生存的质量，文化改变生存的品质。贫穷缺什么？表面上是缺资金，实际上缺教育。能够用最低成本改变贫穷面貌的就是教育。解决好这些“非物质”问题，才能真正拔掉穷根，阻止贫困代际传递。扶贫须先做好“扶志”和“扶智”工作，这就需要地方政府在开展扶贫工作时把教育当作重要任务、重要突破口。“扶志”和“扶智”是着眼于未来的扶贫。为贫困地区的孩子们创造更好的条件，让他们有机会接受更好的教育，见更广的世面，有更现代化的思维，他们以后就可能成为改变家庭面貌、地区面貌的核心力量。以改变下一代“思想贫困”状态为重点，将更多的资金用于教育扶贫，相比之下见效虽慢点，却是脱贫“釜底抽薪”、彻底拔穷根之策。精准扶贫是一个攻坚拔寨、啃硬骨头的阶段，残疾人的脱贫更是这些硬骨头中最硬的一块。要使残疾人真正实现脱贫致富，最重要的是提高他们的文化素质，为他们创业和就业创造机会，变“输血”为“造血”，让残疾人能够自食其力。2011 年以来，巴中市以特教学校为主阵地，以学习文化为基础、艺体培训为特色、职业技能培训为重点，积极探索集基础教育、职业教育为一体的残疾人教育体系，减少残疾青壮年文盲。全市建有特殊教育学校 4 所，500 余名残疾儿童集中接受义务教育，1.5 万名义务教育阶段残疾儿童随班就读，帮助36名残疾学生就读高校。同时，为了更好地解决残疾人就业，实行“分类培训、分类就业”和“集中就业与居家灵活就业相结合”的办法，开展了维修、烹饪、盲人按摩、编织、种植、理发等实用技术培训。

五、社会保障兜底脱贫一批

2014年年底，贫困人口中没有劳动能力的有两千多万人，到2020年，这部分贫困人口需要由社会保障来兜底。第一，完善了农村最低生活保障制度。对无法依靠产业扶贫和就业帮助脱贫的家庭实行政策性保障兜底，做到了农村扶贫标准和农村低保标准的有效衔接，将所有符合条件的贫困家庭纳入低保范围。第二，实施了健康扶贫工程。保障贫困人口享有基本医疗卫生服务，贫困人口参加新型农村合作医疗个人缴费部分由财政给予补贴，降低贫困人口大病费用实际支出，将贫困人口全部纳入重特大疾病救助范围，努力防止因病致贫、因病返贫。第三，完善了城乡居民基本养老保险制度，适时提高基础养老金标准。引导农村贫困人口积极参保续保，逐步提高了保障水平。

第七章

把饭碗牢牢端在自己手里

“民以食为天”。粮食是人类赖以生存的基本物质资料。中国共产党始终重视农业，把解决好“三农”问题作为重中之重，把饭碗牢牢端在自己手里，确保我们的饭碗主要装中国粮食。习近平总书记曾经反复强调，解决好吃饭问题始终是治国理政的头等大事，提出“悠悠万事，吃饭为大”“保障国家粮食安全是一个永恒课题，任何时候这根弦都不能松”。

第一节　农业始终是一号工程

习近平总书记曾经指出：“中国要强，农业必须强；中国要美，农村必须美；中国要富，农民必须富。”民以食为天，食以粮为先。一个13亿多人口的大国，解决好吃饭问题始终是治国理政的头等大事。因此在国民经济发展的同时，需要加快推进农业现代化，夯实农业基础地位，确保国家粮食安全，提高农民收入水平。

纵观古今，无论是传统农业还是现代农业，粮食问题、农业问题不仅仅是经济问题，它还涉及文化、政治等多个领域。保障国家粮食安全是实现经济发展、社会稳定、国家安全的重要基础；确保农业稳定发展是实现民族复兴、国家繁荣的重要手段。

一、儒家学派的重农思想

儒家文化以民为本，其中最为重要的就是对人的精神及其物质需要的重视。儒家文化对农业生产也极为关注，常常把农业生产视为社会政治活动的第一要务，使儒家的社会历史观表现出明显的“重农”特征。如儒家代表人物孔子曾提出“禹、稷躬稼而有天下”，从而将农业生产摆在政治成功与否的关键位置。又如《周礼》中的“九职任万民”将“三农”列为九职之首。而在《齐民要术》中则更是明确提出了“食为政首”的思想。

二、重视农业是中国共产党人的传统

毛泽东同志历来重视农业生产。早在 1934 年，他就提出要把农业生产放在经济建设工作的第一位。毛泽东同志对农业重要性的理性思考主要有以下几点：其一，农业关系到社会稳定。毛泽东同志认为：“农业关系到五亿农村人口的吃饭问题，吃肉吃油问题，以及其他日用的非商品性农产品问题，……农业搞好了，农民能自治，五亿人口就稳定了”；其二，农业关系到工业发展。毛泽东同志指出：“在一定意义上可以说，农业就是工业”；其三，农业关系到国防巩固。毛泽东同志说“粮食足，军食孰能不足”；其四，农业关系到人民生活改善，毛泽东同志指出：“农业特别是粮食，直接关系人民的生活。农业发展了，就可以更好地供给人民生活的需要。”

邓小平同志也有相似的论述。邓小平认为：“农业落后，工业就要受到拖累。农业发展，可以促进工业发展。农业每年增产百分之十就不容易，而食品、副食品、轻工业原料，都要靠农业。所以，农业是基础，始终要抓农业。”邓小平认为农业是基础，主要表现在以下三个方面：其一，解决吃饭问题始终是我国面临的头等大事。邓小平指出：“不管天下发生什么事，只要人民吃饱肚子，一切就好办了。”其二，农业的发展是工业与整个国民经济发展的基础。邓小平指出：“要实现四个现代化，关键是农业现代化。”其三，农村的发展和稳定是整个国家发展和稳定的基础。邓小平强调：“农村不稳定，整个政治局势就不稳定，农民没有摆脱贫困，就是我国没有摆脱贫困。”

江泽民同志对“三农”问题也十分重视。江泽民提出：“农业、农村、农民问题是关系改革开放和现代化建设全局的首要问题。”农业是国民经济的基础，工业和其他事业的发展在很大程度上都要取决于农业发展水平和提供的条件。农业、农村和农民问题，始终是一个关系我们党和国家全局的根本问题。江泽民同志总结道：“我国人民的吃饭问题，不能靠任何别的国家来解决，一是靠人家靠不住，谁也解决不了这个大问题；二是即使能够解决，也会受制于人。”

胡锦涛同志的农业基础地位思想与邓小平和江泽民一脉相承。胡锦涛指出：“中央认为，解决好‘三农’问题是全党工作的重中之重”“加强农业基础地位，高度重视并大力发展农业是我们党一直坚持的战略思想，农业是国民经济的基础，也是社会发展的基础。”

党的十八大以来，以习近平同志为核心的新一届中央领导集体，把握理论与实践创新的思想逻辑和历史经验，继续推进马克思主义农业基础地位理论在当代中国的新发展。习近平总书记对农业的基础地位高度重视，便提出了“要加强和巩固农业基础地位，加大对农业的支持力度，加强和完善强农惠农富农政策，加快发展现代农业，确保国家粮食和重要农产品有效供给。”民以食为天，习近平总书记将吃饭问题当作治国安邦的头等大事，指出“手中有粮，心中不慌。我国有十三亿人口，如果粮食出了问题谁也救不了我们，只有把饭碗牢牢端在自己手中才能保持社会大局稳定。”

三、中央一号文件回顾

中共中央从 1982 年至 1986 年连续五年发布以农业、农村和农民为主题的中央一号文件，对农村改革和农业发展作出具体部署。2004 年至 2020 年又连续 17 年发布以“三农”（农业、农村、农民）为主题的中央一号文件，强调了“三农”问题在我国社会主义现代化时期“重中之重”的地位。“中央一号文件”现在已成为中共中央、国务院重视农村问题的专有名词。

中共中央关于农业与农村的一号文件引导了我国农业与农村 40 年的发展，主导着农业发展的走向，推动了农业发展的转型，保障了国家的粮食安全，同时也促进了国家工业化和乡村城镇化的发展。我国农村经济改革与发展，基本上可以根据中央一号文件分为以下四大阶段。

第一阶段，主要是落实和推行家庭联产承包责任制、改变农村管理体制、实现农产品流通市场化。1982 年的中央一号文件聚焦家庭联产承包责任制；1983 年中央一号文件聚焦人民公社体制改革；1984 年中央一号文件聚焦促进农村商品生产发展；1985 年中央一号文件重点在于改革农产品统派销制度；1986 年中央一号文件聚焦摆正农业在国民经济中的地位。这一阶段的五个“一号文件”，高度重视农业问题，激活了广大农民的生产积极性，农业生产率得到显著提升，温饱问题得到有效解决，农民生产生活条件明显改善。

第二阶段，主要是推进农村税费改革，取消农业税，促进工业“反哺”农业，实现城乡一体化发展。2004 年中央一号文件聚焦增加农民收入；2005

年中央一号文件聚焦提高农业综合生产能力；2006 年中央一号文件聚焦推进社会主义新农村建设；2007 年中央一号文件聚焦发展现代农业；2010 年中央一号文件聚焦统筹城乡发展。这一阶段的中央一号文件使我国城乡关系发生了重大转折，国家和农民的利益关系得到进一步调整，极大地推进了我国农村的发展。

第三阶段，是在实施城乡一体化发展战略的背景下，从多层次、多角度，综合推进我国农业和农村发展的新阶段。2012 年中央一号文件聚焦推进农业科技创新；2013 年中央一号文件聚焦增强农村发展活力；2014 年中央一号文件聚焦全面深化农村改革；2015 年中央一号文件聚焦加大改革创新力度；2016 年中央一号文件聚焦落实发展新理念，加快农业现代化；2017 年中央一号文件聚焦推动农业供给侧结构性改革。2011—2017 年间，我国农业进入了由总量不足向结构性矛盾转变的战略转型时期。在粮食连续增产的背景下，农业与农村发展的瓶颈问题也不断显现。逐一解决这些瓶颈问题，也就成为这一阶段中共中央一号文件的政策主线。而这些问题的逐步解决，也就为下一阶段我国的农业与农村全面发展奠定了坚实的基础。

第四阶段，开启了我国乡村振兴战略部署的新时代。2018 年中央一号文件聚焦实施乡村振兴战略；2020 年中央一号文件聚焦完成打赢脱贫攻坚战和补上全面小康“三农”领域突出短板。新时代以来，国家出台的各种利农、惠农政策凝聚社会共识，促进整个社会的公平，为全面实现小康社会作出了巨大贡献。

我国农村改革发展 40 年来，在中共中央一号文件的指引下，我们全力以赴地解决了自己的吃饭问题，同时也快速进行了国家工业化和城镇化发展。由于我国的“三农”问题是动态变化的，所以历年推出的一号文件适应了这种变化，集中力量解决了不同阶段的突出问题和矛盾，为每一个分阶段赋予了不同的目标和任务。无论每一阶段的目标和任务如何变化，不变的是农业在我国的重要地位，不变的是共产党人为中国人民谋幸福，为中华民族谋复兴的初心和使命。

第二节　完善农村基本经济制度

1978 年，党的十一届三中全会作出把党和国家的工作中心转移到经济建设上来、实行改革开放的历史性决策。我们党全面把握国内外发展大局，支持农民的首创精神，领导广大农民率先发起大包干，开启农村改革的新纪元，并以磅礴之势推向全国，谱写了波澜壮阔的历史诗篇。40 年来，我国确立了以家庭承包经营为基础、统分结合的双层经营体制。这是党在农村政策的基石。从改革历程看，这一过程经历了确立、完善、深化三个阶段。

一、改革开放初期农村基本经济制度确立阶段

这个时期，广大农民在党的领导下，走出了一条独具我国特色的农村土地制度创新之路。在这条道路上，先是农民们首创了“包产到户”“包干到户”，再是政府确立了家庭联产承包责任制，最后中央废除了人民公社体制。

安徽凤阳小岗村首创了大包干的生产责任制。村委干部以极大的勇气、冒着坐牢的风险实施“瞒上不瞒下”的包干到户生产责任制，使得安徽凤阳小岗村成为改革开放后第一个实行包干到户的村。

实施大包干之前，小岗村经济条件十分落后。1955 年开始，小岗村没有经过小社，就一步迈入高级社，开始出现“干活大呼隆、分配一拉平”的现象，结果粮食产量逐年下降。到 1959 年，遇上了三年自然灾害，出现了“饿、病、逃、荒、死”等严重情况。秋收刚刚结束，家家户户都准备外流

讨饭了，小岗村成了远近闻名的穷队、光棍村、讨饭户。

在极端贫困的情况下，小岗村的几个队干部一直在思考如何才能改变小岗村的贫穷面貌。他们首先进行的是改变分组作业的“一组四定”联产承包责任制。“一组四定”是指将全队划分为四个小组，实施分组作业。但是实行过程中出现了组内、组间成员分工不合理等问题，因此干部们决定采取“瞒上不瞒下”的办法，上报是四个小组，实际上八个小组。分成八个小组以后，基本上每个小组是父子组或者兄弟组，这样可以提高生产效率。这样的改动早期确实改善了生产状况，但是，后来由于长期受到吃大锅饭思想的影响，就是兄弟之间、亲人之间也会出现矛盾，影响生产。

在经历了各种失败的尝试之后，小岗村的干部们认为这样分来分去，还不如分到户，各干各的，什么矛盾也不会出现，这就有了大包干到户的想法。可是在当时的历史条件下，包产到户和包干到户没有任何村实行过，被上级知道了不得了，会被认为是资本主义，可能会坐牢。经过激烈的思想斗争，干部们达成一致：为了乡亲们能够改善生活条件，队里决定实行分到户的责任制，即首先完成国家征购任务，再完成集体提留，剩下来的都是自己的，这就叫大包干到户。

1978 年 12 月，由严宏昌执笔，写下了包干合同书。内容是：

我们分田到户，每户户主签字盖章，如以后能干，每户保证完成每户的全年上交公粮，不再向国家伸手要钱要粮，如不成，我们干部坐牢杀头也甘心，大家社员也保证把我们的小孩养活到 18 岁。

通过实行大包干到户，安徽凤阳小岗村的生产能力得到了突破性发展。小岗村实行大包干到户的历史性伟大实践，不仅改变了小岗村原本的落后面貌，实现了农产品产量的跃升，改善了小岗村农户的生活，而且在全国树立了一个具有时代意义的榜样，为其他地方实行包产到户、包干到户的经营体制提供了良好的范本，具有极大的说服力，能够推动以家庭联产承包责任制为主的多种生产经营体制的发展。

二、农村基本经济制度完善阶段

这一阶段，中央强化法律和政策保障，使土地集体所有、家庭承包经营为主的农村基本经营制度得以巩固和完善。继 5 个中央“一号文件”之后，中央多次强调要进一步稳定土地承包关系，以至于土地承包关系从长期稳定变为长久不变。农村实行家庭承包经营制度后，农业税费全面取消，农村土地制度改革进一步深化。此外，土地流转逐步发展，极大地提高了农民承包土地的积极性。总体而言，这一时期，土地承包步入了依法管理轨道，农户对承包土地所享有的占有、使用、流转、收益等权利逐渐明晰，农村基本经济制度得到了进一步完善，农村市场化改革得到了进一步深化。

由于土地流转不断发展，股份制也逐渐被引入土地制度，农民承包的土地从实物形态变为价值形态，使得一部分农民在获得股权后安心从事二三产业，另一部分农民可以扩大土地经营规模，实现市郊农业由传统向现代转型。这种新的经济运行体制，激发了农民生产的积极性。以莱阳市为例，莱阳农村推行股份合作制后，从 1991 年 7 月到 1993 年 5 月，农民入股 8.2 万多户，占全市农户的 1/3 以上。

三、农村基本经济制度深化改革阶段

党的十八大以来，以习近平同志为核心的党中央作出“四个全面”的战略布局，将全面深化改革摆在突出位置，对深化农村土地制度改革作出了一系列重大决策部署，初步构建了农村土地制度的“四梁八柱”。

实行家庭承包经营后，农民集体拥有土地所有权，农户家庭拥有承包经营权，实现了所有权和承包经营权“两权分离”。但伴随着工业化、城镇化深入推进，大量农业人口转移到城镇，农村土地流转规模不断扩大，土地承包权主体同经营权主体分离的现象越来越普遍，此时“三权分置”制度的实施就显得尤为重要。

在2013年的中央农村工作会议上，习近平总书记指出应当“顺应农民保留土地承包权、流转土地经营权的意愿，把农民土地承包经营权分为承包权和经营权，实现承包权和经营权分置并行。”同年7月，习近平总书记在武汉农村综合产权交易所调研时指出，深化农村改革，完善农村基本经营制度，要好好研究农村土地所有权、承包权、经营权三者之间的关系。党的十八届五中全会明确要求，完善土地所有权、承包权、经营权分置办法。2016年，中办、国办印发《关于完善农村土地所有权承包权经营权分置办法的意见》，对“三权”分置作出系统全面的制度安排。实行“三权”分置，使我国农村基本经营制度焕发出新的生机和活力。

虽然“三权分置”在如火如荼地实行着，但是长期以来，一些地方仍存在承包地块面积不准、四至不清、空间位置不明、登记簿不健全等问题，导致农民土地权益依法保障程度低。为把农户承包地搞准、搞清、搞实，党的十八大以后，中央对确权登记颁证工作作出了一系列决策部署。

2013年，习近平总书记指出：“建立土地承包经营权登记制度，是实现土地承包关系稳定的保证，要把这项工作抓紧抓实，真正让农民吃上‘定心丸’。”2014年中央明确提出用5年左右时间基本完成土地承包经营权确权登记颁证工作。截至2018年6月底，31个省（区、市）均开展了承包地确权工作，确权面积13.9亿亩，超过二轮家庭承包地（账面）面积；17个省份已向党中央、国务院提交基本完成报告，其余省份也已进入确权收尾阶段。

此外，为保证农村的稳定发展，这一期间还明确第二轮土地承包到期后再延长30年。习近平总书记在党的十九大上宣布，第二轮土地承包到期后再延长30年。从实行第一轮土地承包算起，我国农村土地承包关系将稳定75年，这意味着今后土地集体所有、家庭承包经营的农村基本经营制度不会改变，集体经济组织成员依法承包集体土地的基本权利不会改变。包括农户承包的土地（地块）总体上稳定不变。无论是拥有承包地的农户还是流入承包地的新型经营主体，都有了稳定的预期，有利于促进多种形式的适度规模经营和农村生产力发展，保持农村社会稳定。

在深化改革阶段，一系列有效的政策措施迎来了新时代的乡村振兴。而这其中的“三权分置”更是新时代农民的伟大创造，是新的历史条件下，继家庭联产承包责任制后农村改革又一重大制度创新，推进了农业供给侧结构性改革。以湖南临武县为例，邹家村党支部灵活运用“三权分置”，创造了农村土地流转红利，促进了全村的收入增长。

临武县邹家村有148户，668口人，长期以来靠种植水稻、烤烟等传统农业“守土而居”。村民起早贪黑勉强换来一日三餐，人均年纯收入不过2000元。村里的年轻人大都外出务工，土地闲置严重。

村党支部书记决定在全村推行土地股份合作模式，搞股份合作经济。经过民主讨论、答疑解惑。最后，村民们一致同意以土地入股形式流转土地，交由村集体经营管理。邹家村成功地将全村300公顷山地和22公顷耕地承包经营权流转到村集体，成立了专业合作社，注册资金257万元，社员668人。

合作社以“三统一”模式负责统一管理经营流转土地。首先，统一土地流转。土地流转对象包括户籍在村的农民和非农户口，并在每一年按照出生、死亡、外嫁等情况及时调整股东的土地流转面积，确保人人公平、个个有地。其次，统一生产经营。山地和耕地流转到合作社后，由合作社统一开发经营管理。合作社聘请本村30余个农民在合作社务工，以计量方式发放报酬。最后，统一利润分配。合作社以全村人口为基数，按各户人口数量划分到户，并发放股权证，实行同股同利、风险共担。

入股合作社后，30 岁的村民邹耀云结束外地打工生活，从合作社承包了 2.3 公顷土地，种植辣椒、生姜等农作物，同时还是合作社的专职“管理人员”，固定月工资 1500 元。自己承包土地年收入 10 万元以上。像邹耀云这样返乡回村的“打工仔”，邹家村有 20 多个。农忙时节，不仅有邹家村人，邻村来邹家村务工的也不少。

放活土地经营权，村民收入节节高，邹家村集体经济收入告别了空白，2015 年超过了 2 万元，2016 年达到 8 万元。“等油茶林丰产后，预计村民每户每年可增收 3 万元以上，村集体收入将突破 100 万元。”村支书对此信心满满。邹家村的土地流转实现了土地由分到合、产业由散到聚、百姓收入由低到高、村集体经济由无到有的转变。这是农村土地“三权”分置在邹家村的具体体现。

第三节 推进农业现代化

农业现代化是指由传统农业转变为现代农业，把农业建立在现代科学的基础上，用现代科学技术和现代工业来装备农业，用现代经济科学来管理农业，创造一个高产、优质、低耗的农业生产体系和一个合理利用资源、保护环境、有较高转化效率的农业生态系统。对我们国家来说，这是一个牵涉面很广，综合性很强的技术改造和经济发展的历史过程。

一、我国农业现代化进程

建设现代农业的过程，是改造传统农业、转变农业发展方式、提高农业生产效率的过程。70 年来，我国农业现代化发展经历了一个科技进步与制度创新协同互促、螺旋式推进的过程。

第一阶段是新中国成立之初到 20 世纪 70 年代末，以机械化、水利化、化肥化、电气化“四化”为特征的农业现代化体系的初步建立。这一阶段按照“农业八字宪法”（即土、肥、水、种、密、保、管、工），推进了农田水利基础设施的建设，构建了完整的农业技术推广体系。

第二阶段是农业现代化实现程度较高的发展阶段。在程郁看来，这个阶段的现代农业特征十分明显，资金对劳动和土地的替代率已达到较高水平，现代农业发展已经逐步适应工业化、商品化和信息化的要求，农业生产组织和农村整体水平与商品化程度，农村工业化和农村社会现代化已经处于较为协调的发展过程中。

从 2014 年至今，是我国农业现代化发展的第三阶段，也是农业现代化走向创新转型的新阶段。从这一阶段开始，农业现代化更突出了向质量效益、向环境友好方向转变，通过进一步深化农村改革，转变发展导向和创新经营形式，构建起现代农业产业体系、生产体系、经营体系，培育农业农村发展的新动能。

二、农业科技创新之路

科学技术是第一生产力。农业科技创新及推广应用对现代农业发展有着至关重要的作用。科学技术水平相对落后是阻碍农业现代化发展的直接因素。我国经历了几千年的封建社会，农业发展长期处于粗放的增长方式，导致农业发展技术含量和农业机械化程度偏低。因此，实现现代化农业生产，关键在于农业科技的进步。

新中国成立后，党和政府十分重视农业科技工作，着手建设我国农业科研体系。1949 年 5 月 1 日，新中国第一个农业科研机构——华北农业科学研究所成立，奠定了我国建立完整科研体系的基础。1957 年 3 月 3 日，国务院又批准成立了我国农业科学院。这是我国农业科学事业走向统一部署、全面发展的重要标志。随后，全国相继成立了省级农科院和地区农科所，初步形成了包括国家、省、地三级的农业科研体系，我国农业科技创新事业由此走上了科学发展的道路。

1978 年，改革开放打开了国门，农业科技结出累累硕果，自主创新能力不断提升，国际竞争力明显增强。一大批农林动植物新品种、优质高效种养殖技术、农业资源高效利用与环境保护技术、农业防灾减灾技术等的应用，使我国农业生产效益大幅度提高，为保障国家粮食安全和可持续发展，为增加农民收入发挥了重要作用。事实上，我国农业科技从起步开始就蕴涵着自主创新的精神。农业科技工作者殚精竭虑，为农业科技事业奉献了自己的一生，创造了领域内无数个“第一”。

20 世纪 50 年代初，以李振声院士为代表的一批遗传学家和小麦育种学家系统开展了小麦远缘杂交育种研究，选育出“小偃 6 号”等系列小麦新品种，开创了我国小麦远缘杂交育种在生产上大面积应用的先例。以广东农科院黄耀祥院士为首的水稻矮化育种，有效地解决了长期以来水稻倒伏减产问题，使水稻增产 20% ~30%，引发了我国第一次农业绿色革命。

20 世纪 70 年代，以袁隆平院士为代表的农业育种学家利用野败型雄性不育系，实现了杂交稻的三系配套。福建农科院谢华安院士选育的汕优 63，使水稻产量再次增长 20%，实现了我国水稻育种的第二次飞跃。同时，在重大动物疫病的防控技术方面也取得了一批世界先进水平的研究成果，扑灭了牛瘟和牛肺疫，控制了马传贫、新城疫、血吸虫病等重大疫病的暴发流行。我国农业科学院哈尔滨兽医研究所沈荣显院士等研制的马传染性贫血减毒活疫苗是世界上首例慢病毒疫苗。

21 世纪以来，我国农业技术更上一层楼。2002 年，我国率先完成了籼稻基因组工作框架图的绘制，之后又完成了水稻‘籼稻’全基因组精细图。2003 年，吉林省农业科学院的科学家们利用虫媒传粉技术，攻克了大豆杂交育种的制种技术难题，培育出世界上第一个杂交大豆新品种“杂交豆 1 号”，开创了杂交大豆育种的先河。2008 年，开发研制 100—265 马力高性能拖拉机，并形成了 180 马力以下拖拉机的批量生产能力。2009 年，中国农业大学李宁院士率先开展了体细胞克隆技术生产转基因动物的研究，阳性胚胎移植给受体牛羊后，已经有 3 只牛怀孕 4 个月，2 只转基因克隆绵羊已经出生。

我国的农业科技事业在一批批科技工作者的辛勤耕耘下，已不再是旧日的落后面貌，而逐步成长为具有高科技含量的现代农业高新技术。在农业科技快速发展的同时，一批农村新兴产业技术与乡村社区建设技术也实现了从无到有，不断发展。

农村生物质综合利用技术与产品的开发、农林生物质工程技术的应用、乡村建筑材料及生产技术的应用、农村饮用水处理技术、农村新能源开发技术等，促进了农民生活的改善。科技不断引领农村经济快速发展。通过星火计划的实施，将大批成熟、先进、适用的技术引入广大农村，促进了农村经济增长方式的转变，同时，也为乡镇企业和农村产业的发展提供了有力的科技支撑，促进了农村富余劳动力的转移和经济结构的优化调整，推进了区域经济发展，加快了城镇化进程。

新中国成立 70 年来，特别是改革开放 40 多年来，我国农业农村发展取得举世瞩目的成就，农业科技发挥了关键支撑作用。特别是 21 世纪以来的粮食生产“十六连丰”、农民增收“十六连快”，科学防灾减灾成效显著，科技增粮增收功不可没。2020 年粮食单产增加对总产提高的贡献率达到 66%，耕种收综合机械化水平达到67%，科技对农业增长的贡献率达到59.2%，农业科技已成为推动农业农村现代化的主要力量。

三、农业现代化中水稻的故事

1960年春，当时是湖南省黔阳农校教师的袁隆平在进行早稻常规育种试验时，发现一颗性状优异、穗大粒饱的籼型水稻植株。他将这一植株的成熟种子收藏起来，第二年春播在试验田里。不久，长起来的植株越来越参差不齐。后来，稻苗扬花、灌浆、抽穗了，但是没有一颗植株的性状超过它们的前代。

根据这一发现，袁隆平产生了一个大胆的念头：既然天然杂种水稻具有第一代优势，就应该通过杂交途径让这一优势为生产服务。1964年，袁隆平在我国首先开始了水稻杂交优势利用的研究。那年7月5日，经过连续14天头顶烈日，脚踩烂泥，手持放大镜，不停地观察，袁隆平终于在茫茫稻海里找到了一株雄性不育的水稻。他小心地把这株稻子移栽到试验盆里，并用别的水稻花粉和它杂交，使它留下种子，成功地繁殖了一代雄性不育的稻种。同年，他又发现了两株雄性不育株。第二年，他又发现了4株雄性不育株。

在两年观察实验的基础上，1965年冬，袁隆平写出《水稻的雄性不孕性》的论文。他用科学实践证明，水稻具有雄性不孕性。他同时预言，利用杂交水稻的第一代优势，将给水稻生产带来大面积、大幅度的增产。他的论文和预言，引起了国家科委的极大重视和支持。

自1964年发现第一棵雄性不育株后，袁隆平连续奋战6年，先后用了1000多个品种，做了3000多个组合进行多方面的探索，然而效果并不理想。他又通过细致的总结，反复思考，发现远缘杂交具有遗传优势。于是，他决心用野生稻再进行研究。1973年，籼型杂交水稻在我国正式培育成功。在杂交水稻培育成功后，袁隆平又突破了繁殖制种这一难关。

我国自1974年开始试种籼型杂交水稻，至1983年，累计全国种植面积5.1亿亩，增产稻谷250多亿公斤，平均每亩增产50公斤以上，最高亩产达850多公斤。籼型杂交水稻的成功繁殖，成了解决世界饥饿问题的法宝，也成了我国农业现代化中最为闪耀的一颗明星。

1998年8月，袁隆平又向新的制高点发起冲击。在海南三亚农场基地，袁隆平率领着一支由全国十多个省、区成员单位参加的协作攻关大军，日夜奋战，攻克了两系法杂交水稻难关。经过近一年的艰苦努力，超级杂交稻在小面积试种获得成功，亩产达到800公斤，并在西南农业大学等地引种成功。通过四个阶段的努力奋斗，2014年10月10日，第四期超级稻百亩示范方亩产超过1000公斤，创造了1026.7公斤的新纪录。

2018年4月，由袁隆平领衔的青岛海水稻研发中心在6‰盐度下培育出亩产超600公斤的品系。袁隆平“海水稻”团队于1月8日在迪拜启动相关项目，试种的包括“海水稻”在内的80多个水稻品种分批成熟。经国际联合测产专家组的测产，这些品种均超出了全世界水稻4.539吨/公顷的平均亩产量，此次在迪拜沙漠地区的试验种植取得了阶段性成功。这不仅再一次证明了“海水稻”的成功，也成了中阿在“一带一路”框架下进行农业科技合作的丰硕成果。

试验基地通过种植海水稻，不仅降低了土壤的含盐度，并且改善了区域小环境，引来白鹭等鸟类，对恢复生物多样性也有帮助。此外还带来了更直观的价值。我国17个省区现分布着15亿亩的盐碱地，其中3亿亩均具有改造潜力，将成为种植粮食的宝贵资源。据保守估计，仅1亿亩盐碱地的海水稻就能达到年产量300亿公斤，可养活8000万人口。

水稻作为我国粮食中的主粮之一，其种植与生产对我国的农业总产值具有重大影响，在我国的农业现代化进程中起着至关重要的作用。改革开放四十年来的科技进步以及袁隆平院士和他的团队科学家们夜以继日的钻研，促进了我国的农业现代化进程，保障了我国的粮食安全。

第四节　实施粮食安全战略

粮食安全是全球关注的焦点问题之一。在我国，粮食安全更是关系到国计民生的头等大事。保障国家粮食安全，牵涉到经济发展、国家自立和社会稳定的大局。我国既是一个农业生产大国，也是一个粮食消费大国。我国粮食安全也会对世界粮食安全乃至国际政治经济关系产生极大影响。我国一直十分重视农业生产和粮食安全。习近平总书记多次强调粮食安全的重要性，指出“我们的饭碗应该主要装中国粮”“粮食安全要靠自己保全部”“以我为主、立足国内”。这些重要观点表明了我国在粮食安全问题上的基本态度和战略取向。

一、粮食安全战略的演变路径

随着我国整体经济实力不断增强，人民生活水平不断提高，国内居民饮食结构不断改善且呈现多元化趋势。而在城镇化建设推进过程中，我国粮食生产却面临着来自耕地资源、水资源以及劳动力资源这三大农业生产约束性条件的制约。为平衡粮食供需，我国在粮食安全的保障目标和范围、实施路径和方式均进行了适应性调整。

在保障目标方面，由注重“数量”向兼顾“数量、效益、品质”转变。新中国成立初期，为了改变物资短缺、农业生产落后以及人民生活积弱积贫的状况，人民政府以发展农业生产为中心任务，在 1953 年制定的第一个“五年计划”中要求“要保证粮食等农作物在每年都有必要的增加”，1956年制定的《1956年到1967年全国农业发展纲要（草案）》中也明确要求“推行增产措施和推广先进经验以增加农作物产量”。

改革开放以来，我国政府在保障粮食产量的同时开始兼顾效益。1982年，中共中央批转的《全国农村工作会议纪要》强调增加技术投入、改善生产条件，从而提高农业生产经济效益。在1993年制定的《九十年代中国农业发展纲要》中，又增加了对质量的要求。该阶段的发展以“增加粮食产量，提升粮食品质，适应人民小康生活需要”为目标。

2008年，中国共产党第十七届中央委员会第三次全体会议通过的《中共中央关于推进农村改革发展若干重大问题的决定》，要求以优质、高效、安全的标准发展现代农业，在产量和效益之外，品质也被纳入我国的粮食安全保障体系中。

在保障范围方面，由“全面增产”向“谷物基本自给，口粮绝对安全”转变。随着我国耕地、淡水和劳动力资源的日趋紧张，粮食的“全面增产”已然不具有可持续性。为充分保障13亿人的粮食安全，我国政府实施了有保有放、有取有舍的粮食安全战略。

首先要保障的是“口粮”。我国的传统口粮为大米和小麦。全国60%的人以大米为主食，40%的人以面食为主食。中国人的饭碗任何时候都要牢牢端在自己手上。2019年发布的中央一号文件也明确要求将稻谷和小麦作为必保品种。为此，在耕地资源、水资源以及劳动力资源等粮食生产约束性条件日益趋紧的背景下，我国的粮食生产优先保障大米和小麦的供给，主要的土地和政策用于保口粮。同时，由于玉米是工业化社会中重要的饲料用粮和工业用粮，同样需要稳定产量。目前，稻谷、小麦和玉米三者占我国粮食总产量的90%以上，是我国粮食安全的重要保障对象。

在保障路径方面，由高度的计划性和垄断性向运用市场这一“看不见的手”转变。改革开放前，我国的粮食流通体制表现出高度的计划性和极强的垄断性。针对在 1949 年至 1952 年粮油自由贸易时期出现的投机商囤积粮食、哄抬物价的现象，我国政府于 1953 年开始对粮食市场实行统购统销，即农民生产的粮食由国家统一收购，而社会所需的粮食由国家统一供应，同时禁止粮食自由买卖。

直至 1978 年党的十一届三中全会后，我国粮食流通高度集中的计划管制开始逐渐松动，不仅逐步取消了粮食统购制度，而且提高了粮食购销价格。1982 年和 1983 年，家庭联产承包责任制的确立和推广促进了农业从自给半自给经济向较大规模的商品经济转变。1990 年，针对粮食流通不畅和部分地区农户卖粮难的问题，国务院一方面批准成立粮食批发市场，以计划手段和市场手段相结合的方式，保障粮价稳定，盘活粮食流通市场；另一方面着手建立粮食专项储备制度，以保护农民种粮积极性，增强粮食宏观调控能力。

1993—2003 年期间，我国粮食市场开始探索政府宏观调控下的市场运行机制，从此结束了长达 40 年的统购统销制度。1993 年，国家订购的粮食实行数量固定、价格随行就市的“保量放价”政策，粮价与经营开始全面放开，极大地促进了粮食的市场化发展。而 1995 年开始实行的“米袋子”省长负责制，则显著增强了政府的宏观调控能力。在 1998—2004 年间，国务院相继发布了《国务院关于进一步深化粮食流通体制改革的决定》《当前推进粮食流通体制改革的意见》以及《国务院关于进一步深化粮食流通体制改革的意见》等政策性文件，在“四分开，一完善”的基础上贯彻落实“三项政策，一项改革”，开始全面放开粮食收购市场，并实施粮食最低收购价政策，加快了我国粮食流通体制的市场化改革。

2014 年至今，我国的粮食流通体制改革朝着市场化进行了进一步探索。

为减少非市场因素对粮食流通市场的干预，理顺粮食市场价格体系，激发粮食市场竞争活力，我国政府基于市场化导向，按品种渐进式推进的原则，于2014年率先开展大豆价格改革试点。随后在2015年，取消了油菜籽临时收储政策；2016年在东北三省和内蒙古自治区将玉米临时收储政策调整为“市场化收购”加“补贴”的新机制，同时降低了玉米收储价格；2017年对玉米和大豆实行“市场化收购加补贴”机制，并且从2018年开始全面下调稻谷、小麦最低收购价格。

二、现阶段保证粮食安全路径

进入新时期以来，我国粮食供求整体呈现紧平衡状态，面临结构性紧缺矛盾凸显、对外粮食价格倒挂、粮食对外依存度变高的综合难题。党的十九大报告特别强调要确保国家粮食安全，把中国人的饭碗牢牢端在自己手上。2019年中央一号文件也指出要稳定粮食产量，保障我国重要农产品的有效供给。在此背景下，我国粮食安全战略必须与时俱进，以农村改革促进农业农村现代化优先发展，贯彻和落实国家粮食安全战略，构建国家粮食安全保障体系。

新时期国家粮食安全可持续发展是一项复杂且庞大的系统工程。在新的粮食安全观主导下，创新构建新时代的国家粮食安全可持续发展体系，为国家的长治久安奠定坚实的基础，应从以下几方面入手。

（一）标本兼治，切实守住18亿亩耕地红线

粮田是保障我国粮食安全的命脉。据统计，到2019年我国人口将突破13亿，到2020年将达到14亿。我国历史上最高的粮食年产量是6.2亿吨（2015年），即便是这一高产量水平，2015年我国粮食总需求缺口依然达到

了2000万吨，每年的粮食进口必不可少，我国粮食安全问题依然严峻。今后，只有守住有效粮田面积和粮食播种面积红线，并加倍努力以科技手段不断提高单位面积粮食产量，才能满足我国庞大人口日益增长的基本粮食需求。要实现粮食自给率95%的目标，落实《全国农业和农村经济发展第十二个五年规划》的文件要求，我国耕地面积要保持在18亿亩以上，粮食播种面积要稳定在16亿亩以上。这是我国粮食安全的红线，也是近14亿中国人的生命线。

（二）创新科技，提高粮食综合发展能力，促进粮食产业可持续发展

首先要坚守耕地红线，加快建设高标准农田，规范耕地占补平衡，严格实行耕地“占一补一”“先补后占”及“占优补优”。其次要贯彻落实化肥、农药使用零增长战略，积极进行新型绿色化肥的研发和推广，提高我国粮食生产质量和竞争力。最后要积极培育粮食生产新品种和新技术，提高优质水稻和小麦的产量。此外，要建立多层级的耕地监测预警系统，做好耕地数量统计、增减挂钩、质量调查、划片分级等工作，定期更新耕地数据。

（三）实现粮食安全和现代高效农业相统一，保障农民可持续增收

推动粮食生产方式转变，加快粮食生产与精深加工、现代物流、电商、文化、休闲旅游、康养养生等全面深度融合，使粮食由生产环节向全产业链转变，提高我国粮食产业综合竞争力；进一步优化粮食种植结构，积极实施大豆振兴计划，推进粮食新品种技术创新和技术推广，增加市场紧缺的优质稻谷、专用小麦、优质饲草等作物的种植，保障粮食产品质量安全；创新现代高效农业生产技术，切实加强高产高效节水农田建设，大力发展粮豆高效种植新模式、“水稻＋虾蟹”共生种养绿色模式等，推动粮食产业创新发展、

转型升级、提质增效，多渠道保障农民可持续增收。

（四）健全大宗农产品期货市场，掌握大宗农产品定价权

首先，需要增加国内产量和对外直接投资，并缩小大豆供需之间的差距；其次，改善国内市场，打破国际对升贴水的垄断；再者，建立信息披露中心，防止价格信息的误判；最后，建立联合采购机制，以增强我国进口大豆的总体议价能力。总之，我国必须打破大宗农产品贸易中的国际寡头，在自由竞争的背景下努力发挥大宗农产品的国际定价能力，并降低价格风险。

（五）深化改革、扩大开放，提升自主研发能力与农业的国际竞争力

2020 年上半年来，新冠肺炎疫情在全球加速扩散蔓延，引发全球粮食市场异常波动。疫情对后期全球粮食生产与贸易的影响将进一步加大，全球粮食市场波动有可能进一步升级。此外，近两年来美国与我国的贸易战频繁，这也严重危及我国的粮食安全。在新冠疫情和中美贸易战的双重因素影响下，中美两国农产品贸易摩擦将长期存在。为确保我国的长期粮食安全，我国的农业领域需进一步深化改革、扩大开放，中国农业需进一步转型升级，提升自主研发能力与农业的国际竞争力。

第八章

小康社会建设中的社会保障

社会保障制度是工业化和社会进步的产物，是事关基本民生的重大社会制度安排，也是保障人民基本收入和根本福祉的社会制度体系。我国的社会保障制度始建于20世纪50年代。最初的制度设计是与计划经济体制要求相一致，国家保障、单位包办、板块结构、封闭运行。改革开放以来，在40年的小康社会建设历程中，我国的社会保障制度改革不断深化，从国家保障走向社会化保障，建立起包含养老保险、医疗保险、社会救助、社会福利在内的完整的社会保障体系，搭建起全世界覆盖面最广、受益人数最多的社会保障网络，成为支撑全面建成小康社会的重要社会制度安排。

第一节　社会保障制度与小康社会建设

社会保障制度是国家和社会通过国民收入的分配和再分配，依法对社会成员的基本生活权利予以保障的社会安全制度。其基本功能是化解社会矛盾，维护公平正义，实现互济共享，促进持续发展；主要形式是社会救助、社会保险和社会福利。

一、社会保障制度是市场经济的调节器

社会保障制度是市场经济体系的重要组成部分，世界上170多个国家或地区都建立了自己的社会保障制度。纵观当今世界，可以发现这样一种现象，随着市场经济的发展必然需要社会保障制度的建设为它“保驾护航”，凡是市场经济体制完备的国家无一例外都有比较完善的社会保障制度体系。

社会保障对市场经济运行中的经济周期有逆向调节作用。通过社会保障的逆向调节，能够在一定程度上减小经济运行的波动幅度，促进经济平稳正常运行。经济周期是社会经济活动规律性的扩张和收缩的现象，可以划分为繁荣、衰退、萧条和复苏四个阶段。国民总产出、经济增长速度、总就业、投资增长率等经济指标在经济周期的不同阶段会出现波动，影响经济的持续健康发展。因此，政府宏观调控就是要对经济周期波动进行逆向调节，从而平抑经济波动，保障经济平稳运行。社会保障也能起到调节经济波动的作用。在经济繁荣阶段，人们对技术进步、产业发展和经济增长非常乐观，投资和消费都在比较高的水平上。社会保障体系中的社会保险基金积累的速度加快，一部分社会资金以社会保险基金的形式沉淀下来，类似于强制储蓄，社会整体的消费水平会得到一定程度的抑制。当经济周期处于萧条阶段，经济萎缩，投资不足，就业减少。社会保障制度能够为失业人群、低收入人群提供经济补偿，社会保障资金的支出增加，这样就为经济体系投放更多的消费资金，能够提振消费信心，刺激消费。

社会保障对市场经济发展中的各类风险有对冲作用。市场经济是一种具有各种风险和不确定性的风险经济。风险同市场总是相伴相生的，市场机遇

往往蕴含在市场风险中。把握市场机遇就需要管理市场风险，将风险控制在可控的范围内。企业和个人在参与社会经济活动的过程中随时都会面临各种各样的经济风险。经济风险可能会对个人的收入造成损失，也会带来市场效率的损失。社会保障就是要帮助国民抵御市场风险，通过社会保障体系中社会救助、失业保险、医疗保险、养老保险等保障项目的设计安排，保障国民在遭受经济风险带来的损失时可以通过社会保障系统得到必要的经济补偿，不会因为经济风险导致生活陷入困境。

二、社会保障制度是促进公平正义的推进器

社会公平作为社会发展的重要内容，一直是人类追求的目标，也是最具诱惑力的目标。其含义是社会应当以公正的、不偏不倚的态度来对待每一个社会成员。中国共产党一贯把公平正义作为自己的不懈追求。中国共产党是马克思主义政党，以马克思主义为指导，而实现公平正义正是马克思主义的崇高社会理想。马克思、恩格斯认为："一切人，或至少是一个国家的一切公民，或一个社会的一切成员，都应当有平等的政治地位和社会地位。""衡量什么算自然法权和什么又不算自然法权的标准，则是法权本身最抽象的表现，即公平。""平等是正义的表现，是完善的政治制度或社会制度的原则。"这些论断都说明了公平对社会关系、社会制度的重要意义。

社会保障是实现社会公平的一种手段，其重要作用和目标就是为了追求社会公平。公平可以划分为起点公平、过程公平和结果公平。社会保障制度追求起点公平、过程公平，同时在一定程度上消除结果的不公平：第一，全体社会成员都能够公平地享受到社会保障的权益，体现一种机会的公平；第二，通过提供基本生活保障来帮助社会成员都有机会参与社会竞争，消除因意外灾祸、疾病和失业等因素导致的不公平；第三，通过让高收入者多缴费、

低收入者少缴费等方式，实现收入再分配，在一定程度上缩小结果的不公平。

第二节 “老有所养”的基本养老保障制度

我国是世界上老年人口最多的国家。2019 年年末，全国 60 岁及以上人口为 25388 万人，占总人口的 18.1%；65 岁及以上人口为 17603 万人，占总人口的 12.6%。按照联合国的划分标准，一个国家 65 岁以上老年人占总人口比重超过 7% 就进入了老年型社会。通过社会保障制度建设让全社会老年人生活无忧，更加健康、更有尊严地分享经济与社会发展成果是全面建成小康社会的重要内容。

一、从单位保障到社会保障（1984—1992 年）

新中国成立之初，我国就建立了退休养老保障体制，退休费用实行全国统筹。“文化大革命”中，这一统筹制度遭到破坏，改由企业以营业外支出来支付退休职工的退休金。这样，国家主导的退休养老保障制度实际上就退化成为以企业为保障单元的单位保障制度。20 世纪 80 年代，随着经济体制改革的深入推进，在企业中实行了以承包制为主的多种经济责任制，企业的工资总额、奖金总额同企业的经济效益直接挂钩。单位保障式的养老制度妨碍了国家对企业经济效益的考核，比如，有些老企业，虽然经营管理水平不错，可是由于退休费用负担太重，经济效益却不如经营管理水平低的新企业。四川省自贡市劳动局的调查显示：盐业系统、搬运公司中的一些老企业退休费用占工资总额的 60% 以上，全市盐业系统支付的退休费用从 1964 年的 52 万元，直线上升到 1983 年的 812.6 万元，利润增长的速度慢于退休费用的增长速度。不同企业在退休人员负担上畸轻畸重的矛盾越来越突出，社会化养老保险制度建设被提上日程。

1982 年以后，中共中央、国务院的领导同志多次指出，为适应经济体制改革的需要，要改革退休制度，实行社会保险。这为养老保障制度从单位保障转型为社会保障指明了方向。社会养老保险建设是从单项制度建立起步，由点到面，逐步推开的。1984 年，国家在全民和集体所有制企业开始了退休费用社会统筹的试点，以地市县为统筹单位，对国有企业按照“以支定收、略有结余”的原则，实行保险费的统一收缴、养老金的统一发放。到了 1988 年年底，全国实行企业退休费用统筹的市县达到 2200 个，占全国市县总数的 93%。同时，省市县三级都建立了社会保险的专门机构。1986 年出台的《国营企业实行劳动合同制暂行规定》要求由企业和工人按期缴纳养老保险基金，企业按合同制工人工资总额的 15% 左右缴纳，在缴纳所得税前列支；合同制工人按本人标准工资的 3% 缴纳。这项养老保险工作，由劳动行政主管部门所属的社会保险专门机构负责管理。

1991 年，国务院在总结各地社会化养老保险改革经验的基础上，出台了《关于企业职工养老保险制度改革的决定》（以下简称《决定》）。这一年，全国已有退休职工 2300 多万人，另有 1000 多万职工将要退休。《决定》是小康社会建设过程中我国就社会养老保险制度作出的重大决定，标志着我国将逐步建立起由国家主导的基本养老保险与企业牵头的补充养老保险，以及职工个人承担的储蓄性养老保险相结合的多层次社会化养老保险制度。其中，社会基本养老保险是整个体系的主体，目标是为全体国民提供“老有所养”的基本养老保障，其保险费用实行国家、企业和个人三方责任共担，职工个人通过参保缴纳一定的费用。基本养老保险费用实行社会统筹，从县市级统筹起步，逐步向省级、全国统筹过渡。基本养老保险基金按照“以支定收、略有结余、留有部分积累”的原则筹集。

二、从窄覆盖到广覆盖（1993—2004 年）

1992 年，党的十四大提出经济体制改革的目标是建立社会主义市场经济体制。1993 年，党的十四届三中全会通过的《中共中央关于建立社会主义市场经济体制若干问题的决定》，把建立社会保障制度作为社会主义市场经济基本框架的五个组成部分之一，明确了建立广泛的社会养老保障制度的改革目标。

1992 年，全国城镇职工总人数为 14792 万，仅有 8500 多万职工和 1700 万离退休人员参加养老保险社会统筹，覆盖率不足 60%。多数外商投资企业、私营企业的职工没有参加基本养老保险，他们的权益无法得到保证。国务院于 1997 年发布了《关于建立统一的企业职工基本养老保险制度的决定》（以下简称《决定》），把各种所有制企业职工基本养老保险统一起来，扩大了养老保险的覆盖范围。

1998 年，国有企业进入三年改革脱困期。为了配合国企改革，妥善处理下岗分流人员的安置问题，我国建立了“两个确保、三条保障线”的政策体系。社会养老保险制度建设进入快车道。为了确保基本养老金按时足额发放，面对养老金发放的巨大压力，1999 年起中央财政通过转移支付，对财政确有困难的中西部地区和老工业基地给予补助。根据统计，中央财政对企业职工基本养老保险的补助支出从 1998 年的 20 亿元增长至 2005 年的 545 亿元。财政补助机制的建立，进一步明确了各级政府的社会保障责任，有效弥补了资金缺口，为基本养老保险扩大覆盖面提供了有力支持。

也就是在这一年，国务院进行政府机构改革，成立劳动和社会保障部，实现了社会保障工作的统一管理。从 1998 年 9 月 1 日起，电力、水利、铁道等 11 个行业的基本养老保险移交地方，并实行省级统筹，按地方的统一办法计发养老金。行业和地方基本养老保险的统一，有效地缩小了地方与行业在基本养老保险缴费率、退休待遇上的差距；同时，增强了地方的养老保险基金支撑能力，为省级统筹创造了条件。调查数据显示，1998 年，企业离退休职工的养老金社会化发放率只有 35%；而到了 2002 年，已经基本实现了社会化发放。

2000 年我国设立全国社会保障基金，作为专门用于人口老龄化的国家储备基金，高峰时期的养老保险等社会保障支出的补充和调剂。同时，成立全国社会保障基金理事会负责管理全国社会保障基金。截至 2019 年年末，全国社保基金资产总额 2.6 万亿元，累计投资收益额 1.25 万亿元，年均投资率 8.15%。

三、从城乡分割到城乡统筹（2005—2011 年）

城乡统筹，首先是解决农民工养老保险的参保问题。2006 年，国务院发布《关于推进社会主义新农村建设的若干意见》，提出要逐步建立务工农民社会保障制度。截至 2008 年年底，全国参加城保的农民工 2416 万人，仅占在城镇就业农民工的 17%。当时，农民工参保积极性低的主要原因有两点：一是缴费率高，用人单位缴纳工资总额的 20%，个人缴纳工资的 8%，很多农民工和使用农民工集中的企业感到难以承受；二是转移接续手续难，农民工就业的流动性和间断性强，一旦跨地区流动，很难接续养老保险，甚至个人账户的钱也难以领到。2008 年，针对农民工养老保险的办法出台，从三个方面提出系统解决农民工“养老难”的问题：一是制度安排可选择，农民工可以根据工作条件选择参加城镇职工养老保险，也可以选择参加新型农村社会养老保险；二是缴费率适当降低，农民工和用人单位缴费均可实行低缴费比例，相应的退休待遇也适当降低，体现权责对等原则；三是转移接续便捷，农民工离开就业城市时，社会保险经办机构为其开具参保缴费凭证，同时保留其权益记录和个人账户，农民工未来可以回到当地继续参保。

2008 年起，新型农村养老保险在全国范围内推开。我国农村几千年传统养老的方式就是家庭养老，传统观念认为“有个儿子以后养老才不愁。如果没有儿子，以后老了就没着落了”。但是，随着社会的发展、城镇化的推进，农村家庭养老的保障功能逐步弱化。现代农村家庭趋于小型化，大多数农村青年成家后与老人分开另过。随着农村人均寿命的延长和农民生育子女数的减少，家庭养老负担大大加重。另外，很多农村年轻人在外打工，农村老人独守空巢的现象比较普遍。这些因素使得传统的家庭养老模式难以为继，很多老年农民必须通过务农才能维持生计。农村居民也迫切需要社会养老制度安排作为家庭养老的必要补充。被列为首个全国新型农村社会养老保险试点城市的宝鸡市，从 2007 年开始探索新型农村养老保险，以个人缴费、集体补助、政府补贴为基础，家庭养老、土地保障和社会救助等政策为补充，养老补贴与个人账户相结合。参保农民年满 60 周岁后可以领取养老金，养老金由政府养老补贴和个人账户养老金两部分组成。新农保制度一经推出就受到农民的欢迎，因为参保门槛低，政府补助到位，养老保障实惠。以北京为例，新农保实行个人账户和基础养老金相结合的制度模式。男性满 60 岁、女性满 55 岁，便可享受财政补贴的 280 元基础养老金，再加个人账户的养老金待遇。

四、从基本保障到共享发展（2012—2020 年）

党的十九大报告指出：“必须坚持以人民为中心的发展思想，不断促进人的全面发展、全体人民共同富裕”，阐明了“必须始终把人民利益摆在至高无上的地位，让改革发展成果更多更公平惠及全体人民，朝着实现全体人民共同富裕不断迈进”。我国已经发展成为世界上第二大经济体，经济发展从高速增长阶段进入高质量发展阶段。做大社会财富“蛋糕”之后，如何“分蛋糕”的问题逐渐突出，必须从制度层面更好地解决共享发展的问题。

我国已经建立起世界上规模最大的基本养老保险体系。2019 年年末，全国参加各项基本养老保险的总人数超过 9. 6 亿人，一张覆盖全国的养老保险网络正在不断完善。退休人员待遇不断提高，2004—2020 年，企业退休人员养老金实现 16 连涨。国家通过多种渠道筹集资金保障退休人员共享经济社会发展成果：一是扩大养老保险覆盖面，资金结余规模保持合理水平；二是加大中央财政补助养老保险基金力度，2019 年中央财政预算安排企业职工养老保险补助资金 5285 亿元，同比增长 9. 4%；三是大力推进部分国资划转社保基金，2019 年全国国有企业资产总额已经达到 210. 4 万亿元，可以依法通过按照一定比例划转国有资本的方式充实养老保险基金；四是拿出了部分养老金参与高收益的投资领域，实现养老金的保值增值。

从 2014 年 10 月开始，国家实施养老保险制度改革，推动机关事业单位也参加养老保险，领取养老金。这是国家启动双轨制并轨的第一步。2014 年 10 月以后参加工作的人员，不管是机关事业单位还是普通企业职工，基本养老金待遇都由基础养老金和个人账户养老金两部分构成。

五、基本养老保障发展对小康社会建设的贡献

我国社会化养老保险制度在 40 年间，从无到有，由单一制度突破到全面体系建设，最终发展成为惠及 14 亿国民的重要制度安排，其对小康社会建设的贡献主要体现在四个方面。

（一）给企业“松绑”，行政附属物转型为市场主体

小康社会建设，企业是经济细胞，是创造社会财富的主体。企业要有活力，离不开公平的市场竞争环境。企业要成为市场主体，必须能够做到优胜劣汰。社会养老保险制度在国有企业改革进程中两次发挥了保障作用：一次是20世纪80年代中期，为国有企业打破职工“铁饭碗”发挥了缓冲作用；另一次是20世纪90年代末，为国有企业建立现代企业制度和减员增效发挥了“兜底”作用。

（二）给个人“兜底”，单位人成为自由劳动者

小康社会建设，人力资源是第一资源，劳动者也要通过自由流动，实现最优配置。基本养老保险制度建立之前，劳动者的养老待遇同单位捆绑在一起，自由流动受到很大制约。有了社会化的养老保障，劳动者可以在不同企业、不同地区、城市和乡村之间自由流动，为经济和社会发展提供了充沛的人力资源。

（三）给社会“信心”，提振消费、扩大内需

在市场经济确立之后，当国民经济遇到外部冲击或经济运行面临下行压力时，社会养老保险制度提供了老年收入的制度保障，让国民有钱消费，敢于消费。2020年，在突如其来的新冠疫情面前，城镇退休人员的养老金仍然实现了5%的增长率。

（四）给老年人“安全”，老有所养有了制度性安排

养老保障已经实现制度性全覆盖，高收入群体和低收入群体、稳定就业

和灵活就业、城市和乡村都有相应的养老保障制度成为保障老年人收入的安全网和稳定器。社会化养老保障制度已经同小康社会建设紧密结合，取代传统的家庭养老，成为“老有所养”的主导性制度安排。

第三节　“病有所医”的基本医疗保障制度

医疗保障是公认的世界性难题。近年来许多国家的医疗改革都遇到重重困难，有的甚至举步维艰。在40年的小康社会建设中，我国的基本医疗保障制度也经历了艰难的改革探索过程，从不堪重负的“公费医疗”转型为统筹城乡、覆盖全民的基本医疗保障，“看病难、看病贵”的问题得到有效缓解。

一、破冰：1994年“两江试点”

1993年，十四届三中全会通过的《中共中央关于建立社会主义市场经济体制若干问题的决定》，提出了“城镇职工养老和医疗保险由单位和个人共同负担，实行社会统筹与个人账户相结合”的改革目标。1994年，职工医疗制度改革在江苏省镇江市和江西省九江市开展试点，后来被称为“两江试点”。

“两江试点”的主要内容是职工医疗保险费用由用人单位和职工共同缴纳，个人缴纳的全部和单位缴纳的一半资金进入个人账户，用于支付个人医疗费用，单位缴纳的另外一半进入社会统筹基金，用于全社会医疗统筹。“两江试点”为职工医保制度的实现形式和具体方法蹚出了一条新路。

1998年12月，在总结包括“两江试点”在内的各地医疗保险制度改革试点经验的基础上，国务院发布了《关于建立城镇职工基本医疗保险制度的决定》，在全国范围内进行城镇职工医疗保险制度改革。建立城镇职工基本医疗保险制度的原则是基本医疗保险的水平要与社会主义初级阶段生产力发展水平相适应，城镇所有用人单位及其职工都要参加基本医疗保险，实行属地管理，基本医疗保险费由用人单位和职工双方共同负担，基本医疗保险基金实行社会统筹和个人账户相结合。

二、扩面：覆盖全民的基本医疗制度建设

为适应经济发展和就业结构变化，我国城镇职工、城镇居民和农民的医疗保险制度覆盖范围不断扩展，形成一张覆盖全民的医疗筹资“安全网”。

（一）将灵活就业人员纳入医疗保险范围

劳动和社会保障部于2003年印发《关于城镇职工灵活就业人员参加医疗保险的指导意见》，规定灵活就业人员参加基本医疗保险遵循权利和义务相对应、缴费水平和待遇水平相挂钩的原则，不仅在参保政策和管理方法上同城镇职工基本医疗保险制度衔接，而且能够满足灵活就业人员的参保需求。

（二）解决历史遗留问题，将关停破产国有企业退休人员纳入基本医保

1999年以后，中共中央、国务院出台一系列文件来解决关停破产国有企业退休人员医疗保险筹资问题。为了从根本上解决这一问题，中央财政专门拨付500多亿元，用于帮助地方解决筹资缺口，将尚未参保的退休人员根据情况纳入城镇职工基本医保或者城镇居民基本医保。

（三）建立新型农村合作医疗制度

我国农村合作医疗制度始建于20世纪50年代，在当时的社会经济发展条件下，用较低的投入解决了农村的基本医疗卫生问题，同农村三级卫生网、

赤脚医生队伍一起构建起了农村卫生的“三大支柱”，受到世界卫生组织和很多发展中国家的赞誉。

20 世纪 80 年代以后，农村的经济体制和社会状况发生了很大变化，农村合作医疗保障难以为继，医疗保障覆盖率曾一度降低到 5% 左右，农民个人医疗负担加重，“因病致贫”“因病返贫”的现象突出。2003 年，国务院转发卫生部、财政部、农业部《关于建立新型农村合作医疗制度的意见》，提出以“自愿参加、多方筹资、政府组织”的原则开展新型农村合作医疗（以下简称“新农合”）工作的试点。新农合的筹资标准从低水平起步，农民只要每年缴纳 5 元钱就可以参保，通过中央和地方两级财政补贴，报销范围内的住院费用报销率在 50% 左右。新农合制度从农村实际情况出发，政府主导、社会参与，调动了农民的参保积极性，保障面迅速扩大，保障水平稳步提升，有效缓解了农民“看病难、看病贵”的问题。

（四）建立统一的城乡居民基本医疗制度

2016 年，国务院印发《关于整合城乡居民基本医疗保险制度的意见》，就整合城镇居民基本医疗保险和新型农村合作医疗两项制度，建立统一的城乡居民基本医疗保险制度提出明确要求。

城乡居民医保制度实现了“六个统一”：一是统一覆盖范围，覆盖除职工基本医疗保险应参保人员以外的其他所有城乡居民；二是统一筹资政策，城乡居民统一筹资标准；三是统一待遇，逐步统一保障范围和支付标准；四是统一医保目录，制定统一的医保药品和医疗服务项目目录；五是统一管理，统一定点机构管理；六是统一制度，执行国家统一的基金财务制度、会计制度和基金预决算管理制度。

三、建体系：多措并举化解“看病难、看病贵”

医疗保障体系是非常复杂的系统，要依靠三个系统的协调运作，即医疗费用筹措系统（解决有钱看病的问题）、医疗服务提供系统（解决有钱能看好病的问题）、药品供应系统（解决有药能治好病的问题），三者缺一不可。

中国的医疗改革要走“广覆盖、低成本、可持续”的道路，就必须以较低的成本、可靠的质量满足国民的基本医疗需求。其中，公立医院改革是重中之重，直接决定了改革的成败。坚持公益性、调动积极性是公立医院改革的两个关键点。坚持医院的公益性，让医院失去不合理增加医疗费用支出的动力，转而把关注点放在控制成本和提高服务质量上。调动积极性，要实现医院、医生激励机制的转变，需要建立长效的激励制度，保证好医生有好待遇。让医生的收入阳光化，能够反映出医生的价值，同时加强监管，对违规行为严格查处。

调整医疗资源布局，加大对基层医疗机构和农村医疗机构的投入，建立不同级别医疗机构间的双向转诊。坚持预防为主的全民健康理念，加强基层医疗体系建设。新医改方案中提出对基层卫生服务这个薄弱环节进行改革，加大投入力度，培训基层全科医生，实行社区首诊制等，届时基层卫生服务将比现在有明显改善，社区医院将承担起居民健康“守门人”的作用。通过“医联体”“医共体”等组织创新，形成以城市三级医院牵头、基层医疗机构为基础，康复、护理等其他医疗机构参加的城市网络化管理模式。依托“互联网＋医疗服务”的远程诊疗方式，让农村地区、边远地区的患者在当地也能得到高质量的诊疗服务。

在药品供应机制上，自 2009 年启动实施国家基本药物制度以来，全国 31 个省、市、自治区均实现政府办基层医疗卫生机构配备使用基本药物，基层基本药物价格平均下降30%左右，307种药品纳入国家基本药物目录。国家通过产业政策的引导，鼓励优势医药企业兼并重组，走整合发展的道路，提高产业集中度，结束“小、散、弱、乱”的产业格局。对廉价、高效、可靠的常用药通过政府集中采购降低成本，保证基本用药需要。

第四节　“弱有所扶”的社会救助制度

《孟子》写道：“乡田同井，出入相友，守望相助，疾病相扶持。”守望相助自古以来就是中国文化中得到普遍认同的价值理念。在40年的小康社会建设中，我国社会救助制度实现了长足发展。

一、雏形：最低生活保障制度

20世纪90年代，随着居民收入差距的扩大以及下岗失业人员的增多，以最低生活保障为核心的新型城乡居民救助制度应运而生。1999年，国务院颁布《城市居民最低生活保障条例》。这是我国低保制度建立的一个重要标志。城市低保制度建立后，全国低保对象从2000年的403万人增加到2002年的2065万人，基本实现了“应保尽保”。之后，全国城市低保对象人数基本稳定在2200万人左右。城市低保制度的建立，实现了低收入群体救助方式从临时性向制度化的转变，实现了从帮扶原有的“三无”贫困人员到帮扶符合享受城市低保条件的所有贫困人员的转变，既保障了老、幼、病、残、弱等无劳动能力贫困人员的基本生活，又为国有企业改革和经济体制改革提供了制度保障。

2007年，农村最低生活保障制度建立。在农民低保制度建立之前，“五保”供养制度是我国农村唯一的社会福利制度，绝大多数农民没有任何公共财政支持的社会保障安排。全国建立农村最低生活保障制度是继全面取消农业税之后的又一项重大惠农政策。通过在全国范围建立农村最低生活保障制度，将符合条件的农村贫困人口全部纳入保障范围，稳定、持久、有效地解决了全国农村贫困人口的温饱问题。农村低保制度是社会救助体系的重要一环，是保障广大农村困难群众生活的最后一道防线。国家以农村低保制度为核心，完善包括农村“五保”制度、医疗救助、灾害救助、教育救助、住房救助等各个方面的社会救助体系。低保制度还与农村扶贫项目相互配合、相互补充，从而形成一个健全、有效的农村社会救助网络，切实解决了农村贫困家庭的各种困难。

二、完善：涵盖医疗、住房、教育多个领域

进入新世纪后，社会救助体系日趋完善，出台了很多相关文件，如 2003 年发布《关于实施农村医疗救助的意见》，2005 年出台《关于建立城市医疗救助制度试点工作的意见》，2006 年实施新修订的《农村五保供养工作条例》，2007 年颁布《关于进一步建立健全临时救助制度的通知》，2009 年印发《2009—2011 年廉租住房保障规划》，2010 年颁布《自然灾害救助条例》，等等。

党的十八大以来，社会救助发展被纳入深化改革的总体部署中。2014 年 2 月，国务院颁布了《社会救助暂行办法》。我国第一次以行政法规的形式综合构建了社会救助体系，明确社会救助主要包括最低生活保障、特困人员供养、受灾人员救助、医疗救助、教育救助、住房救助、就业救助、临时救助等八项制度以及社会力量参与，建立起“8 + 1”的体系架构。

第九章

促进人与自然和谐

新中国成立后，中国共产党带领中国人民进行了艰苦卓绝的奋斗历程，迅速治理了长期的战争创伤，在恢复国民经济的同时，广泛开展民生建设。经过70年的发展，尤其是党的十六大提出全面建设小康社会的宏伟目标后，全国人民在中国共产党的领导下，经过努力奋斗，人民生活发生了翻天覆地的变化，从缺衣少食的普遍贫穷走向衣食无忧、就业充分、收入满意、社会可靠、环境优美的全面小康社会。

第一节 生态环境没有“替代品”

改革开放改变了我国城乡居民收入长期增长缓慢甚至停滞不前的状况。随着农村家庭联产承包责任制在全国的推行，城市经济体制改革的一系列措施出台，城乡居民的收入水平和生活水平较改革开放前有了明显提高。2017年全国居民人均可支配收入比1978年实际增长22.8倍，年均实际增长

8.5%。2019年，全国居民人均可支配收入30733元，比上年名义增长8.9%。其中，城镇居民人均可支配收入42359元，比上年名义增长7.9%；农村居民人均可支配收入16021元，比上年名义增长9.6%。2019年，全国居民人均可支配收入中位数26523元，其中，城镇居民人均可支配收入中位数39244元，农村居民人均可支配收入中位数14389元。应该说，改革开放为我国稳步迈向小康社会打开了大门。

但是，中国在经济增长的过程中积累的环境问题也形成了不容忽视的社会问题。在全面奔小康的道路上，以牺牲环境、破坏资源为代价，以粗放式经营为主要生产模式的经济增长显然是不能长久的。这方面我们已经有了惨痛的教训。毁林开荒、滥砍滥伐、过度开采地下水资源等对自然环境的破坏以及工业生产污染等方面的问题已经到了非常严重的地步。尤其是改革开放后，我国的生态环境状况日益恶化，水污染、空气污染、自然资源不断减少、森林面积缩小、酸雨增多、沙尘暴加剧等生态环境恶化越来越使人们认识到生态环境没有“替代品”，违反自然规律是一定要付出惨痛代价的。

一、水污染严重

1992年邓小平南方谈话发表后，中国掀起了新一轮大规模经济建设，尤其是江浙沿海一带乡镇企业快速发展，在一定程度上导致生态环境加速恶化，江河湖泊污水横流，蓝藻大面积暴发。1994年7月，发生了震惊中外的淮河特大污染事件。导致淮河流域严重污染的原因是从20世纪80年代开始，这一流域的工农业生产突飞猛进，乡镇企业迅猛增加。由于当时意识差距和条件限制，致使生活污水、工业污水、城镇垃圾，以及农田里的农药和化肥的残余等，大多随着地沟、天雨泄入河道。盲目追求经济效益、忽视生态环境的发展方式，给整个淮河流域带来严重的生态灾难。

二、空气污染加剧

随着工业化进程的加快，乡镇企业、家庭小作坊，刚起步时一般采用的工艺都比较落后，产生的“三废”直接排放，造成城乡空气质量变差，有害气体增多，有些工业区经常烟雾弥漫，如同“烟城”“雾区”，城乡居民的呼吸道疾病急剧上升。空气污染加重的具体表现是酸雨增多、沙尘暴频繁。我国在改革开放后就开始受到酸雨的侵蚀，20 世纪 90 年代后因酸雨而遭受的损失尤为严重。据粗略统计，截至 1996 年，我国酸雨污染较为严重的 11 个南方省区，因森林木材蓄积量减少造成的直接经济损失就达 40 亿元。其中，四川的森林死亡面积占 5.7%，川贵两省按 2015 年计算损失木材约 630 万立方米，直接经济损失 30 亿元。20 世纪 60 年代特大沙尘暴在我国发生过 8 次，70 年代发生过 13 次，80 年代发生过 14 次，而 90 年代则发生过 20 多次，并且波及的范围也愈来愈广，造成的损失愈来愈重。2002 年 3 月 18 日至 21 日，20 世纪 90 年代以来范围最大、强度最强、影响最严重、持续时间最长的沙尘天气袭击了我国北方 140 多万平方公里的大地，影响人口达 13 亿人。

改革开放后，我国经济发展和社会进步过程中凸现的生态环境问题引起了党中央的高度重视。惨痛的教训告诉我们，生态环境没有“替代品”，人类的水资源是有限的，我们的蓝天白云也只有头顶的一片，污染了要恢复是很困难的，而且恢复也需要很长的时间。进入 21 世纪以后，党和政府高度重视人与自然和谐发展，提出了发展循环经济，建设资源节约型、环境友好型社会的战略部署。保护生态环境成为全社会的共识。

第二节　保护环境就是保护生产力

生态环境是人类生存的依托。改革开放以后，党中央就提出了可持续发展战略。可持续战略的核心就是既要考虑当前发展需要，又要考虑未来发展需要，不能以牺牲后人的利益来满足当代人的利益。这实际上就是指出了如何处理好人与自然和谐发展的问题。党的十六大明确提出全面建设小康社会以后，胡锦涛同志从我国国情和当今时代特征出发，把科学发展观作为党和国家的指导思想，主张转变经济发展方式，大力发展循环经济，并把生态文明理念纳入党的报告中，在全社会积极倡导构建资源节约型和环境友好型社会。党的十八大以来，以习近平同志为核心的党中央把生态文明建设作为统筹推进"五位一体"总体布局和协调推进"四个全面"战略布局的重要内容，谋划开展了一系列富有根本性、长远性、开创性的工作，推动我国生态环境保护从认识到实践发生了历史性、转折性、全局性变化，推动美丽中国建设迈出重要步伐。

习近平总书记的生态文明思想全面诠释了保护环境就是保护生产力。习近平总书记的生态文明思想有着丰富的内涵，可以概括总结为六个方面：绿水青山就是金山银山、山水林田湖草是生命共同体、良好的生态环境就是最普惠的民生福祉、人与自然和谐共生、用最严格的制度保护生态环境、共谋全球生态文明建设。

一、绿水青山就是金山银山

"绿水青山就是金山银山"这一论断是习近平总书记在浙江工作期间提出的，即"绿水青山可以源源不断地带来金山银山，绿水青山本身就是金山银山，我们种的常青树就是摇钱树，生态优势变成生态经济优势，形成了一种浑然一体、和谐统一的关系”。这是重要的发展理念，也是推进现代化建设的重大原则。“两山论”深刻阐述了经济发展和生态环境保护的关系，更新了关于自然资源的传统认识，打破了简单地把经济发展与环境保护对立起来的思维束缚，揭示了保护生态环境就是保护生产力、改善生态环境就是发展生产力的道理，指明了实现经济发展和生态环境保护协同共生的新路径。绿水青山既是自然财富、生态财富，又是社会财富、经济财富。保护生态环境就是保护自然价值和增值自然资本，就是保护经济社会的发展潜力和后劲，使绿水青山持续发挥生态效益和经济社会效益。

二、山水林田湖草是生命共同体

生态是大自然客观存在的统一系统，是人类生存相互依赖、紧密联系的有机链条。据史料记载，现在植被稀少的黄土高原、渭河流域、太行山脉也曾森林遍布、山清水秀，地宜耕植、水草便畜。由于毁林开荒、滥砍乱伐，这些地方生态环境遭到严重破坏。塔克拉玛干沙漠的蔓延，湮没了盛极一时的丝绸之路。河西走廊沙漠的扩展，毁坏了敦煌古城。科尔沁、毛乌素沙地和乌兰布和沙漠的蚕食，侵占了富饶美丽的蒙古草原。楼兰古城因屯垦开荒、盲目灌溉，导致孔雀河改道而衰落。河北北部的围场，早年树海茫茫、水草丰美，但从同治年间开放围垦，致使千里松林几乎荡然无存，出现了几十万亩的荒山秃岭。这些惨痛的历史教训告诉我们：“人的命脉在田，田的命脉在水，水的命脉在山，山的命脉在土，土的命脉在林和草，这个生命共同体是人类生存发展的物质基础。”

三、良好的生态环境就是最普惠的民生福祉

习近平总书记指出："环境就是民生，青山就是美丽，蓝天也是幸福。""像保护眼睛一样保护生态环境，像对待生命一样对待生态环境。""良好的生态环境是最公平的公共产品，是最普惠的民生福祉。"人类社会发展的进程，尤其是人类近代文明史充分证明了习近平总书记的论述。没有良好的生态环境，就根本不可能有人民的幸福生活。发生在近代西方国家的"世界八大公害事件"，至今令人们印象深刻。1952 年 12 月伦敦烟雾事件，在首次暴发的短短几天内，致死人数高达 4000 人，随后 2 个月内又有近 8000 人死于呼吸系统疾病，此后 1956 年、1957 年、1962 年又连续发生多达 12 次严重的烟雾事件。改革开放以来，我们在发展经济的同时，也遇到了不少生态环境问题。当前，重污染天气、黑臭水体、垃圾围城、农村环境已成为民心之痛、民生之患，严重影响人民群众生产生活，老百姓意见大、怨言多，甚至成为诱发社会不稳定的重要因素，必须下大气力解决好这些问题。

四、人与自然和谐共生

习近平总书记指出："生态文明是人类社会进步的重大成果。人类经历了原始文明、农业文明、工业文明，生态文明是工业文明发展到一定阶段的产物，是实现人与自然和谐发展的新要求。历史地看，生态兴则文明兴，生态衰则文明衰。"人与自然和谐共生是指人与自然是生命共同体，两者之间应保持一种可持续发展的良好状态。《庄子 · 齐物论》中的"天地与我并生，而万物与我为一。"战国荀子《天论》中的"万物各得其和以生，各得其养以成。"李白《上安州裴长史书》中的"天不言而四时行，地不语而百物生。"这方面有很多鲜活生动的事例。始建于战国时期的都江堰，距今已有

2000多年历史，就是根据岷江的洪涝规律和成都平原悬江的地势特点，因势利导建设的大型生态水利工程，不仅造福当时，而且泽被后世。人类发展历史证明，当人类合理利用、友好保护自然时，自然的回报常常是慷慨的；当人类无序开发、粗暴掠夺自然时，自然的惩罚必然是无情的。人类对大自然的伤害最终会伤及人类自身，这是无法抗拒的规律。所以，人与自然是生命共同体。生态环境没有替代品，用之不觉，失之难存。

五、用最严格的制度保护生态环境

奉法者强则国强，奉法者弱则国弱。令在必信，法在必行。当前我国生态环境保护中存在的突出问题主要是：体制不健全、制度不严格、法治不严密、执行不到位、惩处不得力。习近平总书记指出："保护生态环境必须依靠制度、依靠法治。只有实行最严格的制度、最严密的法治，才能为生态文明建设提供可靠保障。"习近平总书记的讲话实际上包含两层意思，一是要建立与完善一整套符合我国国情的、切合实际的生态环境保护制度；二是要形成一系列行之有效的制度执行机制。因此，我国要加快生态文明制度创新，加强生态文明制度供给，完善生态文明制度配套，强化生态文明制度执行，让生态文明制度成为刚性约束和不可触碰的高压线。要严格用制度管权治吏、护蓝增绿，有权必有责、有责必担当、失责必追究，保证习近平总书记生态文明理念和党中央关于生态文明建设决策部署落地生根见效。

六、共谋全球生态文明建设

生态文明建设关乎人类未来。构建人类绿色家园、建设清洁美丽世界是人类的共同梦想和同心协办、不懈追求的奋斗目标。习近平总书记指出："坚持绿色低碳，建设一个清洁美丽的世界。人与自然共生共存，伤害自然最终将伤及人类。空气、水、土壤、蓝天等自然资源，用之不觉，失之难续。工业化创造了前所未有的物质财富，也产生了难以弥补的生态创伤。我们不能吃祖宗饭、断子孙路，用破坏性方式搞发展。我们应该遵循天人合一、道法自然的理念，寻求永续发展之路。”保护生态环境、应对气候变化需要世界各国同舟共济、共同努力，任何国家都无法置身事外、独善其身。当前我国已成为全球生态文明建设的重要参与者、贡献者、引领者，主张加快构筑尊崇自然、绿色发展的生态体系，共建清洁美丽的世界。

第三节　建设环境友好型社会

发展是党执政兴国第一要务。但是在发展的同时也必须注重生态环境保护，党的十六大明确提出了科学发展观，立足我国国情和时代特征，强调坚持以人为本，全面、协调与可持续的发展思想，党的十八大以来，党中央高度重视生态文明建设，为促进我国社会经济与资源环境建设的和谐共进奠定了基础。

1992 年，在巴西里约热内卢召开的联合国环境与发展大会上，通过了《里约宣言》和《21 世纪议程》。其中，200 多处提及包含环境友好含义的“无害环境的”（Environmentally Sound）概念，并正式提出了“环境友好的”（Environmentally Friendly）理念。随后，环境友好技术、环境友好产品得到大力提倡和开发。20 世纪 90 年代中后期，国际社会又提出实行环境友好土地利用和环境友好流域管理，建设环境友好城市，发展环境友好农业、环境友好建筑业等。2002 年召开的世界可持续发展首脑会议通过的“约翰内斯堡实施计划”多次提及环境友好材料、产品与服务等概念。环境友好型社会，就是全社会都采取有利于环境保护的生产方式、生活方式、消费方式，建立人与环境良性互动的关系。反过来，良好的环境也会促进生产、改善生活，实现人与自然和谐。建设环境友好型社会，就是要以人与自然和谐相处为目标，以环境承载力为基础，以遵循自然规律为核心，以绿色科技为动力，倡导环境文化和生态文明，构建经济社会环境协调发展的社会体系，实现可持续发展。党的十六届五中全会明确提出要建设资源节约型、环境友好型社会。这是以胡锦涛为总书记的党中央紧密结合中国国情，借鉴国际先进发展理念，着力解决中国经济发展与资源环境矛盾的一项重大战略决策，对于全面落实科学发展观，不断提高资源环境保障能力，实现国民经济又快又好发展具有重要意义。环境友好型社会的核心目标是将生产和消费活动规制在生态承载力、环境容量限度之内，通过生态环境要素的质态变化形成对生产和消费活动进入有效调控的关键性反馈机制，特别是通过分析代谢废物流的产生和排放机理与途径，对生产和消费全过程进行有效监控，并采取多种措施降低污染产生量、实现污染无害化，最终降低社会经济系统对生态环境系统的不利影响，有利于民生状态和谐发展。

环境友好型社会，说到底其实就是人与自然和谐相处的问题。关于人与自然的关系，古人就有许多经典的论述。《易经》中说："观乎天文，以察时变；观乎人文，以化成天下""财成天地之道，辅相天地之宜"。《老子》中说："人法地，地法天，天法道，道法自然。"《孟子》中说："不违农时，谷不可胜食也；数罟不入洿池，鱼鳖不可胜食也；斧斤以时入山林，材木不可胜用也。"《荀子》中说："草木荣华滋硕之时，则斧斤不入山林，不夭其生，不绝其长也。"《齐民要术》中有"顺天时，量地利，则用力少而成功多"的记述。这些观念都强调要把天地人统一起来、把自然生态同人类文明联系起来，按照大自然规律活动，取之有时，用之有度。

一、建设环境友好型社会，实现经济发展方式的根本性转变

生产力水平和生产活动的组织方式决定了经济基础，经济基础决定上层建筑。经济发展方式的优劣直接影响着社会发展形态的性质和方向。改革开放以来，我国传统的经济发展方式是以对自然资源的过度索取和以牺牲环境容量为代价来获得财富数量的增长，表现出典型的高消耗、低效益和高污染排放特征。这种以牺牲环境为代价的经济发展方式显然是不能长久的。因此，环境友好型经济发展方式的首要任务是实现低资源能源消耗、高经济效益、低污染排放，大力发展循环经济。

二、建设环境友好型社会，不断优化调整经济结构

自然资源是有限的，自然资源（蓝天白云绿水青山）也是不能复制的。自然资源的有限性会倒逼经济发展模式转向结构性调整，而经济结构的优化升级又会减少对自然资源的消耗，进而起到保护环境的作用。我国经济发展从当前的粗放型增长转变为集约型、科技型增长的过程，经济结构的优化升级是最重要的措施之一。经济发展模式的转变和经济结构的调整，最重要的是不断进行科技创新。科学技术是第一生产力。通过科技进步和提高劳动者素质这两种途径来改变高消费、高投入的粗放型增长方式，最终体现在科技创新上。只有加快科技进步，改善传统的产业和生产工艺，让先进的科学技术和管理方式普遍推广，从根本上扭转粗放型经济增长方式，实现节能、降耗、增效，才能从根本上建设环境友好型社会。

三、建设环境友好型社会，构建生态文明的政治、法律制度，依法加强对生态环境执法力度

要抓紧制定和完善生态环境保护的各项规章制度，弥补体制、机制以及法律法规等方面的诸多漏洞，坚持科学管理和严格管理，有效地保护生态环境。

从浙江省一个普通农村的经历，可以看到经济模式转变和经济结构调整带来的变化。17 年前，安吉县刘家塘村的村民在山上开矿山，办石灰窑。钱没挣多少，水却越来越浑浊，天空也常年灰蒙蒙的。2003 年，浙江启动“千万工程”，对农村人居环境进行整治。同年，安吉县也开始对狮子石水库进行“千库保安”建设，结合村庄环境整治，关闭了矿窑。矿山关停后，一个 600 多平方米的石灰仓库闲置了下来。考虑到村子毗邻省级灵峰旅游度假区，交通便利，就在仓库的基础上改造开起了农家乐。从那时起，刘家塘村看到了生态环境的价值，村子里的石灰窑再也没冒过烟。2013 年，安吉县提出打造美丽乡村精品示范村，刘家塘积极响应，2014 年便成为首批美丽乡村精品示范村创建村。这些年，刘家塘村开发了田园观光、农事体验等 10 余个特色休闲项目，吸引了总投资 1.5 亿美元的国际艺术山谷项目以及漫时光休闲旅店、星潮营地云霄飞渡、环湖度假酒店等。环境好了，刘家塘又开始在项目和品牌上花心思，先后建起了大塘岭绿岛广场、森博园慢生活主题公园、狮子石休闲旅游区、沙町岛、富硒田园等。通过 10 公里休闲环村线，把这些景点巧妙串起来，构建起刘家塘村式的景区。山还是那座山，水还是那片水，但村子里的光景大不一样了。从 2007 年开办第一家农家乐以来，到 2019 年年底，村里已有农家乐 28 家、精品民宿 5 家。去年，全村全年游客达 12 万人次，旅游总收入达 1500 万元。

四、环境友好型社会，是实现全面建设小康社会宏伟目标的重要保障

实现全面建设小康社会宏伟目标，必须有环境作保障。全面建设小康社会的一个重要目标就是可持续发展能力不断增强，生态环境得到改善，资源利用效率显著提高，促进人与自然的和谐，推动整个社会走上生产发展、生活富裕、生态良好的文明发展道路。

五、环境友好型社会，是保障国家安全和提高综合国力的重要举措

解决中国建设需要的资源问题，着眼点和立足点必须放在国内。环境友好型社会，能够控制和降低对国外资源的依赖程度，确保国家经济安全，能够提高我国的综合国力。

建设环境友好型社会，是推进社会主义和谐社会建设的重要内容。人与自然和谐相处是社会主义和谐社会的基本特征之一，建设环境友好型社会，能够实现人与自然和谐相处。

第四节　建设美丽中国

2012 年 11 月，党的十八大报告指出："建设生态文明，是关系人民福祉、关乎民族未来的长远大计。必须树立尊重自然、顺应自然、保护自然的生态文明理念，把生态文明建设放在突出地位，融入经济建设、政治建设、文化建设、社会建设各方面和全过程，努力建设美丽中国，实现中华民族永续发展。"这是以习近平同志为核心的党中央把生态文明建设作为统筹推进

“五位一体”总体布局和协调推进“四个全面”战略布局的重要内容，谋划开展了一系列富有根本性、长远性、开创性的工作，推动我国生态环境保护从认识到实践发生历史性、转折性、全局性变化，推动美丽中国建设迈出重要步伐。2013 年 11 月，党的十八届三中全会通过的《中共中央关于全面深化改革若干重大问题的决定》指出：“紧紧围绕建设美丽中国深化生态文明体制改革，加快建立生态文明制度，健全国土空间开发、资源节约利用、生态环境保护的体制机制，推动形成人与自然和谐发展现代化建设新格局。”全会的决定指明了生态文明体制改革的方向。2014 年 10 月，党的十八届四中全会通过的《中共中央关于全面推进依法治国若干重大问题的决定》指出：“用严格的法律制度保护生态环境，加快建立有效约束开发行为和促进绿色发展、循环发展、低碳发展的生态文明法律制度，强化生产者环境保护的法律责任，大幅度提高违法成本。建立健全自然资源产权法律制度，完善国土空间开发保护方面的法律制度，制定完善生态补偿和土壤、水、大气污染及海洋生态环境保护等法律法规，促进生态文明建设。”全会的决定构建了生态文明法律制度。

2015 年 11 月，党的十八届五中全会通过的《中共中央关于制定国民经济和社会发展第十三个五年规划的建议》提出了绿色发展的新理念。要求坚持节约资源和保护环境的基本国策，坚定走生产发展、生活富裕、生态良好的文明发展道路，并提出了与全面建成小康社会相适应、实现“生态环境质量总体改善”的目标，使绿色发展成为实现全面小康社会奋斗目标和推进现代化建设的重要引领之一。

党的十九大明确提出中国生态文明建设进入新时代，把坚持人与自然和谐共生的理念作为习近平新时代中国特色社会主义思想的基本方略之一，把建设生态文明上升到中华民族永续发展的千年大计，增加“美丽”作为社会主义现代化强国的发展目标，把建设清洁美丽的世界作为构建人类命运共同体的重要内涵，提出解决新时代社会主要矛盾的重要途径——提供更多优质生态产品以满足人民日益增长的优美生态环境需要。党的十九大报告提出了我国新时代生态文明体制改革的四大战略任务：推进绿色发展、着力解决突出环境问题、加大生态系统保护力度、改革生态环境监管体制。

全国人民在党中央的正确领导下，在脱贫致富，全面奔小康的道路上，努力实践着以习近平同志为核心的党中央提出的生态文明理念。浙江用 16 年时间，在经济发展和社会进步的同时，成功创建全国首个生态省的历程，从发展观到生态观，从财富观到价值观，从生存观到执政观，生态两字，深度改变着浙江。良好的生态环境是最大公共品。虽以生态为名，获利的不止是生态环境。通过生态省建设，浙江构建且优化了省域空间格局，很早确立了“三线一单”，即生态保护红线、环境质量底线、资源利用上线和环境准入负面清单。与此同时，环境质量得到明显改善，还有环环相扣的治水，多措并举的治气。“让环境保护与经济发展同行，将产生变革性力量”，这是联合国环境规划署在“地球卫士奖”颁奖时对“千万工程”的评价。浙江的生态变革力量，落脚在每一户、每一村、每座城。

建设美丽中国，要坚持贯彻绿色发展理念。“绿色理念”是联合国计划开发组在 2002 年发表的一个文件中第一次指出来的。它是指在生态环境容量和资源承载力约束下，将生态环境保护作为可持续发展支柱的新型发展模式。它有四层含义，即生态健康、环境绿化、社会公平、人民幸福。绿色发展是一种全新的发展概念，其基本目标不仅在于发展，而且还要在发展的基础上更加注重环境保护、资源节约、可持续发展等长远所需。云南省昆明市以绿色发展理念为指引，以科技创新推动绿色发展，以协调发展解决发展不平衡问题，以开放发展解决发展内外联动问题，以共享发展解决社会公平正义问题，推动经济总量实现新跨越、结构调整实现新优化、质量效益实现新提升，在高质量跨越式发展道路上迈出了新步伐。2019 年，昆明产业升级步伐加快，工业经济稳中有进，规模以上工业增加值增长 4.8%；服务经济稳中趋优，服务业增加值增长 7.7%；现代农业稳中增效，农业增加值增长 5.5%。新动能加速成长，数字经济快速发展，互联网软件和相关服务业营业收入增长 8.1%；大健康发展提速，大健康产业增加值增长 10% 左右；旅游革命深入推进，全年共接待游客 1.8 亿人次、增长 16%，实现旅游总收入 2733 亿元、增长 25%。产业招商成效显著，全年引进市外内资 1304.1 亿元、增长 12.7%，实际利用外资 10.2 亿美元、增长 20%。创新能力持续增强，高新技术企业突破 1000 家、营业收入突破 3000 亿元，高新技术产品收入增长 16%，科技进步贡献率达 59.1%。新增长极加快打造，滇中新区经济运行稳中向好，自贸试验区昆明片区建设开局良好，新增注册企业 2849 家。2019 年全市地区生产总值达 6475.9 亿元、增长 6.5%（按可比价格计算），地区生产总值在全国省会城市中排名从第 17 位跃升至第 12 位。

建设美丽中国，要通过发展绿色产业加快培育新的经济增长点。贵州的一个贫困小山村，探索出“肉牛、蚯蚓与肥料”为产业链的循环农业，既解决了农业污染问题，又产生了经济效益。46 岁的土家族村民郎兴英，住在贵州省德江县煎茶镇川岩村。地处武陵山集中连片特困地区深处的川岩村，过去家家户户养牛。牛与蚯蚓并没有联系，但牛粪是蚯蚓最爱的一种“食品”。郎兴英说：“以前在农村，路上到处是牛粪，有一次偶然看到牛粪上有蚯蚓，后来在网上查，才知道牛粪适合拿来养它。”2013 年，她看准了蚯蚓养殖市场，自费 5 万元，到湖南常德学习技术，然后引进种苗，在老家一心一意发展。走进郎兴英经营的养殖基地，眼前是整齐排列成一垄一垄的牛粪，她掀起一层牛粪后，蚯蚓四处窜动。郎兴英介绍，基地现在养了 5 亩蚯蚓，一般

30天可以出售一茬。蚯蚓可用做钓鱼的饵料，目前市场供不应求，2019年产值近30万元。不仅如此，蚯蚓消化牛粪之后的排泄物，还可以搜集起来运送到果园、茶园，是一种很好的有机肥。郎兴英说："今年，基地产出的这种有机肥已经卖了60吨，每吨可以卖到500元。"随着蚯蚓养殖规模不断扩大，牛粪供不应求。2016年，她下定决心养牛。在蚯蚓养殖基地不远处的养牛场，高大肥硕的肉牛吃着草料。郎兴英说："养牛的目的是为了利用牛粪，就地取材养殖蚯蚓，现在养了35头肉牛，本身也是一个产业。"如今，"肉牛—牛粪—蚯蚓—有机肥"循环农业模式，不仅吸引了周边村寨养牛大户加盟，学习蚯蚓养殖技术，同时也带动了5名当地村民在家门口就业。56岁的村民梁祖成一家两口人，是因病致贫的贫困户。这几年，他帮助郎兴英割牛草、捡牛粪，比种地划算轻松，每天工资80元，家里的小孩也得到很好的照顾。煎茶镇畜牧兽医站站长鲁国权介绍，目前全镇有肉牛养殖场30多家，蚯蚓养殖基地6家。通过养殖蚯蚓，不仅解决了肉牛养殖场粪污的环保问题，还提升了各个环节产品的附加值，可以说是山区发展循环农业的有益探索。位于德江县复兴镇的一家农牧发展有限公司，2016年从浙江温州来到复兴镇发展肉牛产业。公司生产负责人张存良介绍，去年公司出栏肉牛4000余头，牛粪以35元/吨左右的价格卖到周边县市做肥料，今年打算借鉴郎兴英的循环农业发展模式，前期规划养殖50亩蚯蚓。

建设美丽中国，要通过调整优化产业结构推进生产方式绿色化。浙江省丽水市多年坚持走绿色发展道路，不断探索生态产品价值的实现，致力于生态资产量化、生态产品确权、生态权属抵押、生态资源挖掘和生态本底厚植等，形成资源变资产、资产变资本，资本促发展、发展促增收，增收强化理念、理念厚植资源的良性循环。2018年4月26日，习近平总书记在深入推动长江经济带发展座谈会上点赞丽水："浙江丽水市，坚定不移保护绿水青山这个‘金饭碗’，努力把绿水青山蕴含的生态产品价值转化为金山银山，生态环境质量、发展进程指数、农民收入增幅多年位居全省第一，实现了生态文明建设、脱贫攻坚、乡村振兴协同推进。”2019 年 1 月 12 日，国家长江办批复支持丽水成为全国首个生态产品价值实现机制试点市；同年 2 月 25 日，浙江省委深改委审议通过了试点方案，3 月 15 日省政府正式印发实施。丽水市全力践行“绿水青山就是金山银山”理念，构建梯度递延的改革体系，开展国内生产总值与生态产品总值的“三双三进”（双核算、双运用、双提升；进规划、进决策、进考核），保持生态环境质量、发展进程指数、农民收入增幅协同发展，实现生态文明建设、脱贫攻坚和乡村振兴协同推进，逐步走出了一条高质量绿色发展道路。

建设美丽中国，绿色发展是实现人民美好生活的根本保障。只有以绿色发展的成就实现城乡居民对美好生活的向往，才能使人民群众在享受绿色福利和生态福祉中促进经济社会持续健康发展和人的自由而全面发展，从而最大限度地体现发展应有的经济价值与社会价值、自然价值与人文价值、代内价值与代际价值、民族价值与全球价值的辩证统一。成都市 2019 年建成全球首个 10GW 太阳能电池基地。10GW 产能规模每年生产的电池组件在其 25 年的生命周期内累计可提供约 5475 亿度清洁电力能源，可提供整个成都市 8.5 年生活和工业用电总量，相当于三峡水电站现有装机容量 5.5 年发电量总和。在生态环境效益方面，可节约 6728.775 万吨标煤消耗，减少温室气体二氧化碳排放近 16822 万吨，减少大气污染物二氧化硫排放 111 万吨，相当于种植 855 亿棵树，等同于新建 427500 平方公里沙漠绿洲。上述数据可以很清晰地预见，绿色发展已成为破解我国雾霾难题、实现我国能源生产和消费结构转型升级、推动全球能源革命的重要途径；绿色发展带来的成果，为彻底改善城乡居民的生活提供了可靠的保证。

走绿色经济之路、倡导绿色经济理念、传播绿色文明、发展绿色产业、弘扬绿色文化、振兴绿色经济、推广绿色生活，已经成为我国实现脱贫致富、全面奔小康梦想的必经之路，成为我国实现经济社会跨越式发展的必经之路。建设美丽中国的伟大实践，既是我国作为世界最大发展中国家在可持续发展方面的有效探索，也是为全球环境治理提供的中国理念、中国方案和中国贡献。国际社会应该携手同行，解决好工业文明带来的矛盾，共谋全球生态文明建设之路。

第十章

把对外开放作为“关键一招”

对外开放是国家繁荣发展的必由之路。以开放促改革、促发展，是我国现代化建设不断取得新成就的重要法宝。党的十一届三中全会以来，我国本着向世界学习的理念，不断提升对外开放水平，对外开放为国内改革和制度创新输入了源源不断的外生动力。经济特区作为我国先试先行的改革试验田，在市场化改革探索方面发挥了先导、窗口和辐射作用。加入 WTO，为我国开启了全面融入世界经济体系的进程，对外经济体制改革全面深化，极大地促进了中国市场竞争环境的改善和企业竞争力的提升，开放型经济实现了迅猛发展。我国充分利用国际国内两个市场、两种资源，将“引进来”和“走出去”有机结合，推进实施“一带一路”倡议，积极参与全球经济治理，已经形成了全方位、多层次、宽领域的对外开放新格局，进而为小康社会建设提供了强大的外在动力和国际环境保障。

第一节　向世界学习

早在党的十一届三中全会召开前夕，邓小平同志在会见格奥尔格·内格韦尔为团长的联邦德国新闻代表团时就明确指出，中国在历史上对世界有过贡献，但是长期停滞，发展很慢。“现在是我们向世界各国学习的时候了。”“要实现四个现代化，就要善于学习，大胆取得国际上的帮助。要引进国际上的先进技术、先进设备，作为我们发展的起点。”尤其是在其著名的《解放思想，实事求是，团结一致向前看》的讲话中重申：“自己不懂就要向懂行的人学习，向外国的先进管理方法学习。不仅新引进的企业要按人家的先进方法去办，原有企业的改造也要采取先进的方法。”随后，邓小平同志在1979年3月21日会见以马尔科姆·麦克唐纳为团长的中英文化协会执行委员会代表团时再次强调：“我们要善于吸收，善于使用，善于管理。这一切都需要学习，我们有信心可以学会。”也正是从那时起，敢于学习、善于学习，就成为中国建立社会主义市场经济体制，成就中国发展模式的重要途径。

首先，要善于向外国学习经验。准确地说是善于向发达的资本主义国家取经。这在“宁要社会主义草，不要资本主义苗”的极左思想禁锢多年后的改革开放初期提出来，本身就需要勇气，需要胸怀。它不仅隐含了到底如何看待社会主义的问题，而且隐含了如何看待当代资本主义的问题。

这里讲如何看待社会主义，就是讲要从对社会主义的教条理解和僵化的社会主义实践中解放出来，承认我们自己是“不合格的社会主义”，进而把探索有利于解放生产力和发展生产力的具有中国特色社会主义的生产关系作为改革的根本任务。对此，党的十一届六中全会通过的《中国共产党中央委员会关于建国以来党的若干历史问题的决议》指出，“社会主义生产关系的发展并不存在一套固定的模式，我们的任务是根据我国生产力发展的要求，在每个阶段上创造出与之相适应和便于继续前进的生产关系的具体形式。”

然而，要创造出与生产力发展要求相适应和便于继续前进的生产关系，就必须承认当代资本主义的生产关系和经济运行机制当中，有许多有利于社会生产力发展的“制度营养”，进而自觉地向当代资本主义学习。对此，1986年9月28日，邓小平同志在党的十二届六中全会上的讲话中指出：“我们实行开放政策，吸收资本主义社会的一些有益的东西，是作为发展社会主义社会生产力的一个补充。”1988年6月3日，邓小平同志在会见“九十年代的中国与世界”国际会议全体与会者时的讲话中又进一步指出：“中国要谋求发展，摆脱贫穷和落后，就必须改革开放。开放不仅是发展国际间的交往，而且要吸收国际的经验。”向当代资本主义学习，并不是鼓吹要搞资本主义。而是因为当代资本主义不仅创造了许多属于人类的共同财富，并有利于发展现代生产力的财产组织形式、科学技术和管理经验，而且创造了许多属于人类的共同财富，并有利于现代政治文明发展的制度框架。其实，对于资本主义的制度优越性和贡献，马克思也从不回避。马克思指出，与封建主义的小商品生产相比，资本主义的生产关系更能适应生产社会化的要求，所以“资产阶级在它的不到一百年的阶级统治中所创造的生产力，比过去一切世代创造的全部生产力还要多，还要大。”正是凭借这种强大的社会化的生产力，资本主义最终战胜了封建主义。

无疑，社会主义必须创造出高度发达的生产力和比资本主义更高的劳动生产率，才能最终取代资本主义。对此，列宁也早就指出：“劳动生产率，归根到底是使新社会制度取得胜利的最重要最主要的东西。资本主义创造了在农奴制度下所没有过的劳动生产率。资本主义可以被最终战胜，而且一定会被最终战胜，因为社会主义能造成新的高得多的劳动生产率。”邓小平同志在1984年6月21日会见缅甸副总理兼计划、财政部部长吴吞丁时指出："我们是社会主义国家，社会主义应该是生产力发展比较快的制度。"但是，由于我们的社会主义制度不是建立在发达资本主义及其先进的生产力基础上的，而是在资本主义最薄弱，甚至在半殖民地半封建的国家建立起来的，所以，无论是物质基础条件、生产力水平状况，还是生产关系和上层建筑等诸多方面，都远未达到马克思、恩格斯所构想的那个能够取代资本主义的社会主义形态应具有的水平，是"不合格"的社会主义。因此，我们要努力成为能够最终代替资本主义的合格的社会主义，一个重要的任务就是学习当代资本主义，大胆吸收和借鉴资本主义的文明成果。对此，邓小平同志科学而实事求是地指出，要敢于承认资本主义在科学技术、经营管理等方面有先进和可供学习的地方。他在谈到如何加快改革步伐时指出，社会主义中国有许多优越性，应当保持。但是，至于经济管理、行政管理的效果，资本主义国家在许多方面比中国好一些。人家有长处，为什么不能学习和利用呢？"社会主义同资本主义比较，它的优越性就在于能够做到全国一盘棋，集中力量，保证重点。缺点在于市场运用得不好，经济搞得不活。""社会主义要赢得与资本主义相比较的优势，就必须大胆吸收和借鉴人类社会创造的一切文明成果，吸收和借鉴当今世界包括资本主义发达国家的一切反映现代社会化生产规律的先进经营方式、管理方法。"也正是有了这样的胸怀和认识，中国的改革始终是与开放同步，并把学习当代资本主义的先进技术、管理经验和某些制度文明，作为推动中国现代化建设和体制机制创新的重要手段和促进力量。

其次，善于吸收苏欧国家在体制改革和制度变迁过程中的深刻教训，避免改革走弯路、入歧途。实际上，早在中国开始改革开放之前，南斯拉夫、匈牙利等前东欧社会主义国家就已经开始了体制改革的探索。针对高度集中的计划经济体制随着社会生产的发展和世界经济格局的变化，日益暴露出的不可克服的弊病，南斯拉夫最早对这种计划经济体制提出异议，率先进行了改革。当时受到苏联的压制和批判。斯大林逝世后，赫鲁晓夫提出反对个人迷信，在理论上逐步冲破苏联模式的禁锢，在实践上也开始了经济体制的初步探索。经过长期曲折的过程，改革计划经济体制，实现向市场经济的转轨成为人们的共识。然而，由于戈尔巴乔夫的“新思维”和采取的“休克疗法”式的激进改革，导致苏联和东欧国家在转轨过程中出现了苏联解体和东欧社会主义国家的剧变，为社会主义国家的经济体制改革提供了深刻的教训。这些国家的教训，很自然成为中国选择改革方式和体制模式的“活教材”。也正是这些惨痛教训，坚定了中国走自己的改革道路的信念和决心。

翻阅日本历史，推动日本走上现代化道路的历史转折点是“岩仓使团”。从 1871 年 12 月到 1873 年 9 月，明治政府的 51 名官员乘坐轮船和火车，考察了 15 个不同的国家。此考察团由当时明治政府最高官员之一的宫廷右大臣岩仓具视率领，随行官员来自日本政府的所有重要部门：工业、农业、采矿业、金融、文化、教育、军事和治安。岩仓使团离开日本的时候，日本仍是一个封闭的国家，日本人对外部世界知之甚少。这些官员考察了各国的工厂、矿山、博物馆、公园、股票交易所、铁路、农场和造船厂。这不仅令他们眼界大开，同时也让他们意识到日本与先进国家相比落后很多，需要向世界学习，需要引进新技术，还要引进新的组织和思维方式。他们对如何改革达成了共识。

从 1977 年到 1980 年，我国派出的官员考察团考察了很多国家，像岩仓使团那样，对中国人的思想产生了类似的影响。邓小平同志在 1975 年开创性的五天访法之行为中国树立了一个先例。当时陪同他的有负责工业、交通、管理和科技的高层领导，他们分别对各自的领域进行考察。邓小平同志回国后对出国考察的益处深信不疑，开始鼓励考察团出国考察。在 1978 年这一年里有13名副总理一级的领导出访约20次，共访问了50个国家。数百名部长、省长、第一书记及其部下也加入了出国考察的行列。同日本的岩仓使团一样，他们对所见所闻非常兴奋，对国家的未来踌躇满志，并计划派更多的考察团进行细致的考察。邓小平同志在1978年年底总结出国考察的作用时高兴地说："最近我们的同志去国外看了看，看得越多，就越知道自己多么落后。"虽然中国领导人早就认识到学习外国思想及先进经验的重要性。但是自1956年实行苏维埃中央计划体制，学习西方外国经验思想几乎被看成是错误的，到了20世纪70年代后期，中国高层领导发现世界其他国家经济发展是如此迅猛，相比之下中国是如此落后。这是中国下定决心启动改革开放的重要原因之一。

1978年我国派出四个最高级别的代表团。他们分别去了东欧、香港地区、日本和西欧。1978年3月9日到4月6日，中联部副部长李一氓为团长、乔石和于光远为副团长的代表团出访南斯拉夫和罗马尼亚。他们考察了工厂、农庄和科技部门，回国后就中国可以采用的做法提出了具体建议。这次访问之后，中国领导人不再把南斯拉夫称为"修正主义"，中国共产党也同南斯拉夫共产党恢复了关系。国家计委和外经贸部的领导于1978年4月至5月访问香港，评估了香港在金融、工业和管理方式等领域帮助我国内地发展的潜力，提出在临近香港边境的广东宝安县建立出口加工区的可能性，此加工区的原料从国外运来，利用我国的劳动力进行加工后再出口，即来料加工，既无关税也不受任何限制。没过几个月，国务院就正式批准建立这个加工区，这就是后来的深圳经济特区。当时由于广东和香港经济相差悬殊，每年都有成千上万的广东年轻人偷渡去香港。邓小平同志1977年视察广东时有人向他谈到这个问题，他说出路不是用更多的铁丝网和边境哨所强化治安，而是集中精力发展广东经济，这样年轻人就会觉得没有必要再逃到香港谋生了。国家计委的代表团从香港回来后，1978 年 5 月国务院下属的港澳事务办公室成立。这次访问为香港成为向内地输入资本和技术的主要渠道铺平了道路。1978 年 3 月 28 日至 4 月 22 日，上海市革委会副主任林乎加率领的代表团访问了日本。代表团成员来自国家计委、商业部、外贸部和中国银行。第二次世界大战结束时日本经济陷入萧条，战后日本经济发展迅速，在 20 世纪 60 年代末，其经济规模就已超越联邦德国，经济总量已跃升为世界第二。代表团看到了在这个过程中，日本也从经济管制、中央计划经济、配给制和价格管制的战时经济，转向更加自由和更有活力的市场经济。第二次世界大战后日本经济的发展得益于日本人大胆引进国外技术，利用外资，不断向世界学习，大力推动教育和鼓励科研。应该说，日本的赶超型发展经验，给了中国很多启示，而其中很重要的一点就是要向世界学习。

1978 年 5 月 2 日至 6 月 6 日，谷牧率领的高级代表团访问了欧洲五国——法国、瑞士、德国、丹麦和比利时。谷牧回忆说，出行前邓小平同志接见他时指示说，要“广泛接触，详细调查，深入研究问题……也看看他们的经济工作是怎么管的。资本主义国家先进的经验，好的经验，我们应当把它学回来”。考察团访问了 5 个国家的 15 座城市。他们参观港口，乘坐汽车、轮船和火车旅行。考察团考察了发电厂、农场、工厂、商场、研究所和生活区。考察团在一些访问中分成小组，总共考察了 80 个不同的地点。他们一路听取情况介绍，收集各种资料，重点是经济事务，因而会见最多的是经济专家，但他们也会见了外交官、政治家和军官。他们考察了制造硅片、光学仪器和化学制品的工厂。他们几乎没有观光时间，但还是访问了马克思的故乡特里尔。在考察德国资本主义成就的同时，也向共产主义的起源地表达了他们的敬意。这些国家的机械化和自动化水平以及工人的整体生产效率给他们留下了深刻印象。瑞士的发电厂用计算机进行管理，戴高乐机场则用电子设备引导飞机起降，这种情景令他们震惊。在不来梅港，中国代表团第一次见到吊运到货船上的集装箱。这些国家的农业生产率之高也超出了他们的想象。他们得出的结论是，中国需要专心学习科学技术。

欧洲由于自己的工厂开工不足，愿意到中国投资，也愿意向中国提供贷款和现代技术，把产品和技术卖给中国，仅在一次宴会上，在座的一群欧洲人就宣布准备提供多达200多亿美元的贷款，这让代表团成员感到意外。代表团还惊奇地发现，欧洲国家允许地方政府自主管理财政和征税，并对当地事务作出决策，相比之下，中国的财权集中于中央政府，几乎没有给地方政府自主管理的空间。欧洲的考察让我们清楚地看到中国与外部世界的差距是如此巨大。谷牧率领的代表团回国后向政治局会议汇报了出访情况，提出了外国人可以帮助中国改进生产的一些可能方式，包括补偿贸易、合资生产和外国投资等。政治局一致同意，中国应抓住机遇，立即行动起来。既然其他国家能够引进资本和原料从事出口商品加工，“我们为什么不可以?”邓小平同志提出，中国应当根据谷牧的所有建议，尽早采取行动，包括向国外借款。中国领导人决定首先集中力量抓纺织业，因为中国的布匹非常短缺，购买任何布料都要凭票。增加布匹的供应，可以向外界迅速展开对外开放，获得对改革开放的支持。同时由于粮食短缺，很难通过迅速扩大棉花种植来增加衣物的供给。因此谷牧主张抓紧引进化纤工厂，这样可以生产所需的合成纤维，就像日本、韩国和台湾、香港地区一样，用纺织和服务业推动中国轻工业的起飞。

谷牧后来回忆：“根据中央政治局和小平同志的指示，7月上旬，国务院召开了由有关部委负责同志参加的关于四化建设的务虚会，我在会上报告了考察欧洲五国的情况，并敞开思想讲了我的想法和意见。这次务虚会开了20多天。会上，大家畅所欲言，认真总结新中国近30年的经验教训，研究国外成功经验，就如何正确运用价值规律、改革经济体制、坚持按劳分配、发展农村多种经营等问题，特别对如何加强技术引进、扩大外贸出口、采取灵活方式利用国外资金等问题，深入进行讨论，提出了许多好的意见。”

在国务院务虚会上有两个重要的发言特别值得注意：一个是7月28日胡乔木在会上的长篇发言，另一个是9月9日李先念的总结报告。7月28日，胡乔木在会上作长篇发言，系统地总结了我国经济建设中正反两个方面的经验和当时社会上对经济规律的认识；讲了尊重客观经济规律、反对长官意志决定问题；提出要发挥中央、地方、企业和个人四个积极性；提出必须尊重客观规律，不断总结经验，逐步建立起一套适应现代化需要的管理制度和管理方法。这篇带有理论性的发言对我国建设社会主义的经验教训进行了反思。发言不仅充分肯定了社会主义中国打开国门，向不同发展类型国家学习的必要性和紧迫性，而且还尝试着提出运用先进的经济建设思想，探索中国经济改革的具体办法和道路。通过对社会主义社会制度能否保证我国经济有计划地和高速度地发展、为什么资本主义国家的经济管理方法值得我们学习这两个重要问题的研究和回答，胡乔木得出了以下结论：“只有把社会主义制度的优越性同发达的资本主义国家的先进科学技术和先进管理经验结合起来，把外国经验中一切有用的东西和我们自己的具体情况、成功经验结合起来，我们才能够迅速提高按照客观经济规律办事的能力，才能够加快实现四个现代化的步伐。”这一充满辩证法和实事求是精神的论述，从理论上肯定了社会主义中国打开国门、向发达资本主义国家学习先进科学技术的必要性。

在9月9日，李先念在闭幕会上宣布，中国已进入对外开放的新时期。他在务虚会的总结报告中说，中国不能再维持封闭的经济，为了加快发展，必须利用当前的有利条件，引进外国技术、设备、资本和管理经验。李先念进一步指出，如果中国人能够充分利用现在的有利条件，中国的现代化可以在20世纪取得重大进展。他宣布，为达到这个目标，从1978年到1985年要进口价值180亿美元的货物和设备。国务院务虚会在如何实现四个现代化的问题上，迈出了大胆探索的重要一步，实际上为即将召开的中央工作会议和十一届三中全会做了准备，对全党实现工作重心的转移，实行改革开放，在理论上和实践上都起到了积极的推动作用。

1978年12月召开党的十一届三中全会。会议公报中提到“我们实现了安定团结的政治局面，恢复和坚持了长时期行之有效的各项经济政策，又根据新的历史条件和实践经验，采取一系列新的重大的经济措施，对经济管理体制和经营管理方法着手认真的改革，在自力更生的基础上积极发展同世界各国平等互利的经济合作，努力采用世界先进技术和先进设备，并大力加强实现现代化所必需的科学和教育工作。因此，我国经济建设必将重新高速度地、稳定地向前发展，这是毫无疑义的”。

第二节　兴办经济特区

兴办经济特区是党和国家推进改革开放和社会主义现代化建设的重大决策，也是探索中国特色社会主义道路的伟大创举。它不仅是中国向世界学习和引进外资的“窗口”，而且是经济体制市场化改革的“试验田”。改革开放40年来，深圳、珠海、汕头、厦门、海南5个经济特区，实行特殊政策和灵活措施，充分发挥了经济体制改革的“试验田”和对外开放的“窗口”作用，为全国的改革开放和社会主义现代化建设作出了巨大贡献。

党的十一届三中全会作出改革开放的伟大决策后，如何在经济领域贯彻落实对外开放政策，需要一个合适的“试验田”。党中央放眼世界经济特区的发展，特别是从出口加工区的成功经验中获得启发，认为中国可以开辟一个“试验田”，与世界市场对接，吸引外资、技术，发展外向产业，学习境外管理经验，由此逐渐推进全国的改革开放。1979 年中国创立了第一个出口加工区——蛇口工业区。这是党中央作出创办经济特区伟大决策的前奏。

在地方层面，广东、福建两省对于创办经济特区尤为积极。以广东毗邻港澳的地理优势，在对外经济活动中如果拥有更多自主权，采取灵活的措施，实行特殊政策，定能加速当地经济发展，也能解决广东人口向香港大量流动的突出问题。因此，广东省向中央提出先走一步，把宝安县、珠海县升级为深圳市、珠海市，在深圳、珠海、汕头建立贸易合作区的构想。1979 年 4 月 5 日至 28 日，中共中央在北京召开工作会议。习仲勋同志提出：“广东邻近港澳，华侨众多，应充分利用这个有利条件，积极开展对外经济技术交流。我们省委讨论过，这次来开会，希望中央给点权，让广东先走一步，放手干。”4 月 17 日，邓小平同志出席各组召集人汇报会议。习仲勋同志又提出：“广东要是一个‘独立国’的话，现在会超过香港。现在中央权力过于集中，地方感到办事难，没有权，很难办。希望中央下放若干权力，让广东在对外经济活动中有必要的自主权，允许在毗邻港澳的深圳市、珠海市和重要侨乡汕头市举办出口加工区。”邓小平同志指出：“广东、福建有这个条件，搞特殊省，利用华侨资金、技术，包括设厂。只要不出大杠杠，不几年就可以上去。如果广东这样搞，每人收入搞到 1000 至 2000 元，起码不用向中央要钱嘛。广东、福建两省 8000 万人，等于一个国家，先富起来没有什么坏处。”邓小平同志还指出：“中央没有钱，可以给些政策，你们自己去搞。杀出一条血路来!”会议期间，谷牧向邓小平同志汇报说：“广东省委提出要求在改革开放中‘先行一步’，划出深圳、珠海、汕头等地区，实行特殊的政策措施，以取得改革开放、发展经济的经验。但是，这些地方该叫什么名称才好?原来有‘贸易合作区’‘出口工业区’等等，都觉得不合适，定不下来。”邓小平同志说："就叫特区嘛！陕甘宁就是特区。"根据邓小平同志提议，会议决定在深圳、珠海、汕头和厦门等划出一定地区试办出口特区。深圳、珠海两地可以先行试办。由此，中央、地方高度一致地达成建立特区。1980 年 8 月 26 日，全国人大常委会第十五次会议通过了《广东省经济特区条例》，宣告了中国第一批经济特区深圳、珠海、汕头的诞生。同年 10 月，国务院批复了福建省设立厦门经济特区的报告。1988 年党中央决定设立海南经济特区，海南成为中国最大的经济特区。中国经济特区的兴办，向世界宣告了中国对外开放迈出了关键一步。

首先，中国经济特区的本质是社会主义制度下改革开放的先行先试区。"特"在以下方面：中央给予经济特区较多的经济活动自主权；在税收、土地使用费、出入境管理方面，给予投资商特殊优惠和便利；经济特区的发展以利用外资为主，以市场调节为主要手段。邓小平同志把经济特区定位为"技术的窗口，管理的窗口，知识的窗口，也是对外政策的窗口"。其中，深圳的发展最为迅猛。深圳以"时间就是金钱，效率就是生命""空谈误国、实干兴邦"等理念，创造了三天盖一层楼的"深圳速度"，深圳将创新作为发展的第一动力，经济总量从 1979 年的 1. 97 亿元上升到 2017 年的 22438. 39 亿元，增长约 11390 倍。2017 年深圳全社会研发投入占 GDP 比重达 4. 13%，接近全球领先水平，平均每天就有 51 件发明专利，正向全球创新之都的阶段目标迈进，对改革开放和现代化建设的全局产生了巨大的带动和激励作用。在世界各地设有工厂的索尼公司联合创始人盛田昭夫曾说过，一般而言，没有现代工业的国家，其官僚机构也效率低下，但是一旦采用了现代工业的效率标准，这些标准会逐渐渗透政府之中。按国际标准，当时的中国政府机关仍然效率低下，人浮于事。但是，中国工商业一旦提高了效率，一些党政领导也会效仿同样的效率标准。广东的进步不能简单地用"开放市场"来解释，因为有很多存在着开放市场的国家并没有取得广东那样的进步。不如这样说，在广东，不到十年前还在大搞阶级斗争的中共组织，已经变成推动现代化的有效工具。党维持着全面的纪律，鼓励学习与竞争，而香港地区和日本也迅速提供了帮助。给予广东和福建的特殊政策、特区所特有的自由空间，使这些地方成了培养人才的孵化器，这些人才在大都市的现代工厂、商店和办公室有出色的表现。从这些企业学到的知识，很快就从广东扩散到了其他地区。

其次，中国经济特区已成为我国区域经济发展的重要形式。开放广东、福建和其他沿海省份的决定，很快导致了工业从内地向沿海地区的大批转移。从 1966 年到 1975 年，遵照毛泽东同志要避免边境附近国家安全受到威胁的政策，中国有一半以上的投资被用于“三线建设”，货物和人员都去了基础设施很差的边远地区。在工业发展和国际贸易方面沿海地区占尽天时地利，那里交通便利，有更好的基础设施，拥有大批专家和较低的成本。1979 年广东的出口仅占全国出口的 12%，而到了 1980 年代后期，随着出口的增长，中国每年有 1/3 以上的出口来自广东。邓小平同志认为，广东和福建有可能先富起来。但是他宣布，这些先富起来的地区以后也要帮助其他地区致富。在中国大陆实际上除了深圳、珠海、汕头、厦门、海南五大综合性经济特区和上海浦东、天津滨海两个新区以外，还先后建立了 54 个国家级高新区、15 个保税区、62 个出口加工区、9 个保税物流园区、13 个保税港区和 9 个综合保税区。实际上中国几乎囊括了经济特区的所有主要模式。经济发展遵循从“点”到“线”再到“面”的发展路径，而经济特区是做“点”的最好形式。经济特区是中国利用境外资金、技术、人才和管理经验来发展本国和本地经济的重要手段，在我国工业化、城市化和现代化进程中发挥了重要作用，成为中国实施区域经济发展战略的重要形式。

再次，中国经济特区作为特殊政策的产物，它的主要功能就是在计划经济的体制中率先完成了市场经济的实践，并在全国范围内推动市场经济体系的确立。然而，经济特区作为中国制度变迁的必由之路，它不仅要以自身的实践促进市场经济体系的形成，而且还要以自身的发展来完善市场经济体制，推动中国社会的改革开放向纵深发展。1992 年邓小平同志说“到本世纪末，上海浦东和深圳要回答一个问题，姓‘社’不姓‘资’，两个地方都要做标兵……要用实践来回答。……实践这个标准最硬……它不会作假。”在审阅党的十四大报告第四稿时邓小平同志又说：“我赞成使用社会主义市场经济体系这个提法，实际上我们是在这样做，深圳就是社会主义市场经济。”经济特区作为率先实践市场经济的典范，它的成功将会以路径依赖的方式为中国社会的制度变迁提供一条可仿效的发展道路。应该说，这才是邓小平同志要求“特区”做好“排头兵”的真正用意。

最后，中国经济特区对香港、澳门顺利回归和繁荣稳定发挥了重要的促进作用。邓小平同志在 1978 年 10 月访日时曾说，他来日本是为中国的现代化寻找“仙草”的。假如有一个地方能找到让中国起飞的“仙草”，这个地方就是香港。从 1979 年到 1995 年的直接对华投资中，大约有 2/3 来自或至少经由香港这个中国的“南大门”，香港成了投资、创业和外界知识的来源。香港遍地都是企业家，他们熟知现代金融、高科技和国际市场。而且这些企业家十分熟悉西方的最新发展，与中国大陆有着相同的语言和文化，而且乐于提供帮助。1980 年代初期，香港商人言谈之间会把边境一边的内地人称为不知现代世界为何物的乡巴佬。广东人和福建人见到来自香港的亲属或同乡，他们派头十足，财大气粗，衣着光鲜，洋洋自得。对于香港的企业家而言，大陆的开放可谓恰逢其时。由于香港劳动力短缺，工资和成本上升，企业在国际市场的竞争力已丧失，迫切需要产业转移，而边境另一边可提供大量充裕的廉价劳动力，不但能够挽救香港服装厂、玩具厂和电子元件厂，还可以为他们提供非常广阔的市场空间。据香港报载，香港一些工厂的工人早上到了工厂时发现，全部生产设备一夜之间就被运到了另一边的村庄，那里已经建起了新工厂。欧美的商人在1970年代和1980年代初去中国时，通常都会取道香港，先乘火车到广州，再从那儿飞往其他目的地。动身前往内地之前，他们会向香港商人了解情况，而后者可能会成为他们的合伙人或在中国内地的代表。开放连接广东和香港的“南大门”的试验，没过两三年，通过这个南大门的人流、卡车和资金，从涓涓之水变为汩汩溪流，然后又变成滚滚洪流。

第三节 加入世界贸易组织

2001年11月10日，世界贸易组织（WTO）第四届部长级会议通过了中国加入WTO的法律文件。加入WTO既是中国深入参与经济全球化进程的自身需要，也是WTO体现多边贸易体制普遍性和公正性的内在需要。1986年7月，中国正式要求恢复在关税与贸易总协定（GATT）的成员国地位，从此，新中国的“复关”之路走了八年多。1995年1月1日后，随着世界贸易组织的成立，中国在“入世”征途上又走了近七年，中国在经历了长达16年的艰苦谈判之后，才最终成为WTO的第143个成员国。时任WTO总干事的穆尔在中国入世签字仪式上说：“我们需要中国在经济发展中起领导作用。世界经济正在放缓，很多就业机会丢失，所以中国入世不仅是中国的历史性时刻，对世界及WTO都是历史性时刻。”如果说，那一激动人心的历史时刻，是一波三折的马拉松式入世谈判的结束，那么，它更意味着中国以更广的襟怀、更强的意志、更快的步伐融入经济全球化的开始。入世以来，我们顺应全球产业分工不断深化的大趋势，充分发挥比较优势，积极承接国际产业转移，大力发展对外贸易、促进双向投资，开放型经济实现了迅猛发展。1978年，中国货物进出口总额仅为206亿美元，居世界第32位。2004年中国对外贸易总额突破1万亿美元大关；仅仅三年后就又翻了一番，2007年就突破2万亿美元；在全球金融危机的阴影尚未散去的2011年，中国的进出口总额超过3万亿美元；2013年进出口总额达到了4.16万亿美元，一举超越美国而成为世界最大的货物贸易国。2019年中国货物贸易进出口总值达31.54万亿人民币，继续保持全球最大货物贸易国的地位。加入世贸组织作为我国对外开放进程中的重要里程碑事件，对我国经济社会发展带来了积极的促进作用。

一、加入WTO使我国获得多边贸易机制保障和稳定的外部环境，推动了国民经济的快速发展

作为与国际货币基金组织、世界银行并列的世界经济“三大支柱”之一，世贸组织是当今世界唯一一个处理国与国之间贸易关系的国际组织。其基本原则是非歧视、透明度和开放市场。加入世贸组织后，我国享有了作为世贸成员的基本权利，这实质上是缔约各方相互不歧视、维系正常贸易关系的一种公平待遇，保障了国际贸易中的“市场机会均等”。以最惠国待遇为例，加入世贸组织前，美国国会每年都对给予中国的最惠国待遇进行审查，且经常与人权等非贸易问题挂钩，威胁取消对华最惠国待遇，使中美经贸关系长期处于不稳定状态，应对这一局面也耗费了我国大量的外交资源。加入世贸组织后，美国国会通过了给予中国永久正常贸易关系法案，这是我国加入世贸组织谈判取得的一项重要成果，美国国会从此失去了一根敲打中国的“大棒”。再以纺织业为例，2005年1月1日纺织品贸易协定生效后，美国、

加拿大、欧盟和土耳其按照规定取消了针对我国的188个类别的数量限制，我国纺织品服装出口不再受双边纺织品协议规定的配额许可证管理，相关行业迎来快速发展时期。从2005年到2010年，我国纺织品服装出口从1150亿美元增长到2065亿美元，在欧美进口市场的占有率从15%提升到40%。加入世贸组织是中国向世界作出的市场开放承诺，具有国际法意义上的约束力。例如，关税下降后，原则上不能再提高；服务业领域承诺开放后，原则上也不能重新加以限制。这就将有关开放的政策用法律的方式固定并规范下来，消除了由于政策调整和变化给市场主体带来的不稳定风险。以吸收外资为例，加入世贸组织不仅拓展了外资准入的稳定性和可预见性，更重要的是增强了各国工商界对我国贸易和投资环境的信心。加入世贸组织以来，我国稳居发展中国家吸收外商直接投资首位，在联合国贸发会议开展的“最受欢迎投资目的地”调查中，我国连续几年成为首选。截至2019年年底，世界500强企业中有490多家已在华开展业务，跨国公司在华设立的研发中心有2000多家，民营经济也得到快速发展。长期以来，我国的外贸经营权一直实行严格的审批制度，民营企业很难获得外贸经营权。加入世贸组织后，我国用两年半的时间提前完全放开了外贸经营权，给各类企业提供了平等竞争的机会，促进了我国外贸的长足发展。中国对外贸易形成了国有企业、外资企业、民营企业三大经营主体联动发展、各有侧重的格局。在国有企业和外商投资企业进出口持续增长的同时，民营企业进出口市场份额迅速扩大，成为推动外贸增长的生力军。2001年到2019年，我国外贸总额中民营企业比重从6%升至50%。2019年外贸的一个特点，就是民营企业首次超过外资企业成为最大的外贸主体，其中出口占比更是超过了50%。

二、加入WTO促进了中国市场竞争环境的改善

根据WTO透明度原则的要求，在提高立法的公开透明方面，中国实行了大刀阔斧、斩钉截铁的改革。自1999年开始，中央政府部门共清理各种法律法规和部门规章2300多件，地方政府共清理19万多件地方性法规、政府规章和其他政策措施，覆盖了货物贸易、服务贸易、与贸易有关的知识产权保护以及透明度、贸易政策的统一实施等各个方面。这么大规模的法律修改和清理工作，不仅在我国历史上是空前的，在世贸组织成员中也是罕见的。在这一过程中，中国认真借鉴了世贸组织基本原则，系统修订了《外贸法》和外商投资法律，制定实施了《反垄断法》，健全知识产权保护法律体系，完善了维护市场公平竞争的法律基础。这些原则和规定，正是解决我国经济生活中存在的恶性竞争、地方保护、市场分割、行业垄断等问题所需要的。可见，世贸组织规则对我国经济体制的影响，是通过转化为国内法律法规来实现的，从而促进了我国市场竞争环境的改善。市场意识、开放意识、公平竞争意识、法治精神和知识产权观念等在中国更加深入人心，推动了中国经济进一步开放和市场经济体制进一步完善。

三、加入WTO提升了中国企业的国际竞争力

加入世贸组织后，我国关税总水平由2001年的15.3%降至2021年的7.5%，自2005年起全部取消对424个税号产品的进口配额、进口许可证和特定招标等非关税措施，开放了100个服务分部门，市场开放程度大大提高。当时，不少人担心“狼来了”。中国企业不仅没有因入世冲击而出现大面积倒闭，反而在激烈的国内外市场竞争中越战越勇。1999年，进入世界500强的中国内地企业只有9家，而2017年上榜的中国内地企业数量已经达到了

109 家。在入世前被普遍认为岌岌可危的中国汽车工业中，2017 年有 6 家中国汽车企业跻身世界 500 强，占上榜的全球 23 家汽车企业的 1/4。我国紧跟全球产业发展潮流，积极开拓国际市场。我国在 1997 年就作出了加入世贸组织《信息技术产品协议》的决定，承诺逐步取消相关产品关税。当时该协议只有 30 几个成员签署，目前已扩展到 73 个成员，覆盖了世界信息技术产品贸易的 95% 以上。《信息技术产品协议》的出台，极大地促进了全球信息技术的发展和产业转移。我国抓住这一机遇迅速进入全球生产价值链，巩固和扩大了产业制造基地的比较优势，技术、管理、人才和市场全方位得到提升，逐步涌现出一批具有国际竞争力的企业集团。根据中国工业和信息化部 2016 年 2 月发布的《2015 年电子信息产业统计公报》，电子信息产品进出口总额达 13088 亿美元，其中，出口 7811 亿美元，占全国外贸出口比重的 34. 3% 。进口 5277 亿美元，占全国外贸进口比重的 31. 4% 。贸易顺差 2534 亿美元，与上年基本持平，占全国外贸顺差的 42. 7% 。软件业实现出口 545 亿美元，同比增长 5. 3% ，增速比上年提高 1. 6 个百分点，其中外包服务出口额与上年同期基本持平，嵌入式系统软件出口增长 4. 2% 。

四、加入 WTO 提高了中国与贸易伙伴的国民福利

随着加速融入世界分工体系，中国依靠劳动力成本优势、较强的产业配套和加工制造能力、不断提高的劳动生产率，逐渐发展成为世界工业品的主要生产国和出口国，为世界各国和地区提供了物美价廉的商品，满足了国际市场多种多样的需求。中国在全球制造业环节的规模经济优势和加工成本优势，部分地消化了上游生产要素的价格上涨，起到了抑制全球通货膨胀、提高贸易伙伴消费者实际购买力的作用。在全球消费者的眼中，“中国产品”等同于价廉物美，会带给大家更多的实惠。几年前，美国一名负责商业报道

的记者邦吉奥尼，从美国商业部门的数据中了解到美国每年从中国大量进口商品后，决定说服其家人从2005年1月1日开始体验一年没有“中国制造”的生活。在这之后的一年里，邦吉奥尼发现原本方便的日常生活突然变得艰难了。先是给两个孩子买运动鞋，不买中国制造的，买了美国制造和意大利制造的，各花了她60美金，相比中国制造，这真是一笔不小的开销。紧接着丈夫过生日需要蜡烛，发现蜡烛基本都是中国制造，在超市几乎买不到非中国制造的蜡烛，只好将就使用抽屉中剩下的半根蜡烛。由于不能购买中国货，咖啡壶坏了后不得不烧开水冲泡咖啡，搅拌机坏了也无法修理，因为更换的刀片是中国制造的。为了寻找非中国制造的商品，她要花费大量时间和精力，最让她不情愿的是要付出高得多的价格。一年后，她把自己的体验及感受写成《没有“中国制造”的一年》一书，在书中她表示自己以后再也不会这样做了。她承认中国商品占据了美国日常消费品的主要市场，但她更明确地指出，“中国制造”令普通美国人受益很多，尤其是对于那些中低收入者而言。

第四节　“引进来”与“走出去”并重

改革开放以来，中国对外开放经历了由出口创汇和引进外资向“引进来和走出去”并重转变的发展历程。这里的“引进来”是指吸引外商直接投资（IFDI），“走出去”是指对外直接投资（OFDI）。20世纪80年代，对外开放的重点是引进外资和出口创汇。外商直接投资将他们的技术、管理、国际销售渠道同中国低成本的劳动力、土地等要素相结合，创造了一个双赢局面。跨国公司通过产业转移获得了丰厚的利润，同时解决了我国制造业没有国际竞争力的问题。中国的开放消除了制约中国工业化的外汇缺口。通过鼓励出口及吸引外资，在贸易项下与资本项下的常年顺差，也为我国积累了大量的外汇储备。在80年代，中国企业海外投资的规模很小，主要是一些大型外贸企业在国外设立分支机构并开展相关业务。1991年原国家计委递交给国务院的《关于加强海外投资项目管理的意见》，仍然认为当时“中国不具备大规模到海外投资的条件”。但随着中国企业竞争力增强，企业走出去的条件逐渐成熟。在2001年第九届全国人民代表大会第四次会议上通过的《中华人民共和国国民经济和社会发展第十个五年计划纲要》，第一次提出要实施企业“走出去”战略。此后，历届党的全国代表大会的报告都强调要“走出去”。党的十九大报告提到“坚持引进来和走出去并重”。中国经济发展已经进入结构调整、产业升级的高质量发展阶段，中国融入全球化的方式转向参与全球规则的制定，以双向投资融入全球价值链，实现引进外资和对外投资的协调发展成为提升对外开放水平的关键所在。

一、世界金融危机后，我国“引进来”与“走出去”更趋平衡

2008年世界金融危机导致全球经济格局发生了深刻变革。全球资本流动出现波动性下滑，从国际直接投资（FDI）流入量所占份额来看，发达国家所占份额呈下降趋势，从2008年的56.51%下降到2012年的41.51%；新兴经济体所占份额呈上升趋势，从2008年的8.23%上升到2012年的16.40%。从FDI流出量所占份额来看，发达国家所占份额呈下降趋势，从2008年的79.82%下降到2012年的65.38%；新兴经济体所占份额呈上升趋势，从2008年的4.45%上升到2012年的10.28%。中国作为经济全球化链条上重要的一环，吸引的外商直接投资一直稳步增长。作为规模空前的新兴市场，中国成为全世界吸收外国直接投资最多的国家之一，即使在国际金融危机最为严重的2009年，外商投资仍超过900亿美元。2010年，中国实际利用外资金额为1147亿美元，首次突破千亿美元。此后，中国每年吸引的外商直接投资

都在千亿美元。在这一阶段，引资政策侧重于促进制造业改造提升、培育战略性新兴产业、促进服务业发展和区域协调发展方面。

金融危机后受国内巨额外汇储备以及国内产业转型的影响，全球资源资产估值偏低给企业带来机遇，推动企业走出去步伐明显加快。中国对外投资实现了逆市上扬，制造业、房地产以及科技信息领域对外投资迅速增长，能源以及矿产领域投资增长速度趋于放缓，同时，表现出以并购投资购买战略资产实现在发达国家布局的投资日益增多的特点。2010 年，中国吉利汽车收购瑞典沃尔沃汽车的消息见诸中欧报刊时，业界、工会组织起初都不看好。然而，经过几年的发展，在国际化团队组建、高度市场化的本土运营经验、砍价等谈判技巧方面，中国企业迅速成长。2008 年，中远集团竞标获得比雷埃夫斯港集装箱码头 35 年特许经营权，布局地中海。2010 年接管时，比雷埃夫斯港不过是一个设备落后，巨额亏损的港口，年吞吐量仅 68.5 万标准箱。当时希腊在欧洲债务危机背景下，整体经济面临崩盘的局面。经过九年的建设，如今的比雷埃夫斯港成为一颗耀眼的明珠，焕发出勃勃生机，成为地中海核心枢纽港，吞吐量从 2010 年的 68.5 万标准箱增长到 500 万标准箱，增长超 7 倍，在全球港口的排名由第 93 位跃升至第 32 位，经营由巨额亏损转为累计完成净利润 1.42 亿欧元，推动了希腊经济发展，实现共赢。在这一阶段，中国的对外直接投资已是“小荷已露尖尖角”，年均增速超过 40%。80% 以上的省份进入了对外直接投资高速增长甚至增速快于引进外资的发展阶段。2002 年中国对外直接投资仅 27 亿美元，2005 年迈上了百亿美元台阶。2010 年，中国全行业对外直接投资居世界第五，金额达 688.1 亿美元，比 2002 年增长了 24 倍多。

二、“引进来”与“走出去”的双轮驱动和良性互动

改革开放以来，中国吸引的外商直接投资一直稳步增长。截至2017年12月末，全国累计设立外商投资企业约90万家，实际使用外资累计金额约1.9万亿美元。2017年，我国实际使用外资1363亿美元，成为全球第二大外资流入国。相比2017年全球范围的国际直接投资流量下降23%的大背景，中国外商投资逆势增长，业绩骄人。中国利用外资促进了国内工业体系的形成以及产业竞争力的提升，对中国的经济增长、产业升级、外贸扩张及就业增加发挥了积极作用。21世纪以来，中国企业对外直接投资开始明显加速。2005年突破了100亿美元，2013年超过1000亿美元，2016年对外直接投资流量达到1961.5亿美元，占全球当年流量的13.5%，位列全球第二；2016年中国对外直接投资存量达13573.9亿美元，位居全球第六。从2015年开始，对外投资的规模连续两年大于引进外资的规模，这标志着中国利用外资从最初的“引进来”为主进入到当前的“引进来”与“走出去”共同发展的阶段。在引进外资与对外投资的过程中，中国双向投资驱动经济发展的格局已经形成。

2013年“一带一路”倡议提出和开始实施自贸区发展战略后，我国开始试行负面清单管理模式，我国的对外开放进入以制度创新为核心的新一轮改革开放历程。中国引进外资的环境准入门槛更低，也更加符合国际规则。负面清单管理成为新一轮吸引FDI进入我国的强有力的推进器，引进外资的水平也进一步提高，外资结构进一步优化，外资更多地流向高技术产业。同时，针对境外直接投资监管，修订了《境外投资管理办法》，确立了“备案为主、核准为辅”的审核模式，极大地简化了中小企业走出去的流程。随着我国企业国际竞争力的提高以及“一带一路”建设的推动，走出去进入快速发展阶

段，投资领域和地区更加广泛，我国企业遍布亚洲、拉丁美洲、北美洲、欧洲、大洋洲、非洲。

三、创新对外投资方式，促进国际产能合作

近10年来，我国对外投资年均增长27.2%，跻身对外投资大国行列。但从总体看，企业走出去仍处于初级阶段，利用两个市场、两种资源的能力不够强，非理性投资和经营不规范等问题较为突出，一些领域潜藏着风险隐患。对外投资既要鼓励，也要加强引导。习近平总书记在党的十九大报告中明确指出，“创新对外投资方式，促进国际产能合作，形成面向全球的贸易、投融资、生产、服务网络，加快培育国际经济合作和竞争新优势。”创新对外投资方式的实施路径，具体来看，可从以下五个方面着手实施。

第一，继续推进国际产能合作。党的十八大以来，国际产能合作取得显著成效。据商务部统计，2017年我国对外承包工程新签合同额2652.8亿美元，完成营业额1685.9亿美元。新签大项目逐渐增加，带动装备、技术、标准和服务走出去。境外经贸合作区建设稳步推进。截至2019年，我国企业共在44个国家建设初具规模的境外经贸合作区99家，累计投资307亿美元。其中，在24个“一带一路”沿线国家在建的75家合作区累计投资254.5亿美元。合作区已成为国际产能合作的重要载体和平台，发挥了投资聚集效应和产业辐射作用。因此，进一步推进国际产能合作对国内产业结构调整、提升企业国际竞争力、扩大我国对外投资影响、促进互利共赢具有积极作用。

第二，加强对海外并购的引导。近年来，越来越多的企业通过跨国并购等方式开展对外直接投资。据商务部统计，2017年我国企业共实施完成并购项目341起，分布在全球49个国家和地区，实际交易总额962亿美元。其中，对“一带一路”沿线国家并购62起，投资额88亿美元。总的来看，对

外投资已从绿地投资向跨国并购、建设营销网络等方式拓展。中国化工集团以420.7亿美元收购瑞士先正达公司97.93%股份，创下中国企业海外并购项目金额历史之最。加强对海外并购的引导，重在扩大市场渠道、提高创新能力、打造国际品牌，增强企业核心竞争力。海尔、美的、紫光等一批领军企业通过收购境外优质资产，自身研发和创新能力得到显著提升，进一步增强了品牌和专利优势。

第三，构建全球网络体系。创新对外投资方式的目标是培育形成国际竞争合作新优势，关键环节是要形成面向全球的贸易、投融资、生产、服务网络。然而，我国投融资网络尚未建立，企业对外投资仍以国内贷款或自有资金为主，境外融资占比仍较低，并购交易也多以现汇交易为主，股权置换等方式很少。此外，生产、服务网络建设也仍存在较大提升空间，无论是全球生产基地的网络体系，还是产品售后的服务网络，都亟待建立完善。只有构建全球网络体系，才能提升我国产品的附加值，提高我国企业的竞争力，形成集高端制造和现代服务于一体的国际产业体系。

第四，规范海外经营行为。少数企业存在盲目投资和规避监管的情况，也有部分企业存在短期行为，缺乏长远规划、科学论证和审慎决策。社会责任意识缺乏，风险防范和危机处置能力偏弱，出现了恶意竞价、商业贿赂、串通投标、相互诋毁等不正当竞争行为，对企业形象乃至我国形象造成负面影响。为此，国务院印发了《关于规范企业海外经营行为的若干意见》，有关部门也建立了对外投资备案核准及报告制度，执行阶段性管控措施，加强真实性、合规性审查，引导企业遵守东道国法律法规、保护环境、履行社会责任，遏制恶意竞争。未来一段时期，应继续在政策和法律层面加强对企业海外经营行为的规范。

第五，健全服务保障体系。加强和改善信息、法律、领事保护等服务，保障海外人员安全，维护海外利益。有关部门应充分发挥政策效能，对现有政策进行评估、调整，提高政策针对性和实效性。明确财政资金支持企业开展国际产能合作的产业方向和重点领域，充分发挥政策性、开发性金融机构融资作用，重点支持项目和合作区建设。与有关国家商签投资促进、基础设施、产能合作协议。运用互联网技术和信息化手段，丰富和完善走出去公共服务内容和形式。加强境外安全风险预警，妥善处置突发事件，有效防范对外投资风险。

第五节　形成全面开放新格局

2013 年秋天，习近平总书记分别在哈萨克斯坦和印度尼西亚提出共建丝绸之路经济带和 21 世纪海上丝绸之路，即“一带一路”倡议，得到国际社会高度关注。建设“一带一路”，是党中央作出的重大战略决策，是实施新一轮扩大开放的重要举措。共建“一带一路”倡议的核心内涵，就是促进基础设施建设和互联互通，加强经济政策协调和发展战略对接，促进协同联动发展，实现共同繁荣。这一倡议源自中国，更属于世界；根植于历史，更面向未来；重点面向亚欧非大陆，更向所有伙伴开放。党的十九大报告提出，“中国开放的大门不会关闭，只会越开越大。要以‘一带一路’建设为重点，坚持引进来和走出去并重，遵循共商共建共享原则，加强创新能力开放合作，形成陆海内外联动、东西双向互济的开放格局”。十九届五中全会提出“坚持实施更大范围、更宽领域、更深层次对外开放，依托我国大市场优势，促进国际合作，实现互利共赢。”这是以习近平同志为核心的党中央适应经济全球化新趋势、准确判断国际形势新变化、深刻把握国内改革发展新要求作出的重大战略部署，必将为决胜全面建成小康社会，夺取新时代中国特色社会主义伟大胜利提供有力支撑，为实现第二个百年奋斗目标和实现中华民族伟大复兴的中国梦注入强大动力，为推动构建人类命运共同体贡献正能量。

一、建设更高水平开放型经济新体制

全面提高对外开放水平，推动贸易和投资自由化便利化，推进贸易创新发展，增强对外贸易综合竞争力。完善外商投资准入前国民待遇加负面清单管理制度，有序扩大服务业对外开放，依法保护外资企业合法权益，健全促进和保障境外投资的法律、政策和服务体系，坚定维护中国企业海外合法权益，实现高质量引进来和高水平走出去。完善自由贸易试验区布局，赋予其更大改革自主权，稳步推进海南自由贸易港建设，建设对外开放新高地。稳慎推进人民币国际化，坚持市场驱动和企业自主选择，营造以人民币自由使用为基础的新型互利合作关系。发挥好中国国际进口博览会等重要展会平台作用。

二、推动共建“一带一路”高质量发展

坚持共商共建共享原则，秉持绿色、开放、廉洁理念，深化务实合作，加强安全保障，促进共同发展。推进基础设施互联互通，拓展第三方市场合作。构筑互利共赢的产业链供应链合作体系，深化国际产能合作，扩大双向贸易和投资。坚持以企业为主体，以市场为导向，遵循国际惯例和债务可持续原则，健全多元化投融资体系。推进战略、规划、机制对接，加强政策、规则、标准联通。深化公共卫生、数字经济、绿色发展、科技教育合作，促进人文交流。

三、坚持引进来与走出去并重，深化双向投资合作

“一带一路”建设是一项系统工程，引进来和走出去同等重要，不能把“一带一路”建设等同于走出去。引进来和走出去是“一带一路”国际合作的重要内容，如同车之双轮，鸟之双翼。预计未来五年，中国将从沿线国家进口2万亿美元，对沿线国家投资1500亿美元。新形势下，坚持引进来与走出去并重，就是要进一步挖掘双向投资潜力，促进要素自由流动、资源高效配置和市场深度融合，为发展开放型世界经济注入新动能。充分发挥市场在资源配置中的决定性作用，以企业为主体、市场为导向扩大对沿线国家的投资。积极开展产能合作，引导我国企业到沿线国家投资设厂，与有条件、有意愿的沿线国家共建经贸合作区，帮助东道国提升工业化水平。充分发挥我国装备制造业优势，引导企业参与沿线基础设施建设。加强沿线国家能源资源和农业合作开发，延伸产业链。

鼓励沿线国家来华投资。积极开展“一带一路”投资促进工作，发挥好国家级经济技术开发区、边境经济合作区、跨境经济合作区等平台作用，吸引沿线企业到我国投资兴业，特别是投向高新技术产业、先进制造业和现代服务业，支持国内实体经济发展。营造投资合作良好环境。提升政府公共服务水平，及时发布投资环境、产业合作和国别指南等信息。推动与沿线国家商签或修订双边投资、领事保护、司法协助、人员往来便利化等条约和协定，为企业投资创造有利条件。

实施更加积极的进口政策，扩大先进技术设备、关键零部件和优质消费品等进口，促进进出口平衡发展。办好中国国际进口博览会，打造世界各国展示国家形象、开展国际贸易的开放型合作平台。

四、加强创新能力开放合作，增强发展新动力

“一带一路”建设本身就是一个创举，搞好“一带一路”建设也要向创新要动力。加强技术创新开放合作。加强在数字经济、人工智能、纳米技术、量子计算机等前沿领域合作，推动大数据、云计算、智慧城市建设，连接成21世纪的数字丝绸之路。促进科技同产业、科技同金融深度融合，优化创新环境，集聚创新资源。加强理论创新交流互鉴。要增进各国发展理念和战略的沟通，建设好智库联盟和合作网络，为各国开辟发展新路径提供智力支持。积极探索建立“一带一路”国家合作创新治理机制，打造“一带一路”国际开放创新合作网络。

加强创新人才资源交流合作。要实施更加开放的人才政策，积极引进高端人才来华工作和创业，为高层次留学人才回国创业提供绿色通道。加强与沿线国家科技人才交流，扩大互派留学生规模，为互联网时代的各国青年打造创业空间、创业工厂，成就未来一代的青春梦想。

五、加快形成国内国际双循环相互促进的新发展格局

2020年两会期间，习近平总书记在看望参加政协会议的经济界委员时强调，要“逐步形成以国内大循环为主体、国内国际双循环相互促进的新发展格局，培育新形势下我国参与国际合作和竞争新优势”。这是基于国内发展形势、把握国际发展大势作出的重大判断和重要战略选择。从经济发展的本质来看，构建国内国际双循环相互促进的新发展格局，是利用好国内国际两个市场持续推进我国高质量发展的必然要求。

经济学原理告诉我们，个人或国家进行专业分工、从事具有比较优势的生产活动，通过贸易可以使个人、地区或国家都获益。具体而言，国民方面，

贸易可增加国民福利、满足国民的不同需求偏好、提高国民生活水平、提供就业岗位等；企业方面，贸易可强化品质管理、提高企业效益、提高产品品质、加强经济合作和技术交流等；国家方面，贸易可调节市场供求关系、延续社会再生产、充分利用国际国内生产要素等。比较优势理论为不同发展阶段的国家进行自由贸易提供了理论支撑。从国际经济发展现状来看，近年来某些国家奉行“孤立主义”显然违背了经济学的基本原理，阻碍了经济全球化的进程。短期内，贸易保护主义可能保护了本国企业，但长期一定会降低国民的总体福利，导致就业岗位减少，进而影响整个国家未来的经济发展。除了比较优势带来的专业化分工方面的收益之外，构建国内国际双循环，用好国内国际两个市场，可以通过区域市场一体化带来其他方面的收益，比如规模经济降低了生产成本、专业化分工降低了服务成本的收益、市场规模扩大增加了产品的多样性，等等。在国际格局中，以欧盟和北美自由贸易联盟为典型代表的区域一体化组织，一度成为国际经济一体化的主导形式。然而，近年来欧盟内部的不平衡、英国脱欧等问题，以及美国推行的“美国优先”策略、各种“退群”行为，加之新冠肺炎疫情的肆虐，国际区域市场一体化充满了不确定性。在此背景下，各国或地区都将扩大内需、促进国内区域一体化发展作为应对国际经济发展不确定性和经济逆全球化的主要手段。

第十一章

独特的中国精神

新中国成立 70 多年尤其是改革开放以来，在中国共产党的领导下，中国人民凭着勤劳勇敢、自强不息、艰苦奋斗、团结互助的中国精神，埋头苦干、真抓实干，干成了全面小康社会，从而使中华民族迎来了从站起来、富起来到强起来的伟大飞跃。

第一节　勤劳勇敢

数千年的历史将勤劳勇敢沉淀成一种强大的民族精神。改革开放 40 年来，在建设小康社会的过程中，全国人民勤劳勇敢的创业精神，构成了一道我国特色社会主义市场经济的华丽风景线。

一、天道自酬勤　温州四海拼

20 世纪中叶，温州人生活普遍贫穷。穷则思变。党的十一届三中全会以后，农村开始逐步实行家庭联产承包责任制。但对温州来说，人多地少的矛盾依旧十分尖锐，剩余劳动力造成的巨大压力尤为突出，外出寻找活路的人越来越多，形成了一支劳务输出大军。

温州的小微企业诞生初期，生产的大部分产品，是城市工业部门不会或不屑生产，却又是城乡居民或生产单位需要的小商品，也就是拾遗补阙的产品，如再生塑料、再生布等。经营者先从城市、农村回收这些破旧物资，对其重新加工，再生产出编织袋、塑料鞋、再生布等小商品。另外，小微企业生产的一些产品主要是弥补城市大工业之缺，如小纽扣、小电器、小五金等。这类拾遗补阙的小商品需要的资金少、场地小，便于一家一户生产经营，成千上万的温州人纷纷创办前店后厂式的家庭工厂，迅速形成以小微企业为主的“一村一品，一乡一业”的规模化经济发展模式。

温州许多是家庭经营模式。这种家庭经营模式，可概括为“六个家家户户”：家家户户开发项目，家家户户研究管理，家家户户融通资金，家家户户开拓市场，家家户户承担风险，以至于家家户户都有企业家。1982 年温州家庭工业初具雏形，1984 年达到 8 万家，1986 年前后，温州家庭工业增加到 11 万家，从业人员已有 30 多万人，其中初具规模的市场被称之为“温州十大专业市场”，还有十万供销大军奔波在全国各地，他们“历尽千辛万苦，说尽千言万语，跑遍千山万水，想尽千方百计”，打开全国的小商品销售渠道。

2009 年流动商贩合法化之后，起初躲躲闪闪、奔走“地下”的温州农民登上了商品经济的舞台，在摆摊叫卖、沿街推销、家庭作坊、设店开厂中孕育着大量小微企业。从历史上看，温州小微企业的发展正是在家庭手工业和经商的社区基础上，融入积水成渊的创业理念逐步形成的。在这样的创业理念指导下，温州人敢为人先，善于利用小本钱做小买卖，从小处着手，出奇制胜。

早期温州人四海为家是迫于生存的压力，是求生的方式和手段。正是在严峻的生存考验下，温州人形成了四海为家的生存观念，孕育出特有的创业精神和市场思维。四海为家的开拓精神让温州人敢于走出去，善于走出去，勤于走出去，开拓国内外的广阔市场。

改革开放以来，越来越多的温州人走向全国各地，走向世界各地，形成温州历史上又一次移民潮。温州商人编织了一张覆盖全球的资金网、营销网、信息网、人际网。温州人自觉进入各地投资办实业，跑遍千山万水，凭借着四海为家的开拓精神，敢冒风险，勇于拼搏，经营小商品，创办大市场。

20 世纪 80 年代末 90 年代初，从桥头纽扣、乐清低压电器等市场的成功经验中受到启发，一些精通市场又有资本积累的温州人，开始到外地投资创业，全国各地大量涌现温州街、温州村、温州城。长三角经济圈、珠三角经济区、环渤海湾经济圈是温商最为集中的地方，乃至全国各大中小城市，也都有温州人的身影，都有温州人创办的市场。温州人开辟市场不局限于经济较为发达的地区，还积极响应国家“西部大开发”的号召，踊跃参与西部建设。在温州人的眼中，西部是黄土地，更是黄金地。温州人认为，东部参与西部开发是一个双赢的过程，就是“我帮你发展，你帮我发财”。

温州人凭借独到的眼光和闯劲，总能发现被忽视的商机，在别人不愿或不敢去的地方成就大事业。据统计，在国内外创业经商的温州人有 245 万人，组建了 268 家位于全国各地的温州商会和 350 多个温籍华侨社团，68 万温籍华侨遍布世界 131 个国家和地区。2017 年温州人对“一带一路”沿线国家出口总值达 420.2 亿元，同比增长 13.2%，民营企业依然占出口主导地位。温州人还是“一带一路”建设先行先试的开拓者，已有 38 万人云集“一带一路”沿线 57 个国家经商创业，积极参与“一带一路”建设，推动当地经济发展，积累雄厚资本，促进文化融合，为“一带一路”建设作出重要贡献。

二、敢为天下先 深圳谱新篇

1980 年，深圳特区成立伊始，一穷二白。深圳拥有的只是脚下那片荒凉的土地，当时有人戏称之为“五子登科”：特区的帽子、市委的牌子、县委的班子、小墟镇的底子、穷得不成样子。而放眼全国其他地方，同样不甚富裕。邓小平同志曾表态：“中央没有钱，可以给些政策，你们自己去搞，杀出一条血路来。”深圳的“敢为天下先”，就在这样的背景下，轰轰烈烈地拉开了序幕。历史的鸿篇巨制一旦开启，每一页都是崭新的，而这鸿篇巨制中就有两个故事一直流传至今。

（一）“租界风波”摆脱枷锁

特区经济要发展，先得有产业；产业要发展，先得有企业进来；要吸引企业进来，先得基础设施跟得上。可当时的道路、水电等生产所需的基础设施，远远无法适应发展的需要。想要改变现状，唯有依靠资金的投入。事实却是没钱，没钱就得想办法找钱。

为了获得基础建设所需资金，深圳人除了到处游说以筹措资金外，还想出了一个惊世骇俗的办法——出租地皮给外国商家。此举无异于一场地震。在那个年代，把土地“租”给“洋人”，可是冒天下之大不韪。果不其然，质疑、批评与指责如潮水一般涌来，是谓“租界风波”。尽管承受着巨大压力，但特区建设刻不容缓。经过不懈的努力，1980 年 8 月深圳人终于迎来了《广东省经济特区条例》在人大通过的好消息。该《条例》对国有土地的有偿使用予以了充分肯定。一石激起千层浪，香港的《文汇报》《大公报》《明报》纷纷在头版头条刊出深圳出租地皮的消息，掀起了外商来深圳“抢地”的热潮，效果也是立竿见影。据统计，从 1980 年到 1981 年，深圳市罗湖区仅靠房地产就吸引了 40 亿港元的外资，订租土地 4.45 万平方米，仅“土地使用费”一项就筹措了 2.14 亿港元。至此，深圳彻底挣脱了思想的枷锁，进入了发展的快车道。

（二）“时间就是金钱，效率就是生命”

1978 年 10 月，已步入花甲之年的袁庚调任香港招商局常务副董事长，初到香港就被“上了一课”。当时为了业务发展，招商局需要在香港购买一栋大楼，买卖合同签订的时间刚好是星期五。谈判成功后，港方卖主提出务必要在下午 2 点赶到律师事务所完成相关手续，并要求袁庚尽早支付订金。到了下午 2 点，卖主准时到达律师楼，在拿到 2000 万港元订金支票后，便迅速钻进了没有熄火的轿车，直奔银行。按照香港银行的规定，星期五下午 3 点之前如果没有入账，就将推迟到星期一，这样卖主就要损失 2000 万港币的三天存款利息。此事深深触动了袁庚，随后他把目光投向了深圳经济特区。经济特区成立初期，人们普遍缺乏市场观念与时间观念，生产效率极其低下。袁庚深深意识到，要想经济腾飞，思想必须要先变革，不可再用老思想去面对新问题。于是在蛇口工业区的土地上，袁庚提出了“时间就是金钱，效率就是生命”的口号，宛若“冲破旧观念的一声春雷”。受此感召，深圳开始了大胆的探索。典型的例子便是第一批中外合资企业在探索现代薪酬制度改革时，进行了合同用工、按劳分配等改革与创新，甚至一度引发了“特区使用资本主义用工制度”的争论。不过深圳企业没有因此而退却，在不断的尝试之后，终于交出了企业亮眼的“成绩单”，实干精神开始兴起。

这两个故事虽是冰山一角，却也可管中窥豹。事实上，深圳的各行各业，几乎都能找得到“敢为天下先”的影子。正是无数“敢闯敢试”力量的汇总，才铸就深圳经济无与伦比的优势，进而有了今天的辉煌。

第二节　自强不息

天行健，君子以自强不息；地势坤，君子以厚德载物。自强是我们民族几千年来熔铸而成的民族精神。正是这种精神，使中华民族历经沧桑而不衰，倍经磨难而更强，豪迈地自立于世界之林。改革开放40年来，草根英雄们凭借着自强不息的精神下海创业；国企职员们凭借着自强不息的精神艰苦奋斗；我国政府凭借着自强不息的精神建设好基础设施。自强不息精神融会在改革的春风中，铸就了今日之中华。

一、白手可起家　草根走天涯

改革开放以来，无数青年乘着春风飘向了四海，凭着一身的功夫南北闯荡，所到之处，生机盎然。40余年来，白手起家者数不胜数，我们熟知的像马云、俞敏洪、史玉柱等人，而更多的是我们身边那些叫不出名的草根英雄们。他们或许自嘲“穷怕了”，但他们并没有向穷妥协，他们自强不息，在中华大地上上演着属于他们自己的独角戏。

（一）付出不一定有收获，努力了就值得了

提起新东方的俞敏洪，无人不知，无人不晓。这位平民出身的普通人，靠着自己坚持不懈的努力，一步一步走向人生巅峰。他资质平平，高考考了三次才考上北京大学。不幸的是没过几年，他又得了肺结核，住院一年。好不容易等到康复出院，继而留校任教。因为个人创收问题，他被学校处分，

然后辞职。但这一切并没有成为俞敏洪成功路上的绊脚石。

当年新东方刚刚创建的时候，为了宣传，他常常在电线杆上贴招生广告，结果却被居委会大妈一张张撕掉。俞敏洪发现这个是不正当的渠道后，就带人去把自己贴的广告撕掉。居委会大妈看这个人挺实在，就帮着他们将广告贴到了广告栏里。后来，俞敏洪开始作免费讲座，因为这种宣传方式别人无法模仿，也不能阻挠。第一次讲座，他预计能来 50 人，就租了一个小学教室，结果来了 500 人。没办法，俞敏洪只能把学生叫到操场上，在黑暗中给学生讲了一个多小时。生命不息，折腾不止，俞敏洪的新东方培训学校也逐渐被人所知晓，而俞敏洪也成为中国“最有钱”的老师。

（二）世人笑我太疯癫，我笑世人看不穿

与俞敏洪相似，另一位“英语老师”马云白手起家的故事也是家喻户晓。马云也参加了三次高考，最终以英语成绩优异被破格录取到杭州师范学院。年轻的马云一开始仅在翻译界出名，但由于机缘巧合，他在西雅图接触了互联网。

马云萌生了这样一个想法，把国内的企业资料收集起来放到网上向全世界发布。他立即决定和西雅图的朋友合作，一个全球首创的 B2B 电子商务模式，就这样开始有了创意，并起名“中国黄页”。回国当晚，马云约了 24 个朋友给他们介绍，结果 23 人反对，只有一个人说可以试试。马云想了一个晚上，第二天早上还是决定干，哪怕 24 人都反对，他也要干。

1996 年，32 岁的马云艰难地推广自己的中国黄页。在很多没有互联网的城市，马云一律被称为“骗子”，但马云仍然像疯子一样不屈不挠。1996 年 3 月，因为与杭州电信的竞争实力悬殊，最后马云不得已和杭州电信合作。后因经营观念不同，马云和杭州电信分道扬镳，放弃了自己的中国黄页。之

后马云和他的团队在北京开发了外经贸部官方网站等一系列网站，但由于身边人的束缚，马云遭遇了人生的第二次创业失败，但马云仍不气馁。1999 年马云创办了阿里巴巴。马云和他的团队每天如野兽般疯狂工作 16 ~ 18 个小时，日夜不停地设计网页，讨论构思，困了就席地而卧。阿里巴巴的正式推出，备受媒体、风投关注，延续至今，马云也成了当代富豪之一。

（三）半身本事飘零人，自强不息事业成

冯志久原是一名流浪汉，到处漂泊，虽历尽艰辛，却穷得叮当响。1990 年，他跟随数百万淘金者拥到珠江三角洲，却发现这里早已人满为患，他想到工厂打工，但因年龄大、无技术，工厂不收他。

冯志久在各厂区转悠，看到工人们下班后都端着饭盒往街上的小店里跑。他脑子一转，怎么不开一个供打工者吃饭的小店呢？于是，他心一横，租了一间民房作为厨房，每天中午和晚上担起两桶饭菜，往这些人群中去推销，一天下来能挣 30 元。很快他凑足了 3 万多元资金，在广州黄埔大道边租了一间五平方米的店铺，办了执照，把鞭炮一放，快餐店开张了。

冯志久的小饭店一开张，便引来好多顾客。那时广州的饭店快餐时价最低是两元，而他却一律一元。辛辛苦苦忙了一个月，除了开支，竟赚了 2000 元。后来他又增添了桌凳餐具，雇了临时工，扩大门面，每天早餐卖粉、中晚餐卖饭，还是一律一元一份。这样，每天的顾客少的也有 500 多人，最多达到 1000 人。他挣钱的奥秘在于薄利多销。每份一元的饭菜其实是没有挣头的，但打算得好，也可以赚几角钱，如果每天能卖 1000 份，就可挣 300 元，一个月就是 9000 元，几年下来，冯志久的资产已是上百万元。

无论是家喻户晓的俞敏洪、马云，还是名不见经传的冯志久，他们都是从一无所有开始奋斗，到最后体现出其生命的价值。“天行健，君子以自强

不息。”白手起家的创业故事，背后承载着多少心血与汗水，更承载着多少中华儿女不甘贫困、不安于现状的决心。而这便是中华儿女的自立自强、励精图治的精神。这种精神造就了改革开放40多年来的无数奇迹，这种精神促使无数草根企业家为了美好生活去奋斗、去拼搏。

二、笃行且信道 日月翻新天

新中国成立以来，我国基础产业和基础设施经过大规模投资和建设，得到明显加强，农业、能源、原材料供给能力迈上新台阶，交通运输、邮电通信形成了纵横交错、覆盖全国的网络体系，水利、环境、教育、文化、卫生、体育设施显著加强，三峡工程、西气东输、南水北调、青藏铁路、高铁等一大批重大项目建设，顺利建成并不断向前推进。这些基础产业和基础设施的快速发展为国民经济的发展和人民生活水平的提高提供了坚实的基础。

（一）一穷二白又何惧，千辛万苦基建立

改革开放初期，我国全社会投资规模很小，基础产业和基础设施十分薄弱。为了填补基础产业和基础设施缺口，重点缓解能源、原材料、交通运输等瓶颈制约，国家集中力量建设了一批能源、交通等国家重点项目。

20世纪90年代以后，为了实现现代化建设的第二步战略目标，《中华人民共和国国民经济和社会发展十年规划和第八个五年计划纲要》对农业、水利、能源、交通、邮电通信、原材料等行业的发展作出了明确部署，基础产业和基础设施投资迅速增长。

党的十六大以来，国家一方面采取积极措施加大政府对基础产业和基础设施建设的投入，另一方面，鼓励外资和民营资本对基础产业和基础设施项目投资，使我国基础产业和基础设施水平有了大幅提高，人民生活环境和城

乡面貌得到明显改善。

党的十八大以来，国家不仅继续加大基础设施建设的投入，还对农村基础设施建设倍加关注，农民的居住条件进一步改善，获取能源、交通运输等资源更加方便。

基础设施建设的背后离不开千千万万基层劳动者自强不息的拼搏精神。港珠澳大桥岛隧工程总设计师刘晓东曾用一个“跑”字，来诠释世界最长跨海大桥建设过程的“中国速度”。他说：“这六七年，我们都是跑着干活。为什么？因为大桥的沉管隧道是六公里，而勘察、设计到安装完成，我们总的时间只有六年半。在欧洲，有经验的国家，在有现成装备情况下，建设三公里半的沉管隧道，仅仅施工就需要五年半时间。我们不跑的话，这个工程得干十年。”

（二）十年一剑锻高铁，几度春秋几度血

作为高速列车九大核心技术之一的铝合金车体，型材最薄处只有 1.5 毫米，但要能承受正负 6 千帕的气密压强。中国中车首席专家丁叁叁率团队攻关，历经一年多，摸索出了一套严格的化学成分控制技术，成功实现了 100 多种铝合金材料的高质量国产化，让我国成为世界上少数几个拥有此项技术的国家之一。牵引传动系统被誉为“高速列车之心”，而永磁牵引传动系统被业内视为引领高速列车未来的下一代技术。

工程院院士丁荣军在带队进行该项技术攻关时，整个团队经历了近千万次包含成功与失败的试验。国际市场上，曾有人对我国制造的质量提出质疑，但在我国高铁走出去的过程中，中国中车用优异的成绩改变了人们的看法，让世界对我国高铁的品质竖起大拇指。把工作做到极致，把事业做成信仰。高速动车组是挑战人类工业文明极限的又一领域，从进入这一领域的那一刻

起，高品质、高标准、高要求就成为高铁人三条不能逾越的底线。

（三）苦心经营为通信，遥遥千里若比邻

除了高铁，我国通信设施的突飞猛进也令外国人咋舌，而这背后涵盖着我国自强不息的电信精神。回顾过去，通信标准被欧美垄断，我国1G空白、2G落后，大哥大时代连手机皮套都要进口。我们拥有全球最大的移动通信市场，却让跨国公司赚取了巨额利润，通信安全也无从谈起。

为了改变这个格局，“大唐人”基于长期的技术积累，在2000年5月，由大唐代表我国提出的TD－SCDMA突破重围，被国际电联确立为世界三大3G通信标准之一，实现了我国百年通信史上“零”的突破。但跨国公司不屑一顾，甚至国内质疑声不断。大唐人顶住巨大压力，与我国企业一起历史性打造了由本土企业主导的移动通信产业链。3G成功追赶，并没有让大唐人停下自主创新的脚步。

2012年1月，大唐等我国企业主导的4G（TD－LTE）被国际电联确认为全球两大移动通信标准之一。在这十几年的艰辛发展历程中，大唐电信集团引领实现3G追赶，4G同行，5G引领。当然，除了央企的大唐电信，还有着华为等企业引领着我国的电信行业不断前行。

“为有牺牲多壮志，敢教日月换新天。”从一穷二白到全球GDP总量排名第二，我国人民自强不息的拼搏精神为我国的经济发展注入了持久动力。这种精神已经融入了我们民族文化的基因。

第三节　艰苦奋斗

艰苦奋斗是一种不怕艰难困苦、奋发图强、艰苦创业，为国家和人民乐

于奉献的精神。新中国成立前，我们党为争取民族解放和国家独立的斗争史，便是一部艰苦奋斗的创业史。新中国成立后，艰苦奋斗的创业精神仍在继续。“茫茫草原立井架，云雾深处把井打”的铁人精神，“先治坡、后治窝，先生产、后生活”的塞罕坝精神，鼓舞着我国人民谱写了我国生态文明建设和经济文明建设的美丽篇章。

一、石油工人一声吼　地球也要抖三抖

1959 年 9 月 26 日，国庆十周年前夕，以松辽盆地第三口基准井——“松基 3 井”喜获工业油流为标志，宣告了大庆油田的诞生。1960 年，面对国家建设急需石油的燃眉之急，全国各地几万名职工和 3 万名转业官兵，来到大庆，开展了一场声势浩大、艰苦卓绝的石油大会战。会战之初，几万人马一下子拥到萨尔图草原，生活和生产都遇到了极大困难。

正是在这样的非常条件下，刚到大庆的王进喜就喊出了“有条件要上，没有条件创造条件也要上”的口号。他带领 1205 钻井队的几十名硬汉，人拉肩扛卸运钻机，盆端桶提运水抢开钻，只用了五天零四小时就建成了大庆会战的第一口油井，创造了当时的最高纪录。

在打第二口井时，发生了井喷。为了制服井喷，王进喜顾不上腿伤，跳进齐腰深的泥浆池用身体搅拌泥浆。井喷制服了，可他的伤腿已血肉模糊，泥浆把他的手脚烧起了大泡。王进喜和 1205 队工人们的英雄行为深深地感动了附近的乡亲们。房东赵大娘看到王队长累不垮、压不倒，没白天没黑夜地干，就对住在她家的工人说：“大娘活了大半辈子，没见过这么拼命的人，你们王队长可真是个铁人啊！”以王进喜为代表的铁人精神是大庆精神的重要组成部分，铁人精神是人格化了的大庆精神。

党的十一届三中全会后，我们党确立了实事求是的思想路线和以经济建

设为中心的政治路线。广大油田职工坚持“发展是硬道理”的观点，树立“科学技术是第一生产力”的思想，大力实施科技兴油战略，努力向科技进步要产量、要效益，创出了一系列高水平和新纪录。进入21世纪以来，大庆油田广大干部职工紧密联系油田改革发展实际，不断丰富发展大庆精神、铁人精神，提出了科学发展、永续辉煌的战略目标，以实际行动保障国家能源安全。半个世纪以来，大庆油田广大干部职工正是由于不断坚持把党在各个时期的基本理论、基本路线同石油工业发展实践相结合，才使油田的发展建设始终沿着社会主义道路前进。

二、护绿水青山　筑金山银山

塞罕坝在历史上原是“美丽的高岭”。这里地域广袤、树木参天，辽金时期被称为“千里松林”。但清朝后期由于国力衰退，日本侵略者掠夺性采伐、连年不断的山火和日益增多的农牧活动，使这里的树木被采伐殆尽，大片森林荡然无存。到新中国成立前夕，塞罕坝由“林苍苍，树茫茫，风吹草低见牛羊”的皇家猎苑蜕变成“天苍苍，野茫茫，风吹沙起好荒凉”的沙地荒原。

20世纪60年代的塞罕坝，集高寒、高海拔、大风、沙化、少雨五种极端环境于一体，自然环境十分恶劣。刚刚建场的塞罕坝，没有粮食，缺少房屋，交通闭塞，冬季大雪封山，人们便处于半封闭、半隔绝的状态；没有学校、没有医院、没有娱乐设施，从四面八方赶来的建设者们，除了简单的行李衣物，其他的几乎一无所有。通过塞罕坝两代人近50年的艰苦奋斗，在极端困难的条件下，在140万亩总经营面积上，成功营造了112万亩人工林，创造了一个变荒原为林海、让沙漠成绿洲的绿色奇迹。森林覆盖率由建场初期的11.4%提高到80%，林木总蓄积量达到1012万立方米。塞罕坝人在茫茫的塞北荒原上成功营造起了全国面积最大的集中连片的人工林海，谱写了不朽的绿色篇章。

55 年来，林场干部职工爱林如命、护场如家，从“一棵松”开始，用生命去呵护、用心血去浇灌，发展到如今的百万亩林海，实现了历史性跨越。在自然环境极其恶劣的情况下，林场以科学严谨的精神，独立自主解决了高寒地区育苗造林一系列技术难题，探索形成了生态脆弱地区林场建设和管理模式。可以说，塞罕坝的每一点变化都浸润着林场职工对生态保护的无限执着和不懈追求。

塞罕坝林场从最初植树造林、绿化祖国，发展成为现在生态效益、经济效益、社会效益有机统一的生态文明建设的范例；从最初治理沙漠荒原，为京津地区拦沙蓄水，发展成为现在的山水林田湖草生命共同体，生动体现了在保护生态、治理环境方面理念的不断深化。今天的塞罕坝，自然生态系统得到修复重建，森林资源大幅增加，涵养净化水源空气的功能有效发挥，经济效益稳步提升，充分证明绿水青山就是金山银山。

塞罕坝林场的示范意义，不仅在于将荒山秃岭修复成“华北绿肺”，更在于缔造这个人间奇迹的精神力量。55 年来，几代林场干部职工听从党的召唤，忠诚党的事业，几十年如一日，扎根荒漠，无怨无悔，将不毛之地变成绿色海洋，用心血、汗水甚至生命铸就了“牢记使命、艰苦创业、绿色发展”的塞罕坝精神，为培育和践行社会主义核心价值观注入了新能量。

塞罕坝林场的建设史，就是一部艰苦的创业史、奋斗史。几代林场干部职工发扬“前人栽树，后人乘凉”的高尚品格，坚持“先治坡、后治窝，先生产、后生活”，不畏恶劣环境，不惧艰苦条件，爬冰卧雪、顶风冒雨，苦干实干、甘于奉献，成就了辉煌事业，实现了人生价值。由此可见，塞罕坝人用艰苦奋斗的精神把生态文明建设蓝图逐步变为现实，为子孙后代留下天更蓝、山更绿、水更清的优美环境。

第四节　团结互助

团结互助精神是大局意识、协作精神和服务精神的集中体现，核心是协同合作，反映的是个体利益和整体利益的统一，并进而保证组织的高效率运转。我们现在所处的时代对团结互助精神的渴求比任何一个时代都迫切。改革开放以来，无数企业如雨后春笋般冒出。无论是国有企业还是私营企业，企业文化中的团结协作精神都成为企业成功的重要支撑。

一、数载风雨共　十万匠心同

改革开放以来，中国大地上涌现出了无数优秀的私营企业，华为便是其中一家。2019 年美国商务部将华为列入出口管制“实体名单”，2020 年美国又展开对华为的全面制裁，美国对华为的种种限制政策也从侧面反映了华为发展的迅速，而华为的迅速发展离不开华为的“狼性精神”，离不开团结协作、上下一心的奋斗精神。

华为创始人任正非曾经说过：“我知识的底蕴不够，也并不够聪明，但我容得了优秀的员工与我一起工作，与他们在一起，我也被熏陶得优秀了。他们出类拔萃，夹着我前进，我又没有什么退路，不得不被‘绑’着、‘架’着往前走，不小心就让他们抬到了峨眉山顶。”

任正非作为“狼群团队”的“领头狼”，在华为的创业之路上不得不说有着非凡之功，但他却认为是所有员工共同协作方能有今日的成就。“什么是华为的英雄，是谁推动了华为的前进。不是一两个企业家创造了历史，而是 70% 以上的优秀员工，互动着推动了华为的前进，他们就是真正的英雄。”

诚然，“胜则举杯相庆，败则拼死相救”。团队合作是华为核心价值观的重要体现，而这种团结协作精神使华为面对各种艰难险阻仍能大步向前，九死不悔。

在1997年的一次会议上，任正非曾提出需要“狼”和“狈”的攻击组合，其中一线员工是“狼”，其他员工是“狈”，提供相应的资源，一线和二线紧密配合。任正非在企业中培养的是具有“狼性”特质的人才和团队，构建了一种宽松的环境。在宽松的环境中只要有新的机遇出现，自然会有一批领袖站出来争夺市场先机。由此而形成的企业文化，使华为的“群狼”战术所向无前。

有人这么描述华为的高度协作，“他们的营销能力很难超越。人们刚开始会觉得华为人的素质比较好，但对手们换了一批素质同样很高的人，发现还是很难战胜华为的人。最后大家明白过来，与他们过招的，远不止是前沿阵地上的几个冲锋队员，这些人的背后是一个强大的后援团队，他们有的负责技术方案设计，有的负责外围关系扩展，有的甚至已经打到了竞争对手内部，一旦前方需要，马上就会有人来增援。华为通过这种看似很不高明的‘群狼’战术，将各国列强苦心经营的阵地冲得七零八落，并采用蚕食策略，从一个区域市场、一个产品入手，逐渐将他们逐出我国市场。”

没有强大的凝聚力，狼性精神只能向着凶残的“独狼”发展。而热爱祖国、热爱人民，爱公司、爱自己的亲人是华为凝聚力的源泉。任正非曾提倡员工们把第一份工资邮寄给父母，同时要求员工过春节的时候给父母洗脚，爱护自己的弟弟妹妹，关心希望工程。正是这些点点滴滴的教诲，引导华为高度凝聚，一次次从危机走向了新生。

没有良好的同事关系，狼性精神无从谈起。在华为，几乎每个人都明显感觉到与同事相处的时间要远远多于与家人和亲友共处的时间，因此在员工入职时，便被灌输着这样的思想：当我们有条件去选择自己的工作环境时，我们可以像兄弟姐妹共同操持一份家业一样操持我们的事业，我们之间没有权力压迫，没有钩心斗角，没有告密，没有出卖，没有争宠，没有背叛。我们用各自的肩膀互相支撑，我们亲人般地互相关怀，我们有共同的兴趣，共同的目标……在这种精神的引领下，华为以新同事关系集体奋斗，每个员工的创造力和责任心都得到了充分的调动，从而保证了企业在强手如林的市场上保持了旺盛的竞争力。

没有积极的内部沟通，狼性精神只是一种盲目的表现。沟通在华为的团队内部无处不在，无时不有。华为的各业务单位和部门，除了很多正式和非正式的沟通渠道，员工可以向自己的直接主管提出自己的意见和建议，也可以按照公司的开放政策，向更上一级的领导提出他们的问题。此外他们还可以利用《华为人》之类的内部报纸，及时传递来自基层的信息。良好的内部信息沟通，使企业将构想和使命精准传递给员工，又将员工的新想法、新观点及时反馈给企业。

没有无私的互助精神，狼性精神只是一种无意义的杀戮。华为团队的成功离不开团队成员间的团结互助。华为的考核表中几乎所有的职位都有一个共同的考核要素——与同事的合作。这项考核的主要评分标准就是看在两次考核之间是否有其他员工的投诉。一旦被别人投诉，不管是否真实，先做自我检讨再和投诉者做一个交流。通过别人的帮助，被投诉人不仅能够改进自己工作中的不足，很多情况下，投诉人和被投诉人在沟通的过程中还建立了深厚的友谊。华为的团结互助文化，有效弥补了华为因组织庞杂、流程不畅所产生的“内部公关文化”。人与人之间和谐相处的团结互助氛围，使华为较快地取得了比别的公司更大的成就。

热爱祖国、热爱人民所形成的强大凝聚力；没有权力压迫、没有钩心斗角的新同事关系；无处不在、无所不有的内部沟通；人与人之间的和谐相处、互帮互助，凡此种种构成了华为无坚不摧的团结协作精神。

华为人是中华儿女的缩影，华为是中华的缩影，华为人的团结协作使华为临危不惧越战越勇，中华儿女的团结协作使中华民族屹立在世界之林风雨不惧。正如任正非所说："只要三流人才团结合作，就会胜过一流人才。"

二、戮力复同心 共向虎山行

新中国成立后，怀着作为国家主人的自豪感，工人们以厂为家、无私奉献，所以我国企业文化中便流传着优秀的团队精神。改革开放以后，随着国际环境的变化、国家战略的调整，国有企业改革工作也逐渐深入开展，但国有企业中"顾大家忘小我"的精神仍然不改。正是这种精神，使众多国企员工形成一股强大的凝聚力。他们团结协作，干成了一系列惊天动地的丰功伟业。

几十年来，中核集团从诞生之日起就承担着确保国家安全的使命与责任。他们用"两弹一艇"撑起了中华民族的"核脊梁"。中核人用30多年的智慧和心血，研制出三代百万千瓦级的核电品牌"华龙一号"，建设了我国实验快堆，开发了在陆地和海上都可使用的多用途模块式小型反应堆。中核人通过他们的团结协作，诠释着国企精神。

团结协作要求高度的事业心和责任心。事业高于一切、以身许国是核工业人的行为准则。徐銤，中核集团公司快堆首席专家、我国工程院院士。他视"事业高于一切"，50年来坚守快堆，与团队一起成功研制了代表第四代核电技术的快中子反应堆，使我国成为世界上少数几个拥有快堆技术的国家。责任重于一切，对国家、对人民富有高度责任感是核工业人的精神准则。史明，核工业总医院原妇产科副主任医师，在靖边支医期间因公殉职。史明用自己年轻的生命换来了患者的健康和生存。他用自己的追求和行动，充分诠释了责任重于一切的精神真谛，弘扬了白衣天使救死扶伤的无上荣光。

团结协作要求有积极进取心，有共同奋斗的目标，团队协作方能带来理想的结果。中核集团“华龙一号”总工程师邢继所带领的团队有着关键时刻攻坚、突破、冲刺的战斗力。在攻坚的时候，所有人都放下了个人得失。邢继说：“他们内心里都有那么一团火。”那团火是一种超越自我、追求至善的特质。虽然大家有的时候会委屈和迷茫，但大家心里的这团火，能够在关键时候点得着，能够在团队成员之间产生共鸣。华龙团队积极进取的精神促进了华龙团队的团结协作，促使华龙团队拿下一个又一个伟大的成果。

从中核集团的团结协作精神，可以看到国有企业中人们的团结奋斗。由于国有企业从事的工作任务往往是规模宏大、高度集成的系统工程，同舟共济、团结协作对于国有企业来说尤为重要。国有企业的发展离不开与全国各行各业的大力协同。事实上，无论是“两弹一星”工程，还是载人航天工程，以及其他的航天工程，都有全国数千个单位、十几万科技大军的积极参与。

我国的各项重要经济事业之所以能够取得历史性突破，靠的是集体的智慧、集体的力量、集体的奋斗，不仅是全国各行各业大力协作的结果，也是国企系统内部团结奋战的结果。国企在运营中，总是要求密切配合，自觉服从大局、同舟共济、群策群力。坚持统一指挥和调度，有困难共同克服，有难题共同解决，有风险共同承担，充分发挥社会主义制度能够集中力量办大事的政治优势，凝聚成一股气势磅礴的强大合力，共同创造和维护国家利益。

三、先富带后富，共同奔小康

“一方有难，八方支援。”这是中国人民团结互助精神的精彩概括，更是东西协作抓扶贫、对口帮扶奔小康的真实写照。为了做到“全面小康路上一个都不能少”，习近平总书记强调，“充分发挥政府和社会两方面力量作用，形成全社会广泛参与脱贫攻坚格局。”为此，中共中央、国务院出台了《中共中央、国务院关于打赢脱贫攻坚战的决定》，进一步强化责任落实、优化结对关系、深化结对帮扶、聚焦脱贫攻坚，提高东西部扶贫协作和对口支援工作水平，确保西部贫困地区与全国一道迈入全面小康社会。

在党中央的号召下，全国形成了对口帮扶奔小康的大局。北京市帮扶内蒙古自治区、河北省张家口市和保定市；天津市帮扶甘肃省、河北省承德市；辽宁省大连市帮扶贵州省六盘水市；上海市帮扶云南省、贵州省遵义市；江苏省帮扶陕西省、青海省西宁市和海东市，苏州市帮扶贵州省铜仁市；浙江省帮扶四川省，杭州市帮扶湖北省恩施土家族苗族自治州、贵州省黔东南苗族侗族自治州，宁波市帮扶吉林省延边朝鲜族自治州、贵州省黔西南布依族苗族自治州；福建省帮扶宁夏回族自治区，福州市帮扶甘肃省定西市，厦门市帮扶甘肃省临夏回族自治州；山东省帮扶重庆市，济南市帮扶湖南省湘西土家族苗族自治州，青岛市帮扶贵州省安顺市、甘肃省陇南市；广东省帮扶广西壮族自治区、四川省甘孜藏族自治州，广州市帮扶贵州省黔南布依族苗族自治州和毕节市，佛山市帮扶四川省凉山彝族自治州，中山市和东莞市帮扶云南省昭通市，珠海市帮扶云南省怒江傈僳族自治州，从而实现了对民族自治州和西部贫困程度深的市州全覆盖。全国还派出了25.5万个驻村工作队、累计选派290多万名县级以上党政机关和国有企事业单位干部到贫困村和软弱涣散村担任第一书记或驻村干部，帮助和带领贫困群众脱贫。也正是因为有全国人民共同参与，帮扶单位和扶贫干部真心帮、用心帮，才让中国彻底摆脱了绝对贫困，最终建成了“一个都不落下”的全面小康社会。

第十二章

坚持党的集中统一领导

习近平总书记在党的十九大报告中强调："党政军民学，东西南北中，党是领导一切的。"确保到2020年实现全面建成小康社会的宏伟目标，是我们党对世界和全国人民作出的庄严承诺。从20世纪80年代初邓小平同志提出"小康社会"的范畴，到今天全体中华儿女即将迈入全面小康社会的"大门"，我们真切地感受到：坚持和加强党的集中统一领导，是全面建成小康社会的根本保障。这是一条基本经验。展望未来，我们即将开启"第二个百年"奋斗目标的新征程，继续在党的集中统一领导下奋勇实现中国梦。

第一节　党的领导是全面建成小康社会的根本保障

在党的十六大、十七大确立的全面建设小康社会目标的基础上，党的十八大明确提出要"确保到2020年实现全面建成小康社会的宏伟目标"。这是一百多年来中国人民强国梦最实在、最具体的表达，也是执政的中国共产党向各族人民的庄严承诺。当前，我国三大攻坚战取得关键进展，精准脱贫已经完成任务，绝对贫困已经消除，金融风险有效防控，生态环境质量总体改善，改革开放迈出重要步伐，供给侧结构性改革继续深化，科技创新取得新突破，人民群众获得感、幸福感、安全感提升，“十三五”规划主要指标都已完成，全面建成小康社会取得决定性胜利。这些成绩来之不易，其最根本的原因在于党的集中统一领导。

一、中国共产党是中国特色社会主义事业的领导核心

中国共产党自诞生之日起就担负着改造中国社会的重任。中国共产党带领人民走过革命、建设、改革的奋斗历程，取得了今天的成绩。纵观建党以来的历史，纵观我国夺取全面建成小康社会宏伟目标胜利的历程，可以得出结论：办好中国的事情，关键在党。这个党，指的就是中国共产党。

中国共产党与中国特色社会主义事业始终紧紧联系在一起。1986 年党的十二届六中全会通过的《关于社会主义精神文明建设指导方针的决议》中，最早提出社会主义现代化建设总体布局，确立了中国特色社会主义事业的整体格局。之后，从党的十三大一直到十六大，历次党代会都依据这一总体布局部署今后五年乃至更长时期的改革与发展任务。到 2007 年党的十七大，提出经济建设、政治建设、文化建设和社会建设“四位一体”总体布局，党的十八大提出生态文明建设，总体布局又拓展为“五位一体”，中国特色社会主义事业发展的总体布局逐步形成并不断完善，已从追求经济现代化发展到实现包含经济、政治、文化、社会、生态文明建设在内的更为全面的现代化。从这段历程可以看出，始终是中国共产党在推动中国特色社会主义事业不断向前。

事实上，我国之所以能够取得全面小康的胜利，最主要的一条就在于党

对经济、政治、思想和组织等方面的全面领导。在领导国家建设时，党对国家大政方针进行统筹协调的政治领导；通过党管干部的原则将全国各类人才聚集在党的周围；通过社会主义核心价值观引领人民的精神生活；通过多党合作制度领导其他民主党派。因此，中国共产党是中国特色社会主义事业的领导核心。

二、小康社会是党的纲领在社会主义初级阶段的具体体现

坚持党的领导才能保持现代化建设的社会主义方向。中国共产党是一个使命型政党，肩负着宏大的改造社会和国家结构的使命。小康社会的目标从“总体小康”到“全面建设小康社会”再到“全面建成小康社会”，其内涵和要求也是随着中国经济社会发展的实际情况而不断发展变化的，是党的纲领在社会主义初级阶段的具体体现。

自党的十六大提出全面建设小康社会的奋斗目标以来，中国共产党带领全国各族人民努力奋斗取得了巨大的成就，人民的生活水平在建设小康社会的过程中得到大幅提高。但这只是我国社会发展的阶段性规划，在实现全面建成小康社会的第一个百年奋斗目标之后，还要继续实现21世纪中叶的第二个百年奋斗目标。

只有坚持党的领导才能够实现国家和社会发展的阶段性与长远性目标的统一，保持我国现代化建设的社会主义方向，才能最终确保全面小康社会的实现。事实上，我国在实现全面建成小康社会的征程中，跨越了无数的“雪山”“草地”，攻克了许多“娄山关”“腊子口”。正是因为有中国共产党的集中统一领导，才能够汇聚起实现全面建成小康社会的磅礴力量，并在前进的道路上战胜一切困难、风险和挑战，引领中华民族成功抵达伟大事业的彼岸。

三、只有坚持党的集中统一领导才能真正实现为人民谋福祉

党的十二大和十三大把邓小平提出的这个战略设想确定为全党和全国人民的长期奋斗目标：第一步，到1990年实现国民生产总值比1980年翻一番，解决人民的温饱问题；第二步，到20世纪末使国民生产总值比1980年翻两番，人民生活达到小康水平；第三步，到21世纪中叶达到中等发达国家水平，人民生活比较富裕，基本实现现代化。这也就是我们现在常说的社会主义现代化分“三步走”的战略部署。

2012年11月，党的十八大根据经济社会发展的实际进程，从中国特色社会主义总体布局出发，提出到2020年全面建成小康社会的新要求和新愿景。十八大报告明确提出“确保到二〇二〇年实现全面建成小康社会宏伟目标”的时间表，以及经济持续健康发展、人民民主不断扩大、文化软实力显著增强、人民生活水平全面提高、资源节约型和环境友好型社会建设取得重大进展等具体内涵，并将“全面建设小康社会”改为“全面建成小康社会”，由此我国进入决胜小康社会的阶段。

从党的十八大报告关于全面建成小康社会的表述可以看出，小康社会的目标演进是党将国家建设和社会和谐综合考虑的结果，是党关注民生、关心人民幸福的体现。《中国共产党章程》在总纲部分规定：“坚持全心全意为人民服务。党除了工人阶级和最广大人民群众的利益，没有自己的特殊利益。……党在自己的工作中实行群众路线，一切为了群众，一切依靠群众，从群众中来，到群众中去，把党的正确主张变成群众的自觉行动。”中国共产党始终把解决人民群众最关心、最直接的现实问题当作自己的首要目标。

全面建成小康社会，核心在全面。这个“全面”，体现在覆盖的人群是全面的。它是不分地域、不分城乡的全面小康，是不让一个人掉队的全面小

康。这个“全面”，也体现在涉及的领域是全面的。我们要建成的全面小康，是“干部清正、政府清廉、政治清明”“找到全社会意愿和要求的最大公约数”的全面小康，是“破除城乡二元结构，建设农民幸福生活的美好家园”的全面小康，是“国家物质力量和精神力量都增强，全国各族人民物质生活和精神生活都改善”的全面小康，是经济更加发展、民主更加健全、科教更加进步、文化更加繁荣、社会更加和谐、人民生活更加殷实、环境生态更加友好的全面小康。正如习近平总书记在第十八届中央政治局常委见面会上所讲的：“人民对美好生活的向往就是我们的奋斗目标”。因此，中国共产党是为维护广大劳动者的根本利益服务的。只有坚持党的领导，才能在实现全面建成小康社会的基础上，继续为人民谋福祉。

第二节 中国共产党关于全面建成小康社会的制度安排

党的十九届四中全会对中国特色社会主义制度和推进国家治理体系和治理能力现代化作出了全面的部署安排。这次全会，体现了党中央高瞻远瞩的战略眼光和强烈的历史担当，对决胜全面建成小康社会、全面建设社会主义现代化国家，对巩固党的执政地位、确保党和国家长治久安，具有重大而深远的意义。这次会议，将我国在国家制度和国家治理体系等方面的显著优势，总结成“坚持党的集中统一领导”“坚持党的科学理论，保持政治稳定，确保国家始终沿着社会主义方向前进的显著优势”等 13 个方面的优势。事实上，我国在实现全面建成小康社会的征程中，正是有了党的各种制度安排，才确保党的集中统一领导落到实处。

一、中央政治局、中央政治局常委会经常审议全面建成小康社会相关问题

从中央政治局和中央政治局常委会的研究议题，我们就能够看出党中央关注什么问题。统计数据表明，党的十八大以来，中央政治局及中央政治局常委会召集会议百余次，议题涉及经济、政治、文化、社会、生态、军事、国防等方方面面的领域，涉及中国共产党治国理政的各个领域。研究表明，这些会议，很大一部分都与全面建成小康社会有关。我们选取了2019年下半年以来，中央政治局会议研究的相关主题（见表一）。

表一　中央政治局会议研究的部分主题（2019年下半年以来）

2019年7月30日	分析研究当前经济形势，部署下半年经济工作，审议《中国共产党问责条例》和《关于十九届中央第三轮巡视情况的综合报告》。
2019年8月30日	决定2019年10月在北京召开中国共产党第十九届中央委员会第四次全体会议，主要议程是，中共中央政治局向中央委员会报告工作，研究坚持和完善中国特色社会主义制度、推进国家治理体系和治理能力现代化若干重大问题。会议审议了《中国共产党党内法规制定条例》《中国共产党党内法规和规范性文件备案审查规定》《中国共产党党内法规执行责任制规定（试行）》。
2019年9月24日	审议《新时代爱国主义教育实施纲要》和《中国共产党党校（行政学院）工作条例》。
2019年10月24日	研究坚持和完善中国特色社会主义制度、推进国家治理体系和治理能力现代化若干重大问题。
2019年11月29日	审议《中国共产党和国家机关基层组织工作条例》和《中国共产党国有企业基层组织工作条例（试行）》。
2019年12月6日	分析研究2020年经济工作；听取中央纪律检查委员会工作汇报，研究部署2020年党风廉政建设和反腐败工作。

续表

2020 年 1 月 16 日	审议《中央政治局常委会听取和研究全国人大常委会、国务院、全国政协、最高人民法院、最高人民检察院党组工作汇报和中央书记处工作报告的综合情况报告》《关于十九届中央第四轮巡视情况的综合报告》《关于 2019 年中央巡视工作领导小组重点工作情况的报告》。
2020 年 2 月 21 日	研究新冠肺炎疫情防控工作，部署统筹做好疫情防控和经济社会发展工作。
2020 年 3 月 27 日	分析国内外新冠肺炎疫情防控和经济运行形势，研究部署进一步统筹推进疫情防控和经济社会发展工作。
2020 年 4 月 17 日	分析国内外新冠肺炎疫情防控形势，研究部署抓紧抓实抓细常态化疫情防控工作；分析研究当前经济形势，部署当前经济工作。
2020 年 5 月 15 日	讨论国务院拟提请第十三届全国人民代表大会第三次会议审议的《政府工作报告》稿。

表一所研究的主题，涉及新一年的中央政府工作、新冠肺炎防控、中央巡视工作、基层组织工作、中国特色社会主义制度建设、经济形势分析等，这些主题都直接或间接地与全面建成小康社会相关联。我们可看出，中央政治局会议的很大一部分研究主题，都与全面建成小康社会有关。

以 2020 年 4 月 17 日的中央政治局会议为例，该次会议的主题为：分析国内外新冠肺炎疫情防控形势，研究部署抓紧抓实抓细常态化疫情防控工作；分析研究当前经济形势，部署当前经济工作。该次会议明确提出，要以习近平新时代中国特色社会主义思想为指导，增强“四个意识”、坚定“四个自信”、做到“两个维护”，紧扣全面建成小康社会目标任务，统筹推进疫情防控和经济社会发展工作，在疫情防控常态化前提下，坚持稳中求进工作总基调，坚持新发展理念，坚持以供给侧结构性改革为主线，坚持以改革开放为动力推动高质量发展，坚决打好三大攻坚战，加大“六稳”工作力度，保居民就业、保基本民生、保市场主体、保粮食能源安全、保产业链供应链稳定、保基层运转，坚定实施扩大内需战略，维护经济发展和社会稳定大局，确保完成决战决胜脱贫攻坚目标任务，全面建成小康社会。

由此也可看出，这次会议的出发点和落脚点，就是要“维护经济发展和社会稳定大局，确保完成决战决胜脱贫攻坚目标任务，全面建成小康社会”。正是有了中央政治局会议以及中央政治局常委会的集中统一领导，全面建成小康社会才能得以顺利实现。

二、中央财经委员会、中央全面深化改革委员会等制度确保全面建成小康社会

中央财经委员会、中央全面深化改革委员会等中央议事机构，其设立的目的就是要加强党中央对涉及党和国家事业全局的重大工作的集中统一领导，强化决策和统筹协调职责。中央财经委员会、中央全面深化改革委员会等机构主要负责经济社会等领域重大工作的顶层设计、总体布局、统筹协调、整体推进、督促落实，是党的集中统一领导的重要体现，是党中央加强经济领域建设的重要制度安排。

我们对党的十八大以来中央财经委员会、中央全面深化改革委员会研究的议题和出台的文件做了研究和统计，发现这两个委员会的制度设计，为我国确保全面建成小康社会作出了重要贡献。以中央财经委员会为例，十八届中央财经委会议的召开时间和议题如表二。

表二　第十八届中央财经委员会议题

会议	时间	议题
第一次会议	2013 年 4 月 17 日	研究新一届中央财经领导小组工作规则和财经小组 2013 年重点工作
第二次会议	2013 年 7 月 15 日	研究深化财税体制改革的思路
第三次会议	2013 年 9 月 27 日	研究新型城镇化工作
第四次会议	2013 年 12 月 9 日	研究国家粮食安全问题
第五次会议	2014 年 3 月 14 日	研究我国水安全战略
第六次会议	2014 年 6 月 13 日	研究我国能源安全战略
第七次会议	2014 年 8 月 18 日	研究实施创新驱动发展战略
第八次会议	2014 年 11 月 4 日	研究丝绸之路经济带和 21 世纪海上丝绸之路规划、发起建立亚洲基础设施投资银行和设立丝路基金
第九次会议	2015 年 2 月 10 日	研究第 3 至 8 次会议确定事项贯彻落实情况、京津冀协同发展规划纲要、人民币加入国际货币基金组织特别提款权事宜
第十次会议	2015 年 7 月 20 日	研究扶贫开发工作、股票市场健康发展问题
第十一次会议	2015 年 11 月 10 日	研究经济结构性改革、城市工作
第十二次会议	2016 年 1 月 26 日	研究供给侧结构性改革方案、长江经济带发展规划、森林生态安全工作
第十三次会议	2016 年 5 月 16 日	研究落实供给侧结构性改革、扩大中等收入群体工作
第十四次会议	2016 年 12 月 21 日	研究“十三五”规划纲要确定的 165 项重大工程项目进展、解决好人民群众普遍关心的突出问题等工作
第十五次会议	2017 年 2 月 28 日	听取关于中央财经领导小组工作报告，研究推动落实 2017 年经济领域重点工作
第十六次会议	2017 年 7 月 17 日	研究改善投资和市场环境、扩大对外开放问题

以中央财经委改革后第一次会议为例。2018 年的 4 月 2 日下午，中央财经委员会召开了改革后的第一次会议。

习近平总书记主持会议。这次会议研究的主题就是谋划打好三大攻坚战的思路和举措，研究审定《中央财经委员会工作规则》。习近平在会上发表重要讲话强调，防范化解金融风险，事关国家安全、发展全局、人民财产安全，是实现高质量发展必须跨越的重大关口。精准脱贫攻坚战已取得阶段性进展，只能打赢打好。环境问题是全社会关注的焦点，也是全面建成小康社会能否得到人民认可的一个关键，要坚决打好打胜这场攻坚战。与此同时，这次会议还分别听取了中国人民银行关于打好防范化解重大风险攻坚战的思路和举措的汇报，国务院扶贫办关于打好精准脱贫攻坚战的思路和举措的汇报，生态环境部关于打好污染防治攻坚战的思路和举措的汇报。

从以上会议内容，可以充分地证明中央财经委员会是直接推动全面建成小康社会的重要力量。可以说，中央财经委员会、中央全面深化改革委员会等机构，承担了全面提高党领导经济工作水平、履行党领导经济工作的职能，在议大事、抓大事，落实全面建成小康社会领域作出了重大贡献。

当然，中央财经委员会、中央全面深化改革委员会等机构，是在中央政治局、中央政治局常委会的领导下，研究确定经济社会发展和改革开放的重要方针和政策，研究提出处理关于全面建成小康社会的重大财经问题、重大生产力布局、重大建设项目的原则和措施，属于党中央领导全面建成小康社会的制度范畴。

三、各级党委的决策制度是全面建成小康社会的重要保障

在全面建成小康社会的征程中，光有党中央的集中统一领导还不够，还需要地方党委的贯彻落实。事实上，中国共产党的地方委员会是一个地区的

领导力量，担负着对本地区“五大建设”全面领导和党的建设全面负责的重大责任，是全面建成小康社会的重要力量。《中国共产党地方委员会工作条例》的修订出台，为新形势下地方党委坚持从严治党、制度治党、依规治党，更好地发挥各级党委在全面建成小康社会进程中的领导核心作用提供了基本遵循。

地方党委担负着贯彻落实中央决策部署、实现奋斗目标的重大责任。看齐是重大政治原则，像毛泽东同志说的那样“有了偏差就喊看齐、就自觉看齐”“向中央基准看齐”，切实维护全党团结统一。由此我们可以看到，在中国形成了“五级书记”齐抓小康工作的生动局面。

事实上，党的十八大以来，各级党委围绕“全面建成小康社会、全面深化改革、全面依法治国、全面从严治党”，制定纲要、作出决定、出台意见，推动中央关于全面建成小康社会的各项政策具体化、实践化。

以河南省委为例，河南作为中部的人口大省、经济大省，河南省委在全面实现小康社会的政策中，始终牢固树立政治意识、大局意识、核心意识、看齐意识，坚定不移向党中央看齐，向习近平总书记看齐，向党的理论和路线方针政策看齐，向党的十八大和十八届三中、四中、五中全会精神看齐，向党中央的各项决策部署看齐，出台了一系列方针政策，确保了全省人民一道迈入小康社会。

正如习近平总书记的所强调的：“各级党委要加强对本地区经济工作的领导，把握客观规律，结合地方实际，把中央决策部署落到实处。要适应国内外经济形势新变化，突出主题主线，改变那种单纯抓引资、抓投资、抓项目、抓生产的做法，把领导经济工作的立足点转到提高发展质量和效益、加快形成新的经济发展方式上来。”

四、集中全党力量进行脱贫攻坚的制度确保全面建成小康社会的实现

扶贫开发事关全面建成小康社会，事关人民福祉，事关巩固党的执政基础，事关国家长治久安，事关我国国际形象。早在五年前，党中央就作出研判，我国中西部的一些省（自治区、直辖市）贫困人口规模依然较大，剩下的贫困人口贫困程度较深，减贫成本更高，脱贫难度更大。那个时候，我国还有7000多万的贫困人口。为了实现到2020年让7000多万农村贫困人口摆脱贫困的既定目标，当时的时间十分紧迫、任务相当繁重。

这是因为打赢脱贫攻坚战，是促进全体人民共享改革发展成果、实现共同富裕的重大举措，是体现中国特色社会主义制度优越性的重要标志，也是经济发展新常态下扩大国内需求、促进经济增长的重要途径。在此背景下，我们党充分发挥政治优势和制度优势，把精准扶贫、精准脱贫作为基本方略，坚持扶贫开发与经济社会发展相互促进，坚持精准帮扶与集中连片特殊困难地区开发紧密结合，坚持扶贫开发与生态保护并重，坚持扶贫开发与社会保障有效衔接，咬定青山不放松，采取超常规举措，拿出过硬办法，举全党全社会之力，打赢脱贫攻坚战，确保按时实现全面建成小康社会。

具体来看，党中央实施了三大制度，确保脱贫攻坚最终实现。第一项制度，实行中央统筹，省（自治区、直辖市）负总责、市（地）县抓落实的工作机制，坚持片区为重点、精准到村到户。党中央、国务院主要负责统筹制定扶贫开发大政方针，出台重大政策举措，规划重大工程项目。省（自治区、直辖市）党委和政府对扶贫开发工作负总责，抓好目标确定、项目下达、资金投放、组织动员、监督考核等工作。市（地）党委和政府要做好上下衔接、域内协调、督促检查工作，把精力集中在贫困县如期摘帽上。县级党委和政府承担主体责任，书记和县长是第一责任人，做好进度安排、项目

落地、资金使用、人力调配、推进实施等工作。

第二项制度，各级党委部门层层签订脱贫攻坚责任书，扶贫开发任务重的省（自治区、直辖市）党政主要领导向中央签署了脱贫责任书，每年要向中央作扶贫脱贫进展情况的报告。省（自治区、直辖市）党委和政府向市（地）、县（市、区）、乡镇提出要求，层层落实责任制。中央和国家机关各部门要按照部门职责落实扶贫开发责任，实现部门专项规划与脱贫攻坚规划有效衔接，充分运用行业资源做好扶贫开发工作。

第三项制度，党中央加强和改进定点扶贫工作，建立考核评价机制，确保各单位落实扶贫责任。与此同时，党中央深入推进中央企业定点帮扶贫困革命老区、县“百县万村”活动。完善定点扶贫牵头联系机制，各牵头部门按照分工督促指导各单位做好定点扶贫工作。军队和武警部队发挥优势，积极参与地方扶贫开发。改进县级干部选拔任用机制，统筹省（自治区、直辖市）内优秀干部，选好配强扶贫任务重的县党政主要领导，把扶贫开发工作实绩作为选拔任用干部的重要依据。这些重要制度的实施，确保了全面建成小康社会伟大目标的实现。

第三节　中国共产党关于全面建成小康社会的干部保障

从整体上看，全面建成小康社会的重大战略意义在于“四个体现”，即体现了我们党把发展作为执政兴国第一要务的大局观，体现了以人为本、为民造福、让全体中国人民共享改革发展成果的执政观，体现了实现速度和结构质量效益相统一、经济发展与人口资源环境相协调的发展观，体现了我们为国家谋富强、为人民谋幸福的共产党人的价值观。“四个体现”最重要的保障，就是在中国共产党的集中统一领导下所实行的一整套干部制度。

一、加大对各级干部的方向指引

在“不忘初心、牢记使命”主题教育工作会议上，习近平总书记指出：“要坚持思想建党、理论强党，坚持学思用贯通、知信行统一，推动广大党员干部全面系统学、深入思考学、联系实际学，不断增强‘四个意识’、坚定‘四个自信’、做到‘两个维护’，筑牢信仰之基、补足精神之钙、把稳思想之舵。”这不仅明确了主题教育的重点，而且指出了对各级干部的方向引领。

历史和实践一再证明，政治上的坚定、党性上的坚定离不开方向上的指引。习近平总书记强调，很多同志有做好工作的真诚愿望，也有干劲，但缺乏新形势下做好工作的本领，面对新情况新问题，由于不懂规律、不懂门道、缺乏知识、缺乏本领，还是习惯于用老思路老套路来应对，蛮干盲干，结果是虽然做了工作，有时做得还很辛苦，但不是不对路子，就是事与愿违，甚至搞出一些南辕北辙的事情来。这就叫新办法不会用，老办法不管用，硬办法不敢用，软办法不顶用。我看这种状态，在党内相当一个范围、相当一个时期都是存在的。因此，全党同志特别是各级领导干部，都要有本领不够的危机感，都要努力增强本领，都要一刻不停地增强本领。只有全党本领不断增强了，“两个一百年”的奋斗目标才能实现，中华民族伟大复兴的“中国梦”才能梦想成真。

一个成熟的政党往往把方向指引作为各级干部坚实的“垒基工程”。任何一个政党在加强方向引领的过程中，必定要鲜明地体现其使命诉求。党的十八以来，中国共产党在带领全国各族人民实现全面建成小康社会的征程中，始终把抓好各级干部的党性教育和党性修养作为主要任务。党中央始终教育引导广大党员干部牢固树立正确的世界观、权力观、事业观，始终站稳政治立场，不断增强宗旨意识，弘扬党的光荣传统和优良作风，真正经受住权力、金钱、美色的考验，一心一意为全面小康、为广大人民服务。

二、加强对各级干部的理论武装

在全面建成小康社会的进程中，中国共产党非常注重对各级干部的理论武装。习近平总书记告诫我们，加强理论武装，对于党员领导干部来讲，在抓理论学习时，要有“望尽天涯路”那样志存高远的追求，有耐得住“西风凋碧树”的清冷和“独上高楼”的寂寞，静下心来刻苦钻研。一些人在理论学习过程中，容易受外界影响而浅尝辄止、半途而废，或者带有强烈的功利心态，其主要原因就在于缺乏这种精神境界。因此，对于理论学习，要舍得花精力，要有“不积跬步，无以至千里；不积小流，无以成江海”的锲而不舍的精神。

学习的过程实际上是一个不断思考、深化认知的过程。善于思考是学懂弄通理论的关键。在理论武装过程中，要善于拿起批判的武器，在思考中仔细辨别真伪，发现新问题，形成新认知。正如习近平同志在中央党校建校 80 周年庆祝大会暨 2013 年春季开学典礼上的讲话中所指出的：我们党历来重视抓全党特别是领导干部的学习，这是推动党和人民事业发展的一条成功经验。在每一个重大转折时期，面对新形势新任务，我们党总是号召全党同志加强学习；而每次这样的学习热潮，都能推动党和人民事业实现大发展大进步。改革开放伊始，党中央就强调，实现四个现代化是一场深刻的伟大的革命。在这场伟大的革命中，我们是在不断地解决新的矛盾中前进的。因此，全党同志一定要善于学习，善于重新学习。同过去相比，我们今天学习的任务不是轻了，而是更重了。这是由我们面临的形势和任务决定的。

对于中国共产党而言，加强理论武装最重要的是抓住两点。其一，坚持老祖宗不能丢，刻苦研读经典原著。马克思主义经典著作不仅包含丰富的知识含量、思想资源和理论精华，而且还蕴含着经典作家坚定的政治立场、政治信仰和政治品格。这些都是我们共产党人坚守初心的重要思想营养。今天，我们要矢志不移坚守初心，就必须通过深入系统的理论学习，熟练掌握和运用辩证唯物主义和历史唯物主义。其二，坚持与时俱进，掌握最新理论成果。习近平新时代中国特色社会主义思想是党和人民实践经验和集体智慧的结晶，是中国精神的时代精华，是当代马克思主义的最新理论成果，是国家政治生活和社会生活的根本指针。坚持不懈抓好理论武装，就是要把深入学习领会习近平新时代中国特色社会主义思想作为首要任务，更好地武装头脑、指导实践、推动全面建成小康社会的工作。

三、加大对各级干部的正向激励

中国共产党在实践全面建成小康社会的进程中，始终注重对各级干部的正向激励和反向约束。比如，在脱贫攻坚的征程中，党中央提出三大要求：

第一，脱贫攻坚期内贫困县县级领导班子要保持稳定，对表现优秀、符合条件的可以就地提级。加大选派优秀年轻干部特别是后备干部到贫困地区工作的力度，有计划地安排省部级后备干部到贫困县挂职任职，各省（自治区、直辖市）党委和政府也要选派厅局级后备干部到贫困县挂职任职。各级领导干部要自觉践行党的群众路线，切实转变作风，把严的要求、实的作风贯穿脱贫攻坚始终。

第二，发挥基层党组织战斗堡垒作用。加强贫困乡镇领导班子建设，有针对性地选配政治素质高、工作能力强、熟悉“三农”工作的干部担任贫困乡镇党政主要领导。抓好以村党组织为领导核心的村级组织配套建设，集中整顿软弱涣散村党组织，提高贫困村党组织的创造力、凝聚力、战斗力，发挥好工会、共青团、妇联等群团组织的作用。选好配强村级领导班子，突出抓好村党组织带头人队伍建设，充分发挥党员先锋模范作用。完善村级组织运转经费保障机制，将村干部报酬、村办公经费和其他必要支出作为保障重点。注重选派思想好、作风正、能力强的优秀年轻干部到贫困地区驻村，选聘高校毕业生到贫困村工作。根据贫困村的实际需求，精准选配第一书记，精准选派驻村工作队，提高县以上机关派出干部比例。加大驻村干部考核力度，不稳定脱贫不撤队伍。对在基层一线干出成绩、群众欢迎的驻村干部，要重点培养使用。

第三，加强领导干部能力建设，提高领导经济工作科学化水平。善于做经济工作，是领导干部能力十分紧要的方面。面对前所未有的复杂形势和艰巨繁重的任务，我们必须拥有更多政策水平高、专业能力强、实践经验多、善于做经济工作的领导人才。各级领导干部特别是高级干部要围绕经济社会发展重大问题，围绕全面建成小康社会的工作任务加强学习和调研，提高把握和运用市场经济规律、自然规律、社会发展规律能力，提高科学决策、民主决策能力，增强全球思维、战略思维能力，做到厚积薄发。

此外，习近平总书记要求各级党委领导同志要通过学习、实践等方式尽快进入角色，成为领导经济工作的行家里手。各级党委及组织部门从选拔、任用、考核、培训等多方面入手，在各级班子中配备懂经济特别是具备领导科学发展能力的干部。对干部领导科学发展的素质和能力，要提出明确指标和刚性约束，尽快健全有利于科学发展的目标体系、考核办法、奖惩机制。这些干部安排，有力地保障了全面建成小康社会的实现。

第四节　不断提升中国共产党自身的能力

全面建成小康社会的实现，并不意味着中国共产党为人民谋幸福的事业的终结。这只是一个新的开始。在新的历史时期，在开启第二个百年奋斗目标的新时代，我们需要不断提升党自身的本领能力，以更好地带领中国人民实现中国梦。

党中央提出新时代党的建设总要求是：坚持和加强党的全面领导，坚持党要管党、全面从严治党，以加强党的长期执政能力建设、先进性和纯洁性建设为主线，以党的政治建设为统领，以坚定理想信念宗旨为根基，以调动全党积极性、主动性、创造性为着力点，全面推进党的政治建设、思想建设、组织建设、作风建设、纪律建设，把制度建设贯穿其中，深入推进反腐败斗争，不断提高党的建设质量，把党建设成为始终走在时代前列、人民衷心拥护、勇于自我革命、经得起各种风浪考验、朝气蓬勃的马克思主义执政党。

一是要把党的政治建设摆在首位。党的政治建设是党的根本性建设，决定党的建设方向和效果。保证全党服从中央，坚持党中央权威和集中统一领导，是党的政治建设的首要任务。全党要坚定执行党的政治路线，严格遵守政治纪律和政治规矩，在政治立场、政治方向、政治原则、政治道路上同党中央保持高度一致。要尊崇党章，严格执行新形势下党内政治生活若干准则，增强党内政治生活的政治性、时代性、原则性、战斗性，自觉抵制商品交换原则对党内生活的侵蚀，营造风清气正的良好政治生态。完善和落实民主集中制的各项制度，坚持民主基础上的集中和集中指导下的民主相结合，既充分发扬民主，又善于集中统一。弘扬忠诚老实、公道正派、实事求是、清正廉洁等价值观，坚决防止和反对个人主义、分散主义、自由主义、本位主义、好人主义，坚决防止和反对宗派主义、圈子文化、码头文化，坚决反对搞两面派、做两面人。全党同志特别是高级干部要加强党性锻炼，不断提高政治觉悟和政治能力，把对党忠诚、为党分忧、为党尽职、为民造福作为根本政治担当，永葆共产党人政治本色。只有这样，才能在实现全面建成小康社会的基础上，确保“第二个百年”奋斗目标的实现。

二是要用新时代中国特色社会主义思想武装全党。共产主义远大理想和中国特色社会主义共同理想，是中国共产党人的精神支柱和政治灵魂，也是保持党的团结统一的思想基础。要把坚定理想信念作为党的思想建设的首要任务，教育引导全党牢记党的宗旨，挺起共产党人的精神脊梁，解决好世界观、人生观、价值观这个“总开关”问题，自觉做共产主义远大理想和中国特色社会主义共同理想的坚定信仰者和忠实实践者。弘扬马克思主义学风，推进“两学一做”学习教育常态化、制度化，以县处级以上领导干部为重点，在全党开展“不忘初心、牢记使命”主题教育，用党的创新理论武装头脑，推动全党更加自觉地为实现新时代党的历史使命不懈奋斗。

三是要建设高素质专业化干部队伍。要坚持党管干部原则，坚持德才兼备、以德为先，坚持五湖四海、任人唯贤，坚持事业为上、公道正派，把好干部标准落到实处。坚持正确选人用人导向，匡正选人用人风气，突出政治标准，提拔重用牢固树立“四个意识”和“四个自信”、坚决维护党中央权威、全面贯彻执行党的理论和路线方针政策、忠诚干净勇担当的干部，选优配强各级领导班子。注重培养专业能力、专业精神，增强干部队伍适应新时代中国特色社会主义发展要求的能力。大力发现储备年轻干部，注重在基层一线和困难艰苦的地方培养锻炼年轻干部，源源不断选拔使用经过实践考验的优秀年轻干部。统筹做好培养选拔女干部、少数民族干部和党外干部工作。认真做好离退休干部工作。坚持严管和厚爱结合、激励和约束并重，完善干部考核评价机制，建立激励机制和容错纠错机制，旗帜鲜明为那些敢于担当、踏实做事、不谋私利的干部撑腰鼓劲。要关心爱护基层干部，主动为他们排忧解难。

要坚持党管人才原则，聚天下英才而用之，加快建设人才强国。实行更加积极、更加开放、更加有效的人才政策，以识才的慧眼、爱才的诚意、用才的胆识、容才的雅量、聚才的良方，把党内和党外、国内和国外各方面优秀人才集聚到党和人民的伟大奋斗中来，鼓励引导人才向边远贫困地区、边疆民族地区、革命老区和基层一线流动，努力形成人人渴望成才、人人努力成才、人人皆可成才、人人尽展其才的良好局面，让各类人才的创造活力竞相迸发、聪明才智充分涌流。

四是要加强基层组织建设。要以提升组织力为重点，突出政治功能。党支部要担负好直接教育党员、管理党员、监督党员和组织群众、宣传群众、凝聚群众、服务群众的职责。坚持“三会一课”制度，推进党的基层组织设置和活动方式创新，加强基层党组织带头人队伍建设，扩大基层党组织覆盖面，着力解决一些基层党组织弱化、虚化、边缘化问题。扩大党内基层民主，推进党务公开，畅通党员参与党内事务、监督党的组织和干部、向上级党组织提出意见和建议的渠道。注重从产业工人、青年农民、高知识群体中和在非公有制经济组织、社会组织中发展党员。稳妥有序地开展不合格党员组织处置工作。让基层组织成为实现“第二个百年”奋斗目标的坚强“堡垒”。

五是要持之以恒正风肃纪。凡是群众反映强烈的问题都要严肃认真对待，凡是损害群众利益的行为都要坚决纠正。坚持以上率下，巩固拓展落实中央八项规定精神成果，继续整治“四风”问题，坚决反对特权思想和特权现象。重点强化政治纪律和组织纪律，带动廉洁纪律、群众纪律、工作纪律、生活纪律严起来。坚持开展批评和自我批评，坚持惩前毖后、治病救人，运用监督执纪“四种形态”，抓早抓小，防微杜渐。赋予有干部管理权限的党组织相应纪律处分权限，强化监督执纪问责。加强纪律教育，强化纪律执行，让党员、干部知敬畏、存戒惧、守底线，习惯在受监督和约束的环境中工作生活。

六是要夺取反腐败斗争压倒性胜利。当前，反腐败斗争形势依然严峻复杂，巩固压倒性态势、夺取压倒性胜利的决心必须坚如磐石。要坚持无禁区、全覆盖、零容忍，坚持重遏制、强高压、长震慑，坚持受贿行贿一起查，坚决防止党内形成利益集团。在市、县党委建立巡察制度，加大整治群众身边腐败问题力度。不管腐败分子逃到哪里，都要缉拿归案、绳之以法。推进反腐败国家立法，建设覆盖纪检监察系统的检举举报平台。强化不敢腐的震慑，扎牢不能腐的笼子，增强不想腐的自觉，通过不懈努力换来海晏河清、朗朗乾坤，以确保“第二个一百年”奋斗目标最终能够得到实现！

结束语

中国全面建成小康社会意味着什么

在举国欢庆中国共产党成立100年之际，中国人干成了全面小康社会。中国全面建成了小康社会到底意味着什么？这一伟大事件的人民意义、国家意义、世界意义何在？

对于十几亿曾经贫穷落后、连温饱都不能保证的中国人民来讲，实现全面小康意味着他们不仅彻底告别了物质短缺和绝对贫困，逐渐共同富裕起来，而且获得了前所未有的自信自尊，初步实现了人的全面发展和社会的全面进步。在刚提出小康社会建设目标的时候，中国有7.7亿的贫困人口，贫困发生率达80%以上。城乡居民人均可支配收入很少，分别只有343元和134元。所以，老百姓过生活离不开粮票、布票、肉票、油票、自行车票等五花八门的票证。与其说凭票购买是计划经济之举，不如说是贫穷落后、经济短缺的无奈。国际上常用恩格尔系数来衡量一个国家的富裕程度。1978年我国恩格尔系数总体高于60%，即便是较为富裕的城镇这个指标也高达57.5%，地地道道是一个贫穷国家。经过40多年的小康社会建设，我国的工业化、城镇化、信息化和农业现代化稳步推进，粮食生产能力长期保持 1.2 万亿斤以上，中国人的“饭碗”已牢牢掌握在自己手中，而且城镇化率超过了 60%，恩格尔系数降到了 28.2% 以下，城乡居民家庭基本普及了家用电器，拥有私人汽车成为平常事，移动电话拥有量超过了 9 亿人，互联网普及率超过 70%。最后剩下的 500 多万绝对贫困人口将随着精准脱贫攻坚战胜利收官而彻底脱贫，由此，中国将彻底从以农业耕作为主体的传统贫穷社会转变为以城市生活工作为主体的现代富裕社会，中国人民将真正过上殷实而宽裕的美好生活。在此基础上，我国教育文化、医疗卫生、社会保障等各项事业全面发展，基本做到了“学有所教，劳有所得，病有所医，老有所养，住有所居”，进而实现了人的较为全面的发展。现在的中国，孩子们都能享有公平的义务教育，毕业大学生占同龄人口的比重已超过 40%，中国人平均期望寿命达到了 77 岁，人口素质全面提高，达到甚至高于一些中等发达国家的水平。

对于一个曾经生产力落后、经济体量小，先进一点儿的机器设备都要靠进口的发展中大国来讲，实现全面小康不仅意味着社会生产能力在很多方面已进入世界前列，成为世界上拥有最完整产业链的制造业大国以及贸易大国，而且在科技进步和自主创新能力的很多方面进入世界前列，成为稳定和带动世界经济增长的中坚力量。早在 1979 年，邓小平在谋划小康社会建设时就明确指出：“现在全国人口有九亿多，其中百分之八十是农民。……土地面积广大，但是耕地很少。耕地少，人口多特别是农民多，这种情况不是很容易改变的。这就成为中国现代化建设必须考虑的特点。”这种现实国情，既是中国现代化建设必须考虑的基本特点，也是制定我国建设蓝图的基本出发点。经过 40 多年的小康社会建设过程，尽管我们仍处于社会主义初级阶段，但底子薄、大多数是农民、社会生产力落后的状况已经彻底成为历史。如今，中国已成为全世界唯一拥有联合国产业分类当中全部工业门类的国家，在世界

500多种主要工业产品当中，有220多种工业产品中国的产量占据全球第一。根据世界银行数据，早在2010年中国制造业增加值超过美国成为第一制造业大国。到2018年中国制造业增加值更是占全世界的份额达28%以上，在5G、工业互联网、人工智能等新型基础设施建设方面已居于世界领先的位置，尤其是近年来中国的自主创新能力显著增强，国际论文发表和专利申请量均进入世界前列。2019年我国首次跻身全球制造业创新指数15强。因此，作为世界第二大经济体，中国的经济增长对世界经济增长的贡献率一直高达30%左右，从而成为稳定和带动世界经济增长的“压舱石”和“火车头”。

对于正处在百年未有之大变局，发展仍极不平衡，政治多极化、经济全球化深度发展，但对逆全球化、单边主义、贸易保护主义等行径日趋泛滥的世界来讲，中国实现全面小康不仅为世界上那些既希望发展又希望保持自身独立的国家和民族提供了可资借鉴的走向现代化的发展经验和途径，而且为优化全球治理体系和维护世界和平发展的大势增加了的强大“正能量”，从而成为构建人类命运共同体的引领者。改革开放40多年来，我们始终坚持走自己的路，坚持搞“中国式现代化”。全面建成小康社会的过程，是“走自己的路”，实现“中国式现代化”的实践过程，更是中国特色社会主义道路、理论、制度和文化的证明过程。40多年来，我们始终按照社会主义本质要求，把解放和发展社会生产力放到首位，把“以经济建设为中心”作为“兴国之要”，始终坚持四项基本原则和改革开放，不断完善社会主义基本经济制度，充分发挥公有制经济和非公有制经济、“看不见的手”和“看得见的手”、“按劳分配”和“按生产要素分配”等的发展积极性和优势，大力推进质量变革、效率变革、动力变革，为国家繁荣富强、人民幸福安康、社会和谐稳定夯实了物质基础。因此，从世界意义来讲，中国全面建成了小康社会，不仅是中国特色社会主义道路、中国特色社会主义理论、中国特色社会主义制度和中国特色社会主义文化的伟大胜利，而且为那些渴望发展又希望保持自身独立的国家和民族提供了全新的选择，尤其是一个秉持“铁肩担道义”和“大就要有大的样子”的负责任大国，随着全面建成小康社会和全面建设社会主义现代化强国新征程的开启，不仅为进一步推进世界政治多极化、经济全球化和世界和平发展进程继续注入强大的“正能量”，而且为优化全球政治和经济治理体系变革，促进世界向着公平正义方向发展，进而最终构建起人类命运共同体提供正确引领。

当然，我们全面建成了小康社会，也还只是实现了党的十八大提出了“两个一百年”奋斗目标的第一个百年目标。我们马上将开始实现第二个百年目标的伟大征程。可以想象，实现第二百年目标比实现第一个百年目标遇到的困难和风险肯定会大得多。因此，我们必须紧紧团结在以习近平同志为核心的党中央周围，自觉用习近平新时代中国特色社会主义思想武装头脑，牢牢坚持党的基本路线这个党和国家的生命线、人民的幸福线不动摇，充分发挥中国特色社会主义制度的显著优势，大力推进国家治理体系和治理能力现代化，保持战略定力和底线思维，为如期把我国建设成为富强民主文明和谐美丽的社会主义现代化强国，进而实现中华民族伟大复兴的中国梦而不懈奋斗。

参考文献

[1]《毛泽东选集》第三卷，人民出版社 1991 年版。

[2]《邓小平文选》第二、三卷，人民出版社 1993 年、1994 年版。

[3]《江泽民文选》第一、二、三卷，人民出版社 2006 年版。

[4]《胡锦涛文选》第一、二、三卷，人民出版社 2016 年版。

[5]《习近平谈治国理政》第一、二、三卷，外文出版社 2016 年、2017 年、2020 年版。

[6]《习近平谈治国理政》第三卷，外文出版社 2020 年版。

[7] 中共中央文献研究室：《习近平关于全面建成小康社会论述摘编》，中央文献出版社 2016 年版。

[8] 中共中央文献研究室：《习近平关于社会主义经济建设论述摘编》，中央文献出版社 2017 年版。

[9] 中共中央党史和文献研究院：《习近平扶贫论述摘编》，中央文献出版社 2018 年版。

[10] 中共中央文献研究室编：《邓小平年谱》，中央文献出版社 2004 年版。

[11] 中共中央文献研究室编：《回忆邓小平》上、中、下，中央文献出版社 1998 年版。

[12] 中共中央文献研究室：《陈云年谱（修订本）》，中央文献出版社 2015

年版。
[13] 中共中央文献研究室：《十五大以来重要文献选编》中，中央文献出版社2001年版。
[14] 中共中央文献研究室：《改革开放三十年重要文献选编》上、下，中央文献出版社2008年版。
[15] 中共中央党史和文献研究院：《十八大以来重要文献选编》下，中央文献出版社2018年版。
[16] 中共中央文献研究室　小康社会研究课题组：《小康社会理论与实践发展三十年》，中央文献出版社2009年版。
[17] 全国干部培训教材编审指导委员会：《全面建成小康社会与中国梦》，人民出版社、党建读物出版社2015年版。
[18] 中共中央组织部党员教育中心：《小康中国：全面建成小康社会十讲》，人民出版社2013年版。
[19] 中央农村工作领导小组办公室：《小康不小康，关键看老乡》，人民出版社2013年版。
[20] 中国经济体制改革研究会：《与改革同行：体改战线亲历者回忆》，社会科学文献出版社2013年版。
[21] 人力资源和社会保障部：《增进人民福祉，促进人的全面发展》，中国劳动和社会保障出版社2017年版。
[22] 蔡昉：《四十不惑：中国改革开放发展经验分享》，中国社会科学出版社2018年版。
[23] 柴燕菲：《浙江改革开放40年口述历史》，浙江科学技术出版社2018年版。
[24] 傅高义：《邓小平时代》，三联书店2013年版。

[25] 顾龙生：《中国共产党经济思想史》上、下，山西经济出版社 2011 年版。

[26] 韩保江：《中国奇迹与中国经济发展模式》，四川人民出版社 2008 年版。

[27] 韩保江：《40 年中国经济体制改革发展史》，河北人民出版社 2018 年版。

[28] 韩保江、邹一南：《中国小康社会建设 40 年：历程、经验与展望》，《管理世界》2020 年第 1 期。

[29] 胡晓义主编：《走向和谐：中国社会保障发展 60 年》，中国劳动社会保障出版社 2009 年版。

[30] 华胜：《马云传奇》，中国经济出版社 2009 年版。

[31] 金碚：《大国筋骨：中国工业化 65 年历程与思考》，广东经济出版社 2015 年版。

[32] 李培志：《改革创新与深圳精神》，《特区实践与理论》2010 年第 3 期。

[33] 任保平、吕春慧：《中国特色社会主义市场经济体制改革——改革开放四十年回顾与前瞻》，《东北财经大学学报》2018 年第 6 期。

[34] 盛朝迅：《改革开放 40 年中国产业发展成就与方向前瞻》，《中国经济观察》2018 第 22 期。

[35] 陶长琪等：《新中国成立 70 年中国工业化进程与经济发展》，《数量经济技术经济研究》2019 年第 8 期。

[36] 陶一桃、鲁志国主编：《中国经济特区史要》，商务印书馆 2010 年版。

[37] 王海波等：《新中国工业经济史》（第三版），经济管理出版社 2016 年版。

[38] 王伟立：《华为的团队精神》，海天出版社 2013 年版。

[39] 王一鸣、陈昌盛等：《打造升级版：深化供给侧结构性改革》，中国发

展出版社 2019 年版。

[40] 王绍光：《坚守方向、探索道路：中国社会主义实践 60 年》，载《中国社会科学》2009 年第 5 期。

[41]《温州民营经济发展 30 年》编写组：《温州民营经济发展 30 年：发展综述卷》，浙江人民出版社 2008 年版。

[42] 魏礼群主编：《四个全面：新布局，新境界》，人民出版社 2015 年版。

[43] 吴敬琏：《当代中国经济改革教程》，上海远东出版社 2010 年版。

[44] 杨志明等：《当代中国人力资源和社会保障制度的改革与发展》，中国劳动社会保障出版社 2009 年版。

[45] 姚洋、席天阳主编：《新中国叙事：中国特色政治、经济体制的运行机制分析》，格致出版社、上海人民出版社 2018 年版。

[46] 张五常：《中国的经济制度》，中信出版社 2009 年版。

[42] 张卓元、胡家勇、万军：《中国经济理论创新四十年》，中国人民大学出版社 2018 年版。

[47] 郑有贵主编：《中华人民共和国经济史（1949—2012)》，当代中国出版 2016 年版。

[48] 周倩：《中国制造“全产业链崛起”高铁样本》，《中国工业和信息化》2019 年 2、3 月合刊。

后 记

2020年，中国人民如期干成了小康社会，无论对中国还是对世界都具有划时代意义。对于中国来说，它不仅代表着中国已彻底摆脱了贫困，人民从此过上殷实而富足的生活，而且代表着中国已夯实开启实现“第二个百年”目标的物质基础，中国从此将全面建设富强、民主、文明、和谐、美丽的社会主义现代化强国。对于世界来说，它不仅为那些渴望发展又希望保持自身独立的国家和民族谋求自主发展提供了全新的“中国方案”，而且标志着一种文明的崛起，一股维护世界和平发展进而建设人类命运共同体的强大“正能量”的兴起。因此，真实记述中国人民40年小康社会建设奋斗史，讲好小康社会建设过程中的“中国故事”，不仅对中国老百姓有意义，“饮水思源”，富而思进，而且对世界人民有意义，了解“中国人怎样干成了小康社会”，有利于更好地认识中国。

基于这种认识，我们想发挥中央党校（国家行政学院）经济学教研部的集体力量写这样一本书。正所谓，英雄所见略同。陕西人民出版社副总编辑李晓锋一行来访我们经济学教研部，希望我们能组织力量写一本关于小康社会建设的书，以纪念中国全面建成小康社会的伟大壮举。有了陕西人民出版社的支持，我们更有了干劲。经过大半年的辛苦“劳动”，终于在2020年9月底前完成了书稿。

本书是集体劳动的成果，按照章节顺序，总论由韩保江、邹一南撰写；第一章结束语由韩保江撰写；第二章由张开、王声啸、郑泽华撰写；第三章由张慧君撰写；第四章由陈宇学撰写；第五章由张春晓撰写；第六章由高惺惟撰写；第七章、第十一章由刘艳梅撰写；第八章由李蕾撰写；第九章由汪彬撰写；第十章由马小芳撰写；第十二章由周跃辉撰写。最后由韩保江统一对各章进行修改充实并最终定稿。在本书撰写过程中，我们学习并吸收了已经出版或发表的与本书内容相关的著作和论文中的精彩观点，特此表示感谢。编者对书中难免出现的某些错误和不足负责。

最后，还要特别感谢陕西人民出版社李晓锋、朱小平、王金林同志。没有他们不时地鼓励和督促，我们不可能按时拿出书稿，进而及时给读者提供这部可读性很强的“中国小康社会建设简史”。

韩保江

2021 年 3 月于中央党校（国家行政学院）